KB124316

독일
생활
백서

프롤로그

• •

2014년 3월, 저는 처음으로 독일생활을 시작했습니다. 그리고 벌써 독일에서 거주한지 5년이라는 시간이 흘렀습니다. 길다면 길고, 짧다면 짧은 시간 동안 참 많은 일들이 있었고 다양한 사람들을 만나기도 했습니다.

독일생활을 처음 시작하는 분들부터 오랫동안 독일에서 거주하셨던 분들까지 이런저런 이야기를 나누다보니 타지생활을 힘들어하시는 분들도 보았지만, 대부분 독일생활에 만족하고 있었습니다.

그런데 제가 그분들에게 느꼈던 점은 독일생활의 시작이 특히 어렵다는 것이었습니다. 인터넷에 쏟아지는 정보들에서 독일과 관련된 실속 있는 정보를 찾는 것은 하늘의 별따기였고, 심지어 그 정보가 정확한지도 미지수였으니까요. 저 또한 독일에 처음 와서 몇 년간은 독일생활의 모든 부분에서 많은 시행착오를 겪어야 했습니다. 사실 한국에서라면 간단히 해결될 수 있는 일들도 독일에서는 이상하리만큼 어려웠기 때문입니다.

이러한 과정을 거치며 저처럼 독일생활을 하면서 어려움을 겪는 사람들에게 작은 도움이나마 되고 싶었습니다. 독일생활을 준비하시는 분들이 기본적으로 알고 오면 좋을 이야기를 블로그에 하나씩 정리했고, 2015년에 시작한 블로그는 현재 150만뷰를 넘어 5000명 가까운 구독자를 형성하게 되었습니다.

그리고 이제 책을 통해서 독일의 생활, 문화, 사회에 대해 잘 정리된 정확하고 생생한 정보를 전달하고자 합니다. 관광, 이민, 유학, 어학연수 등 다양한 목적으로 독일에 오시는 분들에게 약간의 도움이라도 되었으면 하는 바람입니다.

이런 분들이
활용하시길
추천합니다!

☑ 독일생활의 필수정보를 얻고자 하는 분들
☑ 독일 워킹홀리데이, 유학, 이민 등을 고려 중인 분들
☑ 독일 장기여행을 고려하시는 분들

차례
● ●

한국에서의 준비

누구나 한 번쯤 한국이 아닌 다른 나라에서 살아보고 싶다는 꿈을 꾼다. 하지만 해외 생활을 하려면 경제력, 경력, 시간, 언어 등 많은 문제를 넘어야 한다. 그러나 시작이 반이라고 하지 않았던가? 이 모든 고민들을 뒤로하고, 인생 뭐 있어? 일단 한번 살아보자!!라는 결기를 가지고 있다면 누구나가 할 수 있는 일이 해외 생활이기도 하다.

물론 해외 생활을 잘 하기 위해 우선 고려되어야 하는 것은 충분한 사전 준비이다. 막무가내로 여권과 비행 티켓만 들고 떠난다면 그야말로 로망이 실망으로 바뀔 수도 있다. 본장에서 다루고 있는 내용들을 숙지하고 독일로 출발한다면 큰 어려움 없이 독일 생활을 시작할 수 있다고 감히 말하고 싶다.

1장

01
독일국가정보

독일 생활을 준비하기 위해 인구는 몇 명인지, 수도는 어디인지, 날씨는 어떤지 등 출국 전에 기본적인 정보를 알아두자.

독일국가정보

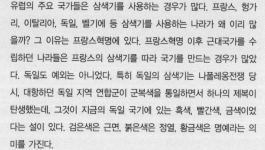

TIP 독일 국기는 무엇을 의미일까?

유럽의 주요 국가들은 삼색기를 사용하는 경우가 많다. 프랑스, 헝가리, 이탈리아, 독일, 벨기에 등 삼색기를 사용하는 나라가 왜 이리 많을까? 그 이유는 프랑스혁명에 있다. 프랑스혁명 이후 근대국가를 수립하던 나라들은 프랑스의 삼색기를 따라 국기를 만드는 경우가 많았다. 독일도 예외는 아니었다. 특히 독일의 삼색기는 나폴레옹전쟁 당시, 대항하던 독일 지역 연합군이 군복색을 통일하면서 하나의 제복이 탄생했는데, 그것이 지금의 독일 국기에 있는 흑색, 빨간색, 금색이었다는 설이 있다. 검은색은 근면, 붉은색은 정열, 황금색은 명예라는 의미를 가진다.

독일의 정식명칭은 독일연방공화국(The Federal Republic of Germany)이다. 많은 사람들이 연방국가라고 하면 미국을 떠올리지만 독일의 연방형태는 미국과는 조금 다르다. 16개의 주로 구성되어있으며, 각주마다 고유의 자치권을 가지고 있다. 80년대에 공부하신 분들은 독일의 수도를 본(Bonn)으로 기억하기도 하지만 현재 독일의 수도는 베를린(Berlin)이다.

독일은 대한민국의 약 4배정도의 면적을 가지고 있으며 인구는 대략 8000만 명이다. 한국과 비교해보면 인구밀도가 낮은 편에 속한다. 독일 역시 대도시를 중심으로 인구가 많이 몰려있지만 한국처럼 수도권에 인구의 절반이 몰려있는 정도의 수준은 아니다. 각 지역의 주요도시들 마다 적절하게 인구가 분포되어있으며, 일부 독일인들은 자신의 지역에 대한 자부심도 대단하다. 특히 독일남부지방의 주요도시인 뮌헨이 그렇다.

국명	독일연방공화국 (독일어명: Bundesrepublik Deutschland)
수도	베를린(Berlin)
주요 도시	베를린 Berlin(371만명), 함부르크 Hamburg(183만명), 뮌헨 München (154만명), 쾰른 Köln(108만명), 프랑크푸르트 Frankfurt(74만명) 2017년 12.31일 기준, Hamburg은 2017년 9월 30일 기준
인구	8,274만 명(2017년 9.30일 기준)(세계17위, 유럽2위)
면적	5만 7,386㎢ (대한민국의 약4배, 한반도의 약 2배, 세계 63위/유럽5위)
민족	게르만족
언어	독일어
종교	카톨릭(28.6%), 개신교(26.6%), 이슬람(5.2%), 무교 및 기타(39.6%)
정치	내각책임제, 양원제
국가수반	대통령 Frank-Walter Steinmeier/수상 Angela Merkel (2018년기준)
국가	독일의 노래(Deutschlandslied) 3절.
경제	1인당 GDP 39,454 유로(2017년기준)
통화	유로화(Euro)
환율	1유로(Euro), 약 1300원 (2018년기준)
전압	230V 50Hz (별도의 어댑터 필요 없음)
국가 번호	+49
시차	-8시간 (썸머타임 4월1일~10월31일 : -7시간)
비행시간	인천 ➜ 프랑크푸르트 약 12시간 , 뮌헨 약 11시간(직항) 인천 ➜ 베를린, 쾰른, 함부르크 최소 13시간(1회경유)
비자	3개월 무비자체류가능

02
독일의 지리와 날씨

유럽의 중앙에 위치하고 있는 독일은 동쪽으로 폴란드와 체코를, 서쪽으로 프랑스와 네덜란드 벨기에, 룩셈부르크, 리히텐쉬타인, 남쪽은 스위스와 오스트리아, 북쪽으로는 덴마크와 인접해 있다. 지형적으로는 남부지역은 알프스산맥을 포함하여 다양한 규모의 언덕과 산맥으로 형성되어있으며, 북부지역은 북독일 평원이라고 하는 평야이다. 독일을 흐르는 대표적인 강으로는 한국에도 잘 알려진 라인강(Rhein)이 있으며, 그밖에 엘베강(Elbe), 도나우강(Danube/독어 Donau)도 독일에서 손꼽히는 큰 강이다. 독일남부지역은 알프스산맥의 일부를 형성하고 있기 때문에 가장 높은 산인 추크슈피체(Zugspitze)가 해발 2,963m나 된다. 독일은 위도상으로는 북위45-55도에 위치하고 있으며, 한국보다 10도가량 높다(한국 33-43도). 기후는 온대성 기후로 연간 섭씨 -1.7~18.1도 (2017년 연평균 9.6도)이다. 독일면적이 넓다 보니, 북부지방과 남부지방의 차이가 많이 나는 편이다. 그러나 계절은 한국처럼 봄, 여름, 가을, 겨울 4계절을 이룬다.

전반적으로 습도가 높지는 않기 때문에 여름에도 그늘에 들어가면 시원하고, 겨울에도 바람만 없다면 온도가 영하권이라도 버틸만하다. 비가 많이 내리기는 하지만, 미세먼지가 적고 주변에 녹지대가 잘 형성되어있어서 적당한 비는 대부분 맞고 다닌다.

그래서 독일 집에서는 에어컨을 설치한 곳이 거의 없고, 겨울에도 외풍만 잘 막아주는 집이라면 라디에이터만으로도 충분하다. 어떤 사람들은 독일인들이 워낙 절약정신이 투철해서 에어컨도 없고, 난방기도 안 갖춘다고 생각할 수 있겠지만, 이러한 날씨의 영향이 더 크다고 볼 수 있다.

해가 쨍쨍한 여름이면 많은 사람들이 공원에 나와서 일광욕을 즐긴다. 따뜻한 햇살을 만끽하기 힘든 날이 많아 철학이 발전했다는 이야기도 있다. 꾸물꾸물한 날씨 때문에 밖에 나가서 활동하는 것보다는 집에서 조용히 사색에 잠길 수밖에 없는 시간이 많기 때문이다. 아마 이런 맥락에서 독일의 왕궁 등의 건축물이 외관은 상대적으로 투박하지만 내부가 무척 화려한 이유 중에 하나도 아마 날씨 때문일 것이다.

한국에서 온 일부 사람들은 독일에 온 후로 두통이나 피로감이 잦아졌다고 말하곤 한다. 그리고 그 이유를 기압 때문이라고 생각한다. 물론 기류, 날씨 등의 영향으로 인한 기압차이가 영향을 미칠 수도 있다. 그러나 온전히 기압 때문이라고 단정 지을 수는 없고, 과학적으로 밝혀진 내용도 없다.

독일인들은 꾸준히 산책을 하고, 자주 커피를 마신다. 한국에서 온 사람들도 두통이나 피로도를 해결하기 위해서 이 2가지를 꾸준히 해서 해결하는 경우가 많다.

한국에서는 미세먼지 때문에 걱정이 많지만 독일은 집 근처의 공원들이 잘 조성되어있고, 울창한 숲도 많다. 그래서 독일인들은 자신의 집 혹은 직장 주변을 산책하면서 건강을 유지한다. 오전에 산책을 하다보면 유치원 선생님이 아이들을 인솔하여 주변공원에 산책하는 경우를 심심치 않게 볼 수 있고, 저녁에는 산책을 하면서 이웃들을 만나는 일이 많다. 토요일 오후나 일요일에는 더 많은 사람들을 산책길이나 공원에서 볼 수 있다.

독일인들이 산책만큼이나 자주 하는 일 중 하나가 바로 커피를 마시는 일이다. 독일인들이 맥주를 많이 마신다는 이야기는 전세계인이 아는 이야기이다. 그런데 사실 맥주보다 더 많이 마시는 것이 커피이다. 독일의 일반가정집에서는 필터커피를 구입하여 물처럼 마신다. 아마도 독일 사람들도 처음에는 두통이나 피로도가 심했지만, 꾸준한 커피섭취와 산책으로 두통이나 피로도를 해결한 것은 아닐까?

03
독일 행정체계

Kiel

Schleswig-Holstein (SH)
슐레스비히 홀슈타인주

Mecklenburg-Vorpommern (MV)
메클렌부르크 포어포메른주

Schwerin

자유한자도시 브레멘
Bremen (HB)   Hamburg
Bremen   Hamburg(HH)

Niedersachsen (NI)
니더작센주

Hannover

Berlin (BE)
Berlin
베를린

Magdeburg   Potsdam

Sachsen-Anhalt (ST)
작센 안할트주

Brandenburg (BB)
브란덴부르크주

Nordrhein-Westfalen (NW)
노르트라인 베스트팔렌주

Düsseldorf

Leipzig   Dresden

Sachsen (SN)
작센 자유주

Hessen (HE)
헤센주

Erfurt
Thüringen (TH)
튀링엔 자유주

Rheinland-Pfalz (RP)
라인란트팔츠주

Frankfurt

Mainz

Saarland (SL)
자를란트주
Saarbrücken

Stuttgart

Bayern (BY)
바이에른 자유주

Baden-Württemberg (BW)
바덴 뷔르템베르크주

München

독일연방은 총 16개의 주(Bundesland, 복수=Bundesländer)로 구성되어 있다. 그 아래에는 시(Stadt), 현(Regierungsbezirk), 군(Land-Kreis), 게마인데(Gemeinde)로 나눠지는 행정단위를 가지고 있다. 하지만 독일의 행정구역은 한국의 서울특별시, 강남구, 도곡동이라고 말하거나, 전북 정읍시 산수면, 당첨리처럼 명확하게 상하관계로 나눠진다고 할 수 없으며, 예외가 많다. 특히 게마인데 단위는 한국의 읍, 면 등과는 많은 차이가 있다. 행정단위를 규모에 따라 현, 군, 게마인데로 나누는 것이 아니라 군 이하의 단위는 모두 통틀어 게마인데라고 부르기도 하고, 군과 대등한 위치를 가지고 있는 도시 역시 게마인데의 범주에 속하기도 한다. 예를 들어 베를린, 함부르크는 주이지만 시의 자격으로 하나의 게마인데가 될 수 있고, 인구 백 명도 안 되는 섬마을도 게마인데라고 불린다.

04
독일인의 특성

어느 나라든지 그 나라 사람의 특징을 한마디로 표현하기는 어렵다. 단지 그 사회가 중요시하고, 그동안 그 나라 사람들이 보여준 모습을 보며, 대략적인 성향을 짐작할 뿐이다. 카트린 빌켄스의 가장 독일적인 것 50가지라는 책에서는, 정확성, 질서의식 등이 전형적인 독일인의 특성이라고 말한다. 또한 독일의 주간지 슈피겔의 조사에서도 정리정돈, 청결성, 절약성, 근면성 등이 가장 독일스러운 것이라고 조사하였다. 많은 독일인들이 이러한 성향을 기반으로 하고 있지만, 모든 독일인이 그렇지는 않다는 점도 기억해야 한다.

아웃도어와 웨건차량이 왜 많을까?

독일에 거주하다보면 가장 눈에 띄는 점은 아웃도어를 입은 사람들이 많다는 점이다. 옆 나라인 프랑스와 이탈리아에서의 패션과는 사뭇 다른 투박하고 단조로운 아웃도어를 많이 입는데, 비가 자주 내리는 날씨 때문이기도 하지만, 실용적인 것을 중요하게 생각하는 국민성이 하나의 이유가 된다. 이점은 꼭 아웃도어뿐만 아니라 실용주의, 기능주의가 발전할 수 있었던 바우하우스에서도 나타나며, 유난히 웨건 차량이 많은 점에서도 확인할 수 있다.

한국의 경우 세단이라는 일반 승용차를 즐겨 타는데, 독일은 웨건이라고 하여 세단의 뒤에 공간을 넓게 마련한 차량을 선호한다. 독일의 경우 한국과는 다르게 배달문화가 발달하진 않았다. 세계적인 기업인 DHL이 있지만, 막상 독일에서 생활해보면 파업도 자주 하고, 한국만큼 빠르지도 않다. 그리고 아직까지는 직접 물건을 운송하는 것에 더 익숙해져있다. 예를 들어 이케아에서 조립식가구를 직접 구매하고 가지고 가서 만드는 경우에 웨건은 최고의 운송수단이 된다. 넉넉한 공간을 통해 배송비를 지출하지 않고, 직접 집으로 나를 수 있기 때문이다. 물론 마트에서 장볼 때도 마찬가지이다. 다시 말해서 독일에서는 차량을 단순히 사람을 운송하는 용도보다는 물건을 나르는 용도로 활용한다. 독일인들의 실용성을 대표적으로 보여주는 부분이다.

서류철은 독일의 발명품이다?

Alles in Ordnung? 직역하면 모두 정리가 되었냐는 뜻이다. 그러나 일반적으로 "괜찮냐"는 의미로 많이 사용한다. 괜찮냐는 의미가 모두 잘 정리돼있어?라고 말하는 정도라는 것을 보면 그들이 얼마나 정리정돈을 중요시하는지 알 수 있는 대목이다. 독일인이 정리정돈을 중요시한다는 점은 서류철 Aktenordner만 보고도 알 수 있다. 서류철 Aktenordner은 독일인의 발명품이다. 그것은 왜 독일인들이 종류별로 정리를 하는 것을 중요하게 생각하는지 설명해준다. 물론 많은 부분이 디지털화 되어 서류정리가 필요 없을지 모르지만, 아직도 독일의 많은 집들은 문서를 서류철을 통해서 보관한다.

블랙박스영상도 벌금을

세계에서 개인정보 활용에 대해 가장 폐쇄적이라고 볼 수 있는 나라가 독일이다. 실제로 페이스북과 구글이 유일하게 두손두발 들고 개인보호정책을 수정한 곳이기도 하며, 아직까지 블랙박스에 대한 논란도 많다.

한국에서 일반적으로 사용하는 자동차 블랙박스는 사고나 범죄에 있어서 중요한 증거로 활용된다. 그러나 독일에서는 그동안 블랙박스를 증거로 인정하는 부분에 대해서 여러 판결이 있었다. 그중 가장 이해가 안 갔던 판결은 운전자가 사고 순간을 담은 블랙박스를 경찰에 제출했지만 이 영상은 증거로 인정되지 않았고, 오히려 계속 녹화하고 있었다는 이유로 150유로의 벌금을 물렸던 판결이다. 왜 이렇게 판결했을까? 블랙박스에 찍힌 사고영상만큼이나 사생활을 촬영했다는 점을 독일에서는 크게 생각하고 있기 때문이다. 물론 지금은 대법원에서 블랙박스이용에 대한 기준을 만들어서 사고영상을 증거로서 인정하기 시작했지만 독일에서 사생활보호가 이처럼 중요하다는 점을 보여주는 좋은 예이다.

이외에도 독일인은 시간약속을 중요하게 생각하며, 더치페이를 생활화하는 등 다양한 특징이 있다. 그러나 앞에서 언급했듯이 모든 독일인이 같은 생각을 가지고 사는 것은 아니다. 독일에 거주하다 보면 외국인에게 친절한 독일인도 있고, 독일어를 못한다고 엄청 무시하는 독일인도 있다. 어디서나 마찬가지겠지만 각자의 상황에 맞게 독일인과의 관계를 위한 노력이 필요하다.

05
독일에서의 한국

많은 한국인들이 독일에 거주하고 있다. 쾰른, 뒤셀도르프 지역은 특히 1970년대 파독 광부와 간호사로 이주했던 분들이 거주하던 곳으로, 실제로 이 시기부터 교민수가 급격히 늘었다. 현재 독일에 거주하는 교민의 수는 약 4만 명 정도로 베를린, 프랑크푸르트, 쾰른, 뒤셀도르프, 함부르크 지역을 중심으로 유학, 주재원, 이민 등의 이유로 거주하고 있다. 한국은 독일과 자동차, 반도체, 농약 및 의약품 등을 수입하거나 수출하고 있으며, 그와 관련된 한국 업체들이 주로 상주하고 있다.

독일 내에 한국인이 많은 지역에서는 한인회와 한글학교, 한국인 교회와 성당 등이 있기 때문에 관련된 모임이나 공동체를 찾아간다면 적응하는 데 도움을 받을 수도 있다. 또한 베를린, 본, 보훔 등 몇몇 대학에는 한국어학과가 있어 심심치 않게 한국어를 쓰는 독일인을 볼 수 있다. 대표적인 예가 다니엘린덴만이 아닐까 싶다.

독일에도 한국 음식점과 마트가 있고, 독일인들 사이에서도 많은 인기를 얻고 있다. 특히 비빔밥이나 불고기는 독일인들이 가장 많이 알고 있는 한국음식이다.

그러나 아직도 대부분이 한국에 대해 어느 정도 알고 있다고 말할 수는 없다. 물론 싸이의 강남스타일이나 평창올림픽 이후에 한국에 대한 인식이 늘어났다. 한국 기업들의 휴대폰 혹은 자동차를 사용하는 독일인들도 심심치 않게 볼 수 있다. 그러나 아직도 한국과 북한을 구별하지 못하는 사람들이 많으며, 독일에서 가장 많이 듣는 질문 중에 하나가 김정은하고 어떤 관계를 가지고 있냐는 질문이다. 또한 동양인을 보면 중국인 혹은 일본인이인지 먼저 물어보는 것도 아주 일반적인 현상이다.

다행히 독일에서는 한국에 대해서 알지 못해도 그 이름만 들으면 관련 분야의 사람들이 모두 알 정도로 유명하고, 많은 활동을 한 사람들이 있다. 예를 들면 축구선수 차범근, 작곡가 윤이상, 비디오 아티스트 백남준, 발레리나 강수진 등이다.

06
왜 독일인가

독일은 유럽 내에서 가장 늦게 국가적인 모습을 갖추었고, 두 번의 세계전쟁에서 패배하여 나라 전체가 쫄딱 망하기도 했다. 그리고 1990년대까지 한국과 같은 분단국가였다. 그러나 현재 독일의 모습은 가히 유럽의 절대강자라고 불릴 만하다. 유럽의 다른 나라들이 국제통화기금(IMF)으로부터 구제금융을 받는 등 어려움을 겪었지만 독일은 안정적인 경제성장을 해왔다. 이제는 정치, 경제 등 다양한 분야에서 유럽연합을 이끄는 수장으로서의 역할을 하고 있다. 뿐만 아니라 다양한 복지정책과 교육정책 등으로 주목받고 있다. 따라서 이민, 유학, 직장 등을 위해서 해외생활을 고려하고 있다면 꼭 한번 고려해봐야 할 나라가 독일이다.

사교육이 없는 나라

독일은 대체적으로 사교육이 없다. 한국에서 중고등학생을 키우는 부모님들에게는 가장 놀랄만한 일줄 하나이다. 한국에서 사교육을 받지 않는 학생이 아주 드물지만, 독일에서는 정반대이다. 물론 요즘 독일도 점점 사교육 시장이 생겨나고 있지만, 한국처럼 사교육을 꼭 해야 하는 분위기는 아니다.

등록금이 없는 대학

한국에서 대학등록금 문제를 다룰 때 항상 등장하는 나라가 독일이다. 독일은 대학등록금이 없다(다만, 현재 몇몇 대학에서는 외국인에 한해서 등록금을 받고 있다). 교통비 지원과 도서관 이용, 학생식당 등 학생편의시설을 이용하는 명목의 약간의 이용료만 지불할 뿐이다. 세계적인 수준의 독일대학을 등록금 없이 다닐 수 있는 것이다. 그래서 현재도 많은 한국 사람들이 독일대학을 준비하며, 중고등학교 때부터 조기유학에 관심을 갖기도 하다. 한 학생이

혼자 서울에 올라와 대학에 다니며 지불하는 등록금+집세+생활비 등을 합한 금액이 독일에서 유학하는 비용과 비슷하다는 평가도 많아. 그렇다면 차라리 독일에서 대학을 다녀보자는 생각으로 독일유학을 준비하는 사람도 많다.

아이를 낳으면 국가에서 키워준다?

독일이민을 준비하거나 독일직장생활을 준비하는 사람들이라면 한 번쯤 들어 봤을 것 중 하나가 독일의 복지제도이다. 특히 아이 출산부터, 양육에 이르는 비용을 부모의 소득으로 측정하기 때문에 소득이 별로 없는 부모라고 해서, 아이를 키우는데 큰 어려움이 있지는 않다. 실제로 학생 부부가 아이를 낳을 경우 거의 무상으로 모든 부분을 지원해준다.

워라벨이 가능한 독일 회사

한국에서는 이제 한 주에 52시간으로 노동시간을 단축하는 근로개정법이 시행되었다. 한국도 근로환경이 점차 나아지고 있긴 하지만, 아직 독일만큼은 아니다. 독일은 일반적으로 주 35-40시간을 근로시간으로 정하고 있으며, 하루 10시간 이상의 근무를 금지하고 있다.

회식은 1년에 몇 번 손꼽을 정도이고, 휴가도 특별한 사정이 아니면 장기간 다녀올 수 있어서 장거리 여행을 즐기는 사람들이 많다. 또한 유연근무제를 활용하여 아침 8시부터 근무를 시작해서 오후 3,4시면 근무를 마치고 유치원에서 아이를 데리고 가는 것도 가능하다. 일하는 시간만큼 가족과 함께 생활하거나 자기관리 혹은 취미생활을 할 수 있는 시간이 많기 때문에 진정한 일과 삶의 균형이 가능하다.

유럽에서도 치안이 좋은 나라

요즘은 전 세계적인 테러 위험 때문에 독일이 치안이 안전한 곳이라고 단언하기 어렵다. 유럽 전 지역이 테러에 노출되어있으며, 독일에서도 이미 몇 차례의 테러가 있었다. 그러나 테러의 위험을 별개로 한다면 유럽 내의 국가들 중에서도 치안이 상당히 좋은 편이다. 특히 뮌헨의 경우는 치안이 좋기로 유명하며, 다른 도시들도 중앙역이나 우범지역을 제외하고는 안전한 편이다.

2. 도시 정하기

독일은 한국보다 면적이 몇 배는 더 크다. 그래서 각 지역마다 인사말도 다르고
(Grüß Gott!! ; Guten Tag ; Hallo ; Servus ; Moin moin 등 다양하다.)억양이
나 사투리로 서로 어느 지역 사람인지 분간하기도 한다. 한국에서 경상도와 전라
도 사람을 알 수 있는 것과 마찬가지이다. 이미 가고 싶은 지역을 정했다면 큰 문
제가 되지 않지만, 아직 가고자 하는 지역을 정하지 않았다면 많은 고민을 해봐야
한다. 앞에서 언급한 것처럼 독일은 각 주정부마다 방식도 많이 다르고, 지역 색깔도
강하기 때문에 자신에 맞는 도시가 어디인지 충분히 고민하여 결정하는 것이 좋다.

01
베를린

베를린은 독일의 수도인 만큼 가장 크고 다양한 문화가 복합된 도시이다. 특히 문
화예술이 발달하였기 때문에 음악, 미술 등을 공부하는 사람들이 많고 이민자들도

많이 거주하는 곳이다. 물론 베를린공대, 홈볼트대학이나 베를린자유대학에서 일반적인 학문을 공부하는 학생들의 수도 많다. 수도임에도 불구하고 독일 남부지역보다는 집값과 물가도 저렴한 편이다. 특히 다수의 한국음식점이 있어서 다른 지역보다 비교적 저렴하게 한국음식을 즐길 수 있는 장점이 있다. 베를린은 분단의 역사를 가장 잘 느낄 수 있는 곳이기도 하다. 한국은 북한과 명확히 분계된 지역으로 나눠져 있지만, 독일은 베를린이 동베를린과 서베를린으로 나눠져 있었기 때문에 한 도시 내에서 동독과 서독의 문화를 동시에 느낄 수 있다. 한국 관련기관으로는 대사관과 한인회, 한글학교가 있다.

02
뮌헨

일반적으로 독일을 생각하면 가장 먼저 떠오르는 곳이다. 독일에서도 가장 부유한 도시이며, 세계적으로도 살기 좋은 도시 중에 TOP 10에 항상 이름을 올린다. 그래서 뮌헨에 거주하는 사람들은 자부심도 대단하다. 하지만 잘 사는 도시인만큼 물가도 높고, 집값도 독일 내에서 가장 비싸다. 집세 때문에 근교도시인 아우구스부르크로 가는 한국인들도 적지 않아 도시의 규모에 비해 한국인이 많이 살지는 않는다. 한국 관련 기관으로는 무역관, 한인회, 한글학교가 있으며, 뮌헨공항에는 인천과 뮌헨을 직항으로 운행하는 노선(루프트한자)이 존재한다.

03
함부르크

독일 대도시 중에 유일한 항구도시이다. 한국에
서 부산의 역할을 한다고 할 수 있다. 한자도시로서
오랫동안 독자적인 발전을 거듭한 곳이기 때문에
뮌헨만큼이나 함부르크 사람들도 자부심이 대단하
다. 무역이 발달하였고, 한국의 무역회사들도 상당
수가 함부르크에 위치하고 있다. 한식당보다는 한인
식품점이 많은 편이다. 한국과 독일의 취업연계 프
로그램을 통해 방문하는 경우가 있어서 종종 매스
컴에 나오기도 한다. 한국 관련기관으로는 영사관, 무
역관, 한인회, 한글학교가 있다.

04
프랑크푸르트

영국 런던과 함께 유럽 금융산업의 중심지
로서 많은 이민자들이 거주하고 있다. 프랑
크푸르트 지역도 한인들이 많은 편이며, 특
히 한국회사들이 프랑크푸르트 인근 지역에
회사를 두는 경우가 많다. 에쉬본 등의 위성
도시는 한국기업과 한인들이 많이 거주하는
곳으로서 한인마트와 한국음식점이 발달해
있다. 투자이민을 하는 사람의 경우 한국과 관련된 업체가 많으니 유리한 측면이
있다. 한국 관련 기관으로는 영사관, 무역관, 한인회, 한글학교가 있으며, 프랑크푸
르트 공항에서는 인천과 뮌헨을 직항으로 운행하는 노선(루프트한자, 아시아나항
공, 대한항공)이 존재한다.

05
쾰른/뒤셀도르프

한국인과 일본인들이 특히 많이 거주하는 도시가
뒤셀도르프이다. 쾰른이 뒤셀도르프보다 대도시이
긴 하지만, 뒤셀도르프에도 쾰른 만큼 많은 한국인
이 거주한다. 뒤셀도르프에 한 골목은 코리아타운
으로 형성되어있기도 하다. 물론 뉴욕이나 LA 같은
대형 한인타운이라고 볼 수는 없지만, 독일 내에서
는 한국음식점들이 많이 밀집되어 있는 곳이다. 독
일 내에서 가장 큰 한인마트도 있으며, 한국인이
많이 거주하다보니 편리한 생활이 가능하다. 한국
관련 기관으로는 쾰른 근교인 본(Bonn)에 분관이
있고, 한인회, 한글학교가 있다.

원하는 특정 학교 혹은 가야 하는 근무지가 있다면 도시를 고민할 필요는 없
다. 자신이 결정한 도시를 가는 것이 가장 좋은 방법이기 때문이다. 그러나
어학공부를 위한 유학을 준비하거나, 이민 혹은 워킹홀리데이를 생각한다면
고민해 봐야 한다. 한국인이 많이 사는 지역이라고 해서 무조건 좋은 것만은
아니다. 오히려 어학공부를 하는 사람이라면 독일어를 공부하기보다는 한국인
들과 함께 있는 시간이 많아져 어학공부에 불리해질 수도 있다. 참고로 어학
공부를 위해서 하노버라는 도시를 선택하는 경우도 많이 봤다. 호크도이치라
불리는 독일 표준어를 사용하는 곳이고, 그리 큰 대도시는 아니기 때문에 독
일어 공부에 집중한다는 목적이다. 그러나 어디까지나 자신이 하기 나름이다.
만약 워킹홀리데이가 목적이라면 한국인이 많이 거주하는 곳이 일자리를 찾기
쉽다. 따라서 독일생활을 준비한다면 도시 선택은 가장 많은 시간을 투자하
여 고민을 하고 결정해야 하는 문제이다.

3. 입독 준비

도시를 정했다면 독일로의 출국을 준비해야 한다. 독일로 출국하기 전에 얼마나 거주할지 각자의 상황에 따라 짐을 꾸려야 하며, 기본적인 독일어 공부도 필요하다.

| 01
| 독일어학원

어떤 이유에서 독일생활을 시작하든지 기본적인 생활회화와 알파벳 정도는 알고 출국하기를 권한다. 영어가 능숙하거나 해외생활을 한번이라도 해본 사람이라면 여유롭게 대처할 수도 있지만, 처음 해외생활을 하는 사람들에게는 당황스러운 일 이 언제든 발생할 수 있다. 특히 독일에 도착해서 당장 집을 찾아가는 일부터 뭐 든지 혼자 헤쳐나가야 하기 때문에 기본적인 독일어는 꼭 필요하다.

독일어 단계

독일어에 관심이 있다면 독일어 단계에 대해서 들어봤을 것이다. 독일어는 어학 단계를 구분해 놓고 있다. 독일의 독일어학원은 각 단계를 2개월 정도에 끝마치는 것을 코스로 하여 1년 안에 최종 단계까지 가도록 커리큘럼을 만든다. 그러나 기 간에 연연할 필요가 전혀 없다. 독일어를 한 번도 대해보지 않은 대부분의 사람들 은 한 과정을 두세 번 듣는 경우도 흔하게 있는 일이며, 실제로 전과정을 모두 들 었다고 해도 독일어를 잘한다고 할 수 없다.

독일어단계

단 계		학습시간(45분단위)	내 용
초급	A1	80–200시간	• 알파벳숙지 • 익숙한 일상적 표현 • 간단한 방식의 의사소통(인사말, 안부묻기)
	A2	200–350시간	• 신상, 가족, 물건 사기, 업무, 가까운 주변 지역에 관한 정보와 관련된 의사소통 • 반복적이고 단순한 상황에서 의사소통
중급	B1	350–650시간	• 업무, 학교, 여가 시간 등과 같이 익숙한 주제와 관련 의사소통 • 일상생활의 간단한 문제상황을 극복할 수 있는 수준 • 익숙한 주제와 개인적인 관심 분야에 대해 간단하고 조리 있게 표현가능 • 계획과 경험에 대해 근거를 제시하여 설명가능
	B2	600–800시간	• 구체적이거나 추상적인 주제를 다루는 복합적인 텍스트의 내용이해가능 • 자신의 전문 분야에서의 토론도 이해가능 • 유창하게 의사소통이 가능
고급	C1	800–1000시간	• 수준 높고 비교적 긴 텍스트의 이해 가능 • 준비 없이도 유창하게 의사를 표현 가능 • 사회생활과 직업생활, 대학교육, 직업교육에서 효과적으로 언어 사용가능
	C2	1000시간이상	• 실질적인 원어민수준의 어휘구사력 • 읽거나 듣는 것을 모두 힘들이지 않고 이해 가능 • 섬세한 의미 차이를 구별하여 표현 가능

독일어 학원들은 위의 표와 같이 커리큘럼을 제시한다. 그러나 실제로는 고급수업을 듣는 학생이더라도 이 수준의 언어를 구사하는 사람을 본 적이 없다. 그만큼 독일어 단계로 정해놓은 고급 수준의 언어는 구사하기 어려우며, 마련된 지표 정도로 참고하는 것이 좋다. 한국에서는 A1-A2, 여유가 된다면 B1 과정까지 수업을 듣고 독일에 가는 것을 추천한다.

독일어 시험정보

한국에서 알아볼 수 있는 독일어 시험은 다양하다. 우선 독일문화원에서 주최하는 Goethe-Zertifikat 시험, Telc에서 주관하는 독일어 시험, 그리고 Test Daf, DSH, FLEX가 있다.

기본적인 독일어 능력시험으로는 독일문화원에서 주최하는 Goethe-Zertifikat 시험과 TELC에서 주관하는 독일어시험이다. 독일문화원의 독일어 능력시험은 대표적 독일어권 국가인 독일(Goethe Institut 괴테인스튜트), 오스트리아(Österreichschern Sprachdiplom, ÖSD 외에스데), 스위스(die Schweizer Erziehungdirektorenkonferenz, EDK 에데카)의 세 기관이 협력하여 만든 시험이다. TELC는 영어, 독일어, 터키어 스페인어 등 10개의 다른 언어의 국제표준시험이다. TELC GmbH라는 독일 성인 교육 협회 (DVV)에 의해 관리되는 것으로 공신력이 있는 공인언어시험이다.

이 2개의 기관에서는 각 단계별로 시험을 진행한다. 따라서 A1. A2. B1 .B2 .C1. C2 시험이 각각 따로 있으며 국제적으로 인정받는다. 특히 두 기관에서 모두 진행하는 B1 수준의 독일어능력시험인 ZD(Zertifikat Deutsch B1)는 독일어를 기본적으로 구사할 수 있는 기준이 되는 시험이다. 이정도 수준의 시험을 합격한다면, 대학부설어학원 입학에 큰 문제가 없으며, 기본적인 독일어 구사능력이 갖춰졌다는 용도로 직장이나 아르바이트 등에도 사용할 수 있다.

그러나 독일어 시험이라고 하면, ZD보다는 더 높은 수준의 시험인 DSH와 Test daf를 많이 언급한다. 이 두개의 시험은 독일어단계에서 B2-C1정도를 말한다. 따라서 많은 공부가 필요하다.

DSH는 각 대학마다 진행하는 대학입학 어학능력시험이라고 보면 된다. 따라서 각 학교마다 문제가 다르고, 난이도도 평준화 되어있지는 않다. 그러나 어느 대학이 주최하는 DSH시험을 합격할 경우 타대학을 지원하는데 필요한 어학수준을 갖추었다고 생각하여, 대부분의 대학에서는 문제 삼지 않는다. 시험유형을 굳이 비교하자면 공인영어시험인 IELTS 와 비슷하다.

Test daf의 경우 국제어학인증시험이다. 토플 같은 형식으로, 말하기, 듣기, 쓰기, 읽기영역에서 모두 일정 이상의 점수를 획득하여야 통과할 수 있다. DSH와 Test daf의 장점은 성적표의 유효기간이 없고 한 번만 따놓으면 계속 유효하다는 점이다.

마지막으로 SNULT(서울대학교 시행)와 FIEX(한국외대 시행)라는 시험이 있다. 이 시험들은 한국인을 평가대상으로 한다. 독일어 이외에도 프랑스어, 중국어, 스페인어 등등 외국어 언어능력을 평가하기 위한 시험이다. 따라서 이 시험들은 국내에서 활용도가 높다.

독일어시험

시험명	시험유형	시험난이도	합격기준(주요시험)
Goethe-Zertifikat	읽기/쓰기/말하기/듣기	A1,A2,B1(ZD), B2,C1,C2	B1(ZD)시험
Telc	읽기/쓰기/말하기/듣기	A1,A2,B1(ZD), B2,C1,C2	B1(ZD)시험
DSH	읽기/쓰기/말하기/듣기	B2-C1	(DSH 2,3 : 독일대학입학가능)
Test daf	읽기/쓰기/말하기/듣기	B2-C1	(Test daf 4,5 :독일대학입학가능)
SNULT (서울대학교 시행) FIEX (한국외대 시행)	듣기/읽기 (쓰기/말하기) -토익 형태	B2	(FIEX:750점이상,) (SNULT:60점이상)

국내 독일어 학원

독일생활을 결정하면 가장 먼저 알아보는 것 중 하나가 독일어 학원일 것이다. 영어 학원만큼 다양하지는 않지만, 서울을 중심으로 꽤 많은 학원들이 있다. 2000년대 초반만 해도 독일문화원이라는 곳에서 독일어를 가르치는 것이 거의 유일하였지만, 현재는 독일어 학원, 인터넷 강좌, 과외, 1:1 회화코칭 등 다양한 방법으로 독일어를 배울 수 있다. 따라서 본인이 얼마큼 시간을 투자할 수 있는지 따져보고, 아래에 나열되어있는 곳들에서 어학공부를 하는 것이 좋다. 시간적인 여유가 없다면 인터넷 강의로도 기본적인 회화는 익히고, 독일에 가는 방법이 가장 타당하다. 오프라인 어학원의 경우 유학, 이민 등에 필요한 업무를 병행하는 경우도 있어서 독일에 대해서 자세히 상담 받고 싶다면 오프라인 어학원을 이용하는 것도 하나의 방법이 된다.

인터넷강의

학원(명)	내용	인터넷 주소
독독독독일어	• 유학생에 포커스를 맞춘 인터넷강의 • A1–C1 까지 다양한 커리큘럼을 보유.	https://dasdeutsch.com/
시원스쿨독일어	• 회화전문 인터넷강좌. • 실제로 말할 수 있는 어휘,문장 등을 제공. • A1–B1까지 기초강좌중심.	http://germany.siwonschool.com/

독일어학원

학원(명)	내용	주소
주한독일문화원 (괴테어학원)	• 가장 독일 현지에 가까운 수업 • 집중코스 중심의 운영, 도서관 이용 가능 • 대전, 대구, 광주, 부산에서도 운영	https://www.goethe.de/ins/kr/ko 서울특별시 용산구 소월로 132
김범식독일어학원	• 문법 중심의 한국식 교육 프로그램 • 커리큘럼을 세분화하여 과목 선택이 자유로움	www.bskseoul.kr 서울시 종로구 우정국로 2길 21, 대왕빌딩 7층 서울시 강남구 테헤란로 119, 대호빌딩 9층
훔볼트독일문화 평생교육원	• 국내 유일의 전문평생교육원 (Volkshochschule) • 국내 유일 C1 (Telc,Hochschule) • 시험 시행기관	http://www.humboldt.co.kr 서울특별시 강남구 논현로138길 9
베를린독일어학원	• 독일어집중코스 있음 (9시부터 1시30분, 2시~5시) • 가격 40-50만원 4주 (레벨마다 가격이 다름)	www.berlin8388.com 서울특별시 강남구 신사동 566-4
ABC학원	• A1-C1 까지 다양한 코스가 있으며, • 월수, 화목, 토일 등 주2,주3회반으로 운영	www.abcdeutsch.kr 서울특별시 마포구 서강로 133 병우빌딩 10층
클라세독일어학원	• A1,A2 집중코스가 있으며, • 집중코스는 월-금 2달 과정으로 1달 40-50만원 • A1-B1 까지 수업이 있음.	www.klassedeutsch.com 서울특별시 강남구 테헤란로 13길 22 석호빌딩 3층
독일문화교육	• 1주일에 35시간짜리 집중코스 프로그램이 있음. • 가격은 1달 160만원.	www.deutschkultur.com/ 서울특별시 강남구 강남대로 114길 16 2층
독독독독일어	• 인텐시브코스, 인터넷강의 등 다양한 커리큘럼 • 자체개발 교재활용. • 스터디 그룹 활성화 되어있음.	https://dasdeutsch.com/ 서울특별시 종로구 관철동 10-1 평일빌딩 3,4,5층
박정현공부방	• 입문과 응용단계로 나눠서 독일어수업 진행 • 수업과 연계된 스터디그룹이 활성화되어있음.	https://cafe.naver.com/ehrdlfdj 서울특별시 마포구 동교로 139 3,4층

독일에 위치한 독일어 학원

한국에서 독일어를 어느 정도 익히고 가더라도, 막상 독일에 도착하면 귀머거리가 되기 십상이다. 그래서 대부분의 사람들은 현지에서 다시 독일어를 배운다. 독일에 있는 독일어학원은 대학부설학원, 시민학교, 괴테어학원, 사설어학원 등 종류가 다양하다.

★ 대학 부설 어학원

거의 모든 대학마다 대학 부설 어학원이 있고, 한국의 연세어학당, 고려어학당처럼 대학과 연계되어 있는 어학원이다. 따라서 대학 부설 어학원의 경우 대학 진학을 목표로 하는 학생들이 수강을 한다. 대학교에서 수업을 잘 듣고 배울 수 있는 것에 중점적인 독일어를 하기 때문에 주로 문법, 읽기 그리고 쓰기에 중점적인 수업을 한다. 그래서 하루에 한 마디도 독일어를 말하지 못하고 집에 오기도 한다. 대부분 대학 입학을 위한 어학시험인 Testdaf와 DSH를 위한 코스를 진행한다. 수업일수와 시간에 비해서 가격은 저렴한 편이고, 대학 부설 어학원이다 보니 선생님들의 경력이 좋은 편이다. 그러나 장점만 있는 것은 아니다. 한 수업에 15~25명 정도의 학생들이 수업을 듣기 때문에 실질적으로 회화연습을 하기에는 역부족인 구조이다.

★ 시민학교, 시민대학 Volkshochschule

한국에도 평생교육원 같은 제도가 있듯이 독일의 각 도시에는 저렴한 비용으로 공부를 하고 싶은 사람들을 위해서 Volkshochschule라고 하는 시민학교가 있다. 이곳에서는 독일인들이 다른 외국어를 배우고 싶거나, 직업을 구하기 위해 필요한 기술을 배울 수 있는 수업 등 다양한 프로그램들이 마련되어 있어서 잘 활용하면 상당한 이점이 있다. 가격적인 면에서도 대학 부설 어학원이나 사설어학원에 비해 저렴하다. 다만 보통 20명 미만의 학생들이 수업을 듣고, 어학을 배우기 위한 목표가 대학 부설 어학원만큼 뚜렷하지 않다 보니 출석률이 저조하거나 수업 분위기가 좋지 않은 경우도 많다.

★ 괴테 인스티튜트 Goethe-Institut

한국에서도 독일어학원이라고 하면 독일 문화원-괴테 인스티튜트를 가장 먼저 떠올린다. 한국뿐만 아니라 세계에서 가장 유명한 독일어학원이다. 5~10명 정도로 인원이 유지되고, 독자적인 커리큘럼으로 인지도가 높다. 그러나 이곳의 가장 큰 단점은 바로 수업료이다. 다른 사설 어학원들이 대학 부설 어학원보다 조금 비싼 수준인데 비해, 괴테 인스티튜트는 대학 부설 어학원의 2배 가까이 된다.

★ 사설 어학원 : 인링구아와 도이치 아카데미 등

그밖에 다양한 사설 어학원들이 있다. 인링구아, 도이치아카데미처럼 전국적으로 지점이 있는 곳부터, 각 지역에 기반을 둔 독일어학원들도 있다. ―――――

독일에서 어학원을 결정할 때 가장 중요한 몇 가지 요소가 있다. 우선 현재 거주하는 곳과 학원이 가까운가? 한 반에 인원은 어떻게 되는가? 선생님은 나와 잘 맞는지? 어떤 교재를 이용하는지? 수업의 목표? 잘 따져가며 자신의 기호에 맞는 어학원을 선택하여야 한다.

어학공부는 끝이 없다. 어느 정도 자신감이 붙으면 또 다른 어려움에 직면하게 된다. 특히 현지에서 살다 보면, 처음에는 부끄러움 때문에 외국인과 말하는 게 어렵고, 이후에는 어휘력이 부족해서 말하는데 어려움을 겪곤 한다. 이러한 모든 과정이 지나가고 실제 생활에 많이 익숙해진다고 해도 외국어라는 장벽에 답답함을 겪을 수 있는 일들은 많다. 따라서 독일에 사는 동안은 꾸준히 어학공부를 해야 한다.

독일어 공부에 유용한 앱,사이트

독일어학원을 다니는 것만으로는 충분하지 않을 수 있다. 요즘은 무료로 이용할 수 있는 다양한 애플리케이션과 사이트들이 있기 때문에 이런 도구들을 이용하여 공부한다면 더 빨리 독일어와 친해질 수 있을 것이다.

★ 헬로우톡 Hellotalk

실시간 채팅 애플리케이션이다. 독일 이외에도 전 세계의 친구를 만들 수 있는 애플리케이션으로 무료로 사용할 수 있다. 이성 간의 만남이 목적이 아니라 언어교환이라는 목적으로 만들어진 프로그램으로 한국에서도 독일인들이 사용하기도 하고, 독일현지에서도 한국어를 배우기 위한 독일인들이 있기 때문에 채팅과 전화 등을 통해 실제 대화를 해볼 수 있다.

💬 TIP 탄템파트너

문법이나 쓰기, 읽기는 개인이 많은 공부량을 통해서 실력을 향상할 수 있지만, 말하기와 듣기는 혼자서 공부하기는 어렵다. 그래서 말하기와 듣기의 경우 외국인친구를 만든다면 쉽게 향상될 수 있다. 언어교환친구를 "탄템파트너"라고 부르는데, 앞에서 설명한 헬로우톡을 통해서 만날 수도 있고, 페이스북의 탄템파트너를 찾는 페이지를 통하거나, 한국이나 독일대학교 어학당 등을 통해서도 만날 수도 있다.

* 탄템파트너 관련 홈페이지 forum.meet-korea.de/

★ fun easy lernen

독일어 어휘관련 애플리케이션이다. 어휘를 어떻게 발음하는지 알 수 있고, 발음을 듣고 쓰거나 어휘 뜻을 맞추는 게임도 있다. 무료 애플리케이션으로서 상당히 유용하다.

★ duolingo

fun easy lernen처럼 독일어를 배울 수 있는 애플리케이션이다. fun easy lernen이 어휘중심의 학습프로그램이라면 Duolingo는 문장을 통째로 작문하는 기능도 있어서 조금 더 다양하게 독일어공부가 가능하다. 무료버전과 프리미엄버전이 확실히 차이가 있다.

★ der die das

독일어 공부하면서 가장 신경 쓰이는 부분이 아마 "der, die, das"라는 "성" 구분이다. 특히 독일어 시험을 준비하는 사람이라면 "성" 구분은 굉장히 중요하다. 이 애플리케이션은 독일어 어휘의 "성"을 학습하는 프로그램이다.

★ 독일어 사전

독일어 공부하는데 있어서 독일어 사전은 필수다. 다만 예전에는 한독사전을 들고 다니면서 공부했다면 지금은 핸드폰으로 언제든 검색해볼 수 있다. 대표적으로 동아출판사의 프라임 한독사전은 일정금액을 지불하면 사용할 수 있다. 때문에 오프라인에서도 사전을 사용하는 것이 가능하다. 두 번째로 네이버 독일어사전은 비용을 지불할 필요도 없고, 프라임 사전만큼 다양한 예문과 어휘를 보유하고 있다. 그러나 오프라인에서 사용할 수 없다. 물론 구글 번역기도 유용하지만 오프라인에서 사용불가하고, 정확도가 아직은 많이 떨어진다. 그리고 Dict 사전 무료 애플리케이션이 있다. 오프라인에서도 사용할 수 있는 영독, 독영사전이다. 오프라인에서 사용할 수 있는 장점이 있지만 안타깝게도 한독, 독한사전은 아니다. 독일어를 공부하는 많은 외국인들이 사용하고 있다.

★ 도이치벨레 Deutsche Welle

도이치벨레는 독일어를 배우려는 사람들이 가장 편리하
게 이용할 수 있는 애플리케이션 겸 웹사이트이다. 도이
치벨레에 있는 자료들을 통해 독학을 한다면 독일어 작
문이나 읽기, 듣기는 충분히 가능하다고 할 정도로 좋은 자료가 많다. 다만 자료
가 너무 방대해서 어떻게 공부해야 할지 막막함이 든다는 문제점이 있다.

★ 소주가르텐 sojugarten

한국에서 만든 독일어 학습 관련 웹사이트이다. 완벽하게 한국식 독일어 학습
을 위해서 만들어진 웹사이트로서 빈칸 채우기부터 문제은행 형식의 다양한 문
제들을 통해 각 레벨별 학습 콘텐츠를 무료로 이용할 수 있다.

02
서류준비

독일은 문서의 나라이다. 정확한 서류
들을 준비하면 독일생활을 비교적 쉽게
할 수 있다. 독일에 방문하기 전에 자
신의 목적과 관련된 서류들을 영문으로
준비하는 것이 좋고, 공증을 받아야 하

는 서류가 있다면 미리 한국에서 처리하는 것이 간편하다.

독일에서도 대부분은 영문서류로 가능하지만, 공문서에 해당하는 경우에는 영문
서류로 가능하지 않고, 아포스티유(Apostille)와 공증을 받아야 한다. 아포스티유
는 외국에서도 한국의 공문서와 동일한 효력을 가질 수 있도록 하는 절차이다. 따
라서 일반적인 공문서에 해당하는 기본증명서, 혼인증명서, 가족관계증명서는 아
포스티유와 함께 공증을 받아야 한다. 공문서 공증의 경우 한국에서도 가능하지만
독일에서도 받을 수 있다. 다만 대사관이 있는 지역에 머물지 않는 경우는 우편으
로 서류를 보내고 받는 과정을 거치기 때문에 다소 시간이 걸린다.

여권의 종류와 발급방법

여권은 해외에서 한국인임을 증명할 수 있는 신분증이다. 따라서 해외에서 체류를 하기 위해서는 꼭 필요하다. 만 18세 이상(병역필) 대한민국 국민이라면 유효기간이 10년인 여권을 발급받을 수 있다. 2008년 8월부터 여권은 본인이 직접 신청해야 한다. 따라서 대리신청은 할 수 없고, 시청, 구청, 도청, 군청 등의 자신이 거주하는 지역 인근의 지방자치단체를 방문하여 여권을 발급받을 수 있다. 여권발급을 위해서는 여권발급신청서를 작성하고, 여권발급 수수료, 여권사진 1매, 신분증이 필요하다. 여권신청을 하면 발급까지 4일 정도가 소요된다.

여권의종류

종류	유효기간	수수료		비 고
		기존여권(48면)	알뜰여권(24면)	
일반복수여권	10년	53,000원	50,000원	만18세이상
	5년	45,000원	42,000원	만8세이상~만18세미만자
		33,000원	30,000원	만8세미만자
	5년 미만	15,000원		병역미필, 행정제재 등 (24면 여권)
일반단수여권	1년	20,000원		1회용여권

 한국에서 공문서 공증 받는 방법

첫째, 공문서를 독일어로 번역한다.

독일어 번역업체에 맡겨서 진행할 수도 있고, 독일어가 가능하다면 독일대사관홈페이지의 번역형식을 이용하여, 직접 번역하는 것도 가능하다.

둘째, 아포스티유 (Apostille)를 받는다.

공문서(한글원본서류)를 가지고 외교부 여권과에 방문하여, 아포스티유 스티커를 공문서에 부착 받는다.(수수료 지참)

셋째, 공증을 받는다.

아포스티유 스티커가 부착된 공문서와, 독일어번역본을 가지고 독일대사관에서 공증을 받는다.(수수료지참)

챙겨야할 증명서 리스트

종류	내용
필수항목	□ 여권 □ 비자(워킹홀리데이, 오페어 등)
보충항목	□ 자동차보험 경력증명서(영문) □ 국제운전면허증 □ 병력관계 증명을 위한 주민등록 초본(영문) □ 가족관계증명서(공증) □ 혼인증명서(공증) □ 기본증명서(공증) □ 여권사진(많을수록 좋음) □ 어학증명서(영문) □ 재정보증서(영문 혹은 공증) □ 출생증명서(영문)
유학/어학	□ 고등학교 졸업증명서/성적증명서(영문 혹은 공증) □ 대학교 졸업증명서/성적증명서(영문 혹은 공증) □ 이력서(영어 혹은 독일어) □ 추천서(영어 혹은 독일어) □ 국제학생증
이민/직장/ 주재원 등	□ 이력서(영어 혹은 독일어) □ 경력증명서(영어 혹은 독일어) □ 추천서(영어 혹은 독일어)
비고	쉥겐협약(Schengen Agreement)에 가입된 26개 회원국은 이전 최종 출국일로부터 이전 180일 이내 90일간 쉥겐국 내 무비자 여행이 가능하다. 독일도 쉥겐국에 포함되기 때문에 출국일로부터 3달 동안은 무비자로 체류할 수 있다.

한국에서 미리 받고 가면 좋은 비자 : 워킹홀리데이 비자, 오페어 비자

워킹홀리데이 비자는 독일의 문화, 직업, 어학 등의 경험을 위해서 청년에게 주어지는 특별한 비자이다. 다른 모든 비자는 한국에서 취득하는 것이 현지에서 취득하는 것보다 더 까다로울 수 있지만, 워킹홀리데이 비자는 한국에서 손쉽게 취득할 수 있다. 청년이 중심이다 보니 만 18세부터 만 30세까지만 이 비자를 받을 수 있는 조건이 된다.

워킹홀리데이 비자는 독일보다는 캐나다 호주 뉴질랜드 같은 나라들이 많이 알려져 있는데, 현재는 독일도 유럽권에 와서 생활해보고 싶은 청년들이 많이 신청하고 있다. 워킹홀리데이 비자를 한국에서 받고 출국하게 되면 독일에서 일자리를 구해서 일하거나, 한국에서부터 일자리를 구해 독일에서 즉시 일할 수 있고, 꼭 일하지 않아도 자신이 생활이 가능하다면 여행을 하거나 어학을 공부하면서 지낼 수 있다. 그러나 워킹홀리데이는 직접 그 나라에서 일을 하면서 문화도 체험하고 어학실력도 늘리는 취지인 만큼 일을 하면서 중간 중간 여행 가는 사람들이 많다.

워킹홀리데이 비자는 확실한 직장이 있어야만 받을 수 있는 것이 아니라서 막상 독일에 와도 직장을 구하지 못하면, 상당히 난감해질 수 있다. 체류비는 점점 떨어져 가는데 일자리는 구하지 못하는 최악의 상황이 되는 것이다. 물론 그런 스릴을 즐기는 것도 워킹홀리데이 비자의 매력이 될 수 있겠지만, 불안한 상황을 견디지 못하는 스타일이라면 오페어(Aupair) 비자를 추천하기도 한다. 오페어는 프랑스어로 동등하게라는 뜻으로 독일 가정에서 일정한 시간 동안 아이들을 돌보아 주는 대가로 숙식과 일정량의 급여를 받고, 나머지 시간에는 자유롭게 생활할 수 있는 비자이다. 좋게 말하자면 홈스테이를 공짜로 지내면서 일정한 급여도 받는 일석이조의 비자이다. 그러나 오페어 비자의 경우 아이를 돌봐주는 것이기 때문에 대부분 젊은 여성을 선호하고, 워킹홀리데이 비자처럼 자유롭지 못하고, 정해진 계약기간을 엄수해야 하며, 오페어로 일하게 될 독일 가정과 잘 맞지 않으면 힘들다. 그래서 오페어비자에 대해서는 호불호가 많이 갈린다.

워킹홀리데이 비자 취득방법

신청자격	• 만 18 세 이상 30 세 이하(비자 신청 시점 기준) • 대한민국 국적 • 자녀 동반 불가, 신청자격이 되지 않는 배우자 동반 불가
구비서류	• 완벽하게 기재 및 서명한 비자신청서 2 부 (홈페이지 출력 가능) • 여권(독일 체류기간 동안 유효한 여권, 인적사항이 기재된 페이지 사본 2부) • 백색 배경의 여권 사진 2 매 (3.5x4.5cm), 6개월 이내 촬영 (여권 사진 규격 안내) • 재정증명서: 최소 2,000 유로 이상이 입금된 본인 명의의 잔고증명(영문, 일주일 이내 발급분) 원본 1부, 사본 1부 • 보험계약서(영문): 해외에서 책임, 질병, 사고보험이 각 30,000 유로(원화 40,000,000) 이상 보장되어야 한다. 원본 1부, 사본 1부 • 보험의 목적은 Working Holiday or Overseas Travel 로 명시되어 있어야 한다. • 보험은 독일 체류 기간 내내 유효해야 한다. • 보험사는 본인이 선택하면 된다.
수수료	• 비자신청 업무처리 수수료는 75 유로이며, 비자신청시 당일 환율로 환산하여 원화로 지불되어야 한다. 비자발급이 거부되거나 신청자가 비자신청을 취소하더라도 수수료는 환불되지 않는다.
기타	• 주한독일대사관홈페이지에서 자세한 내용을 찾을 수 있다. • 주한독일대사관 : https://seoul.diplo.de/kr-ko/service/-/1694216

오페어비자(Aupair) 취득방법

신청자격	• 만18 세 이상 26세 이하 • 대한민국국적
구비서류	• 완벽하게 기재 및 서명이 된 비자신청서 2부 • 유효한 여권 (원본과 인적사항이 기재된 페이지 사본 2부 첨부) • 여권사진 2매 (3.5 x 4.5 cm, 밝은 배경으로, 6개월 이내촬영) • 독일어 기초어학능력 증명서 • 독일어가 모국어인 가족과의 오페어 계약서 또는 오페어 중개계약서 • 경우에 따라서 다른 서류의 제출도 요구할 수 있다. • 오페어 계약 관계는 최소 6개월, 최대 1년 지속되어야 한다.
수수료	• 비자신청 수수료는 75유로이며, 신청 시 이를 원화로 지불해야 한다.

기타	• 비자 신청 시 대사관 직원과 독일어로 짤막한 대화를 하게 된다.
	• 비자신청에서 발급까지의 수속기간은 약 6-8주 소요된다. 이를 참고하여 서류 신청을 미리 하도록 한다. 그러나 출국일로부터 6개월 이전에는 신청을 받지 않는다.
	• 서류를 빠짐없이 제출했다고 해서 비자가 반드시 발급된다는 보장은 없다. 주한독일대사관 영사과에서 독일의 관할기관과 함께 이를 검토하고 발급여부를 결정한다.

03
항공권, 임시거처

비행기 티켓을 구입하는 순간부터 진짜 여행은 시작된다. 독일생활을 준비할 때도 마찬가지이다. 비교적 큰 비용이 지출되는 것이 항공권 구입이기도 하고, 독일로 간다는 것을 가장 실감할 수 있는 순간이기도 하다.

항공권 구입까지는 여행의 기분을 만끽할 수 있겠지만, 독일에 임시거처를 구하는 길은 생각보다 까다롭다. 지인이 있다면 도움을 청할 수 있겠지만, 그마저도 요즘은 쉽지 않다. 특히 독일 대도시는 집구하기가 하늘의 별따기이다. 그래서 현지에 거주하는 사람들도 사방팔방 뛰어다녀야 좋은 조건의 집을 구하곤 한다.

항공권 구입방법

해외여행이나 해외생활이 처음이라면 항공권 구입하는 것이 어색할 수 있다. 생각보다 한국에서 독일로 가는 항공편은 무척 다양하다. 다만, 직항은 독일 국적기인 루프트한자, 한국국적기인 대한항공과 아시아나항공뿐이며, 독일 프랑크푸르트와 뮌헨으로만 직항노선이 있다. 따라서 가야 할 도시가 프랑크푸르트와 뮌헨이 아니라면 무조건 1회 이상은 경유를 해야 한다.

항공권 구입을 위해서는 가격비교사이트를 이용하던지, 각 비행기 브랜드에 직접 들어가서 경로를 설정하고 가격을 알아보는 방법이 있다. 원낙 다양한 노선이 있고, 자주 여행하는 사람이 아니라면 오히려 각 항공편에 들어가서 노선을 확인하고 가격을 비교하는 것이 더 복잡하기 때문에 가격비교사이트를 이용하는 것을 추천한다. 대표적인 가격비교사이트는 Skyscanner, Expedia, 인터파크투어 등이 있다. 자신이 원래 자주 사용하는 가격비교사이트가 있다면 그 사이트를 이용하는 것이 좋다.

항공권을 구입할 때, 주의해야 할 점이 있다. 보통은 독일생활을 준비하러 가는 것이기 때문에 기약 없이 떠나는 분들도 있을 것이다. 그럴 경우 편도티켓을 구입하려 하기도 하는데, 그럴 필요가 없다. 편도티켓을 구입하게 되면, 오히려 입국심사에서 물어보는 말이 많아지고, 더 복잡한 상황이 연출되기도 한다. 그리고 편도티켓이라고 해도 왕복티켓과 가격차이가 거의 나지 않거나 오히려 왕복티켓이 저렴한 경우도 있다. 따라서 우선 아무날짜나 지정해서 왕복티켓을 구입하는 것이 처음 독일생활을 시작하는 분들에게는 여러모로 효율적이다.

만약 자신이 거주하려는 곳에 공항이 없다면, 공항에서 기차, 버스, 택시를 타거나 혹은 한인커뮤니티에 픽업서비스가 가능한지 올리는 방법을 통해 집까지 이동해야 한다. 미국이나 영국의 경우 한인픽업서비스를 하는 곳도 있다고 알고 있지만, 독일의 경우 아직까지 확인된 픽업서비스 전문업체는 찾아보지 못했다. 물론 유학원이나 이민컨설팅 등을 통해서 오는 경우라면 비용 안에 픽업서비스가 포함되어 있기도 하다.

임시거처 정하는 방법

독일생활을 시작하면서 가장 큰 난관에 부딪히는 부분이 집구하기이다. 한국에서 독일의 집을 계약해서 곧장 이사 가는 것이 가장 좋겠지만, 지인이나 업체를 통하지 않는 이상 어려운 일이다. 또한 1,2달 살집이라면 모르지만 몇 년을 살 수도 있는 집을 직접 보지 않고 고른다는 것은 꽤나 큰 부담이 있다. 따라서 보통은 에어비앤비, 한인민박장기투숙, 베를린리포트, 독일유학생네트워크 등을 통해 임시적으로 머물면서 집을 구한다. 물론 직접 독일현지부동산에 연락하거나, 유학원을 통하는 등 여러 방법이 있으나 아무래도 높은 비용을 지불해야 한다.

임시거처 찾는 방법

형태	내용
베를린리포트 www.berlinreport.com/	단기숙소, 장기숙소 등 한국인이 거주하는 다양한 매물들이 올라오는 사이트이다.
독일유학생네트워크 (페이스북페이지) https://www.facebook.com/ groups/ 507228512628183/ ?ref=bookmarks	유학생들이 잠시 비우는 집에 거주할 사람을 구하는 경우 이다. 가격이 저렴하다.
에어비앤비 www.airbnb.co.kr/`	여행에서도 이용하지만, 장기거주를 할 경우 숙소로 이용 하는 것도 가능하다.
한인민박	한인민박에서 유학생을 상대로, 장기렌탈 서비스를 진행 하기도 한다. 일종의 하숙개념이다.
유스호스텔(게스트하우스)	가격이 저렴하지만, 짐보관 등에서 불편함이 있다.
호텔	안락하고 편안한 공간을 제공하지만, 가격이 비싸다.
유학원/이민컨설팅 업체 등	임시숙소가 아니라 계속 머물 숙소를 구해주기도 하지만, 아무래도 가격이 비싸다.

04
환전, 짐꾸리기

환전과 신용카드

여행이라면 큰 고민이 없겠지만, 실제로 독일에 생활할 생각이라면 환전과 신용카드사용에 대해서 많은 고민을 할 것이다. 초기정착비용이라는 것이 사람마다 다르지만, 결코 적은 비용이 아니기에 한국에서 어떤 방식으로 돈을 가지고 와야 하는지 생각해봐야 한다.

우선 일정금액은 환전을 하여 현금으로 가지고 다니는 것이 필요하다. 대부분의 은행에서는 환전서비스를 해주고 환전수수료를 받는다. 포털사이트에 "유로환율"이라고 검색하면 한화대비 유로화의 매매기준율이 제시되는데, 실제로 그 금액으로 환전되는 경우는 거의 없다. 바로 은행에서 받는 환전수수료 때문이다. 물론 요즘은 각 은행마다 환율을 우대해주는 정책이 있으며, 보통 50%-90%까지 환전수수료를 할인해주기도 한다. 아무래도 각 은행마다 환전 금액이 미세하게 차이가 나기 때문에 환전을 잘하는 방법들에 대한 이야기도 많다. 그러나 환차익을 노릴 정도로 많은 돈을 환전하는 것이 아니라면, 원래 자주 거래하던 은행에서 환전하는 것이 가장 좋다.

독일생활을 준비하는 입장에서는 돈 이외에도 준비해야할 부분이 많은데, 많은 돈을 환전하여 가지고 다니다가 잃어버리기라도 한다면, 독일생활의 시작부터 꼬이게 된다. 그래서 많은 사람들이 수수료를 지불하더라도 독일에서 사용할 수 있는 신용카드나 체크카드를 만들어 온다.

해외에서 신용카드를 사용하게 되면 "송금수수료 + 해외 카드사 수수료 + 국내 카드사 수수료"를 내야 한다. 이와 함께 해외은행 ATM기기 사용수수료까지 포함하면, 수수료만으로도 많은 돈을 지불해야 한다. 그래서 요즘에는 "송금수수료+해외카드사수수료+국내카드사수수료"를 비교적 적게 지불할 수 있는 다양한 체크카드들이 출시되고 있다. 해외생활을 준비하는 분들, 특히 유학생이나 어학연수생들이 가장 많이 사용하는 카드가 하나은행 비바체크카드이다.

하나은행 비바체크카드는 여러 종류가 있는데, 그중 하나은행 비바G체크카드(VIVA G check card)와 비바2체크카드 이 2개를 모두 만들어 오기도 한다. 그 이유는 2개의 카드에 해당하는 해외카드사가 각각 다르기 때문인데, 하나은행비바G체크카드는 마스터(MASTER)카드이고, 비바2체크카드는 비자(VISA)카드이다.

이 2개 카드는 현금인출은 이용 금액의 1%+건당 $3.0, 물품구매는 이용 금액의 1%+건당 $0.5로 굉장히 저렴한 수수료이다. 물론 해외은행 ATM기기 사용수수료는 별도이지만, 그래도 기존의 많은 수수료를 상당히 줄인듯하다. 이외에도 자신이 자주 거래하는 은행에 해외생활이나 여행할 때 편리하게 사용할 수 있는 카드가 있다면 꼭 만들어 오길 추천한다.

수수료만큼이나 중요한 부분은 결제하는 방법이다. ATM기기에서 돈을 뽑을 때는 결제를 현지통화 혹은 원화로 할 것 인지 선택이 없지만, 물품구매의 경우나 인터넷 결제를 할 경우 원화로 결제되는 경우가 종종 발생한다. 만약 원화로 결제하게 되면 중간에 환전과정이 한 번 더 추가되기 때문에 지금까지 수수료를 아끼려고 수수료가 저렴한 카드를 만든 것이 물거품이 될 정도로 많은 비용이 든다.

이민, 유학, 교환학생, 워킹홀리데이 등 다양한 목적으로 독일에 오게 될 때 무엇을 가져와야 할지 막막하다. 얼마나 머물게 될지도 모르고, 한국에서 짐을 많이 가져가는 것이 오히려 배송비가 더 드는 것이 아닌지, 도대체 독일은 어떤 제품이 비싸고, 저렴한지 알지 못하기 때문에 더 고민스럽다.

★ 의류

개인적인 취향에 따라 가장 많이 차이가 나는 것이 의류이다. 워낙 옷을 좋아해서 처음 독일에 올 때 가방 전체에 옷이 절반 이상을 차지하는 사람이 있는가 하면, 두세 벌만 간단하게 챙겨오는 사람도 있다. 따라서 자신의 체류 목적에 맞게 가성비가 좋은 것을 중심으로 선택하는 것이 좋다. 한국은 독일보다 면 티셔츠, 속옷, 양말, 스타킹 등이 저렴하며 질이 좋다.

★ 주방용품

한국에서도 독일의 주방용품 브랜드인, 헹켈, WMF, Silit 등을 구매대행할 정도로 독일 제품은 평가가 좋다. 챙겨 올 것이 있다면 숟가락, 젓가락, 고무장갑이 있다. 아무래도 독일 음식은 젓가락을 사용할 일이 없다 보니, 쇠젓가락 찾기가 쉽지 않다. 백화점에서도 한국식 숟가락과는 조금 다른 형태의 파스타용 숟가락이 대부분이고, 수저세트에 젓가락 대신 포크와 나이프가 포함되어있다. 독일에서도 고무장갑은 있지만 한국 고무장갑과는 질이 많이 다르다.

★ 한국음식

한국마트와 한국음식점이 있지만 가격과 맛을 보장하기는 어렵다. 또한 평소에 즐겨 먹는 밑반찬이나 김치 등은 현지에서 만들기 어렵기 때문에, 어느 정도의 적응기간까지 먹을 음식은 가져올 필요가 있다. 특히 챙겨오면 좋을 음식으로는 김, 나물, 멸치, 다시다, 북어포, 새우, 고사리, 무말랭이, 시래기 등 무게가 많이 나가지 않는 밑반찬용 재료이다.

★ 화장품류, 세면도구

DM이나 로스만 그리고 약국에 가면 유기농 화장품은 많다. 단지 자신에 맞는 제품이 무엇인지 알아가는 과정에서 시간이 걸린다. 화장품은 잠시 사용할 용량만 가져오고, 나머지는 독일에서 구입하는 편을 권한다. 한국의 저가 화장품 브랜드에서는 대용량 세안제가 1만원 안팎이지만, 이곳에서는 거품이 나오는 클렌징폼 이외에 튜브형은 저가 화장품 브랜드에서 찾아보기 힘들다. 그리고 수건은 한국이 저렴하다. 한국의 60수, 80수 정도 되는 도톰한 수건들과 가격은 비슷하지만 질은 그다지 좋지 않다. 그리고 마스크팩도 꼭 챙겨야할 것 중에 하나이다. 독일에도 물론 마스크팩이 있지만, 한국처럼 저렴하고 질이 좋지는 않다. 마지막으로 때수건은 당연히 독일에는 없다. 때를 안 밀면 답답한 분들에게 유용할 아이템이다.

★ 전자제품

전자제품은 무조건 한국이 저렴하다. 따라서 한국에서 구입해서 가져오는 것을 추천한다. 그러나 냉장고 등 대형 전자제품의 경우는 고려해봐야 한다. 괜히 가져왔다가 전압문제 때문에 전기세 폭탄을 맞을 수도 있기 때문이다. 독일에 가져오기를 추천하는 전자제품은 쿠쿠나 쿠첸 같은 압력밥솥이나 이어폰, 핸드폰, 노트북, 이북리더기 등 소형 전자제품이다. 특히 이북리더기의 경우 한국서적을 독일에서도 쉽게 구입하여 볼 수 있기 때문에 추천한다. 전기장판의 경우도 한국에서 가져와야 할 품목으로 추천하는 사람이 많지만 독일의 보이러라는 브랜드의 장판은 세탁도 가능하고, 효과도 좋아서 이곳에서 구입 하는 게 좋다.

★ 학용품과 책

학용품의 경우 독일의 뮬러나 1euro 숍에서 얼마든지 구입할 수 있다. 단지 조금 비싸고 한국 노트의 질만큼 종이 질이 좋지는 않다. 그래도 공책의 경우 가져오지 않고 독일 현지에서 구입하는 것을 추천한다. 공책과 서류철 등 이곳 형식에 맞춘 제품들을 구입하여 적응하는 것이 좋다.

모나미 볼펜처럼 저렴한 볼펜을 많이 사용하는 경우 한국에서 가져오는 것을 추천한다. 그러나 가격이 비싼 펜 하나로 오랫동안 사용하고자 한다면 독일에서 구입하시는 것을 추천한다. 한국에서 여행 오는 경우도 독일의 라미 같은 중저가 브랜드의 펜을 구입하거나 스테들러, 파버카스텔의 필기구를 많이 구입할 정도로 독일은 좋은 필기구가 많다. 한국에서 학용품 중에 꼭 챙겨올게 있다면 다양한 포스트잇과 편지지, 필통 등 팬시 제품이 좋다. 독일은 예쁘고 아기자기한 것과는 거리가 멀다. 실용적인 나라인 만큼 일본이나 한국처럼 다양한 디자인 혹은 캐릭터 상품은 없다 보니 원하는 디자인 상품이 있다면 챙겨올 필요가 있다.

독일에 와서 가장 아쉬운 것이 있다면 음식 다음으로 책이다. 한국소설이나 한국어로 번역된 독일 소설, 그리고 각종 전공서적들은 공부를 할 때 많이 찾게 된다. 한국에서는 쉽게 읽고 이해할 수 있는 부분이 독일어로 되어있으면 명확하게 이해되지 않을 때가 많다. 그럴 때 한국 책이 있다면 많은 도움이 될 수 있다.

★ 기타

그밖에 생활을 하는데 도움이 될 수 있는 다양한 제품들이 있다. 안경을 착용하는 사람이라면 유럽에서 안경을 맞추려면 비싸기 때문에 한국에서 가져오는 것을 추천한다. 이불도 이케아에서 구입할 수 있지만, 앞에서 말한 것처럼 면이나 천 솜 같은 종류는 한국 제품이 좋기 때문에 가져오는 것을 추천한다. 그리고 실내화, 손톱깎이 세트, 핸드폰 케이스 등은 꼭 필요한 것은 아니지만 가져오면 도움이 많이 되는 아이템이다. 독일에서는 구하기도 어렵고 구한다고 해도 한국처럼 다양하고 질 좋은 제품을 구입할 수는 없다. 그리고 비자나 운전면허증 교환 등을 이유로 증명사진이나 여권사진도 필요하니 꼭 여러 장 챙겨 와야 한다. 또한 한국에서 처리하고 와야 할 것들도 있다. 예를 들어 해외송금이나, 인터넷계좌, 한국에서의 물건결제를 위한 공인인증서가 필요하다. 공인인증서를 개인컴퓨터나 외장하드에 저장해야 하며, 만약 한국 핸드폰사용계약을 해지하고 올 경우에는 여러 사이트에 접속하거나 인증하는 것이 어려울 수 있으니, 우선 정지를 해놓고 독일생활에 적응하면서 해지하는 것도 하나의 방법이다.

체크리스트

체크항목	준비물내용	체크하기
여권/비자	분실의 사고를 대비해 복사본을 보관하거나 핸드폰에 저장한다.	☐
항공권	분실의 사고를 대비해 복사본을 보관하거나 핸드폰에 저장한다.	☐
한국돈	국내 공항 간 이동시 교통비, 공항세 지불 등에 필요한 돈을 챙긴다.	☐
현지돈	현지에서 사용할 기본적인 돈을 가져간다.	☐
신용카드	독일 내에서의 송금이나 출금을 위해 사용가능한 카드를 준비한다.	☐
예비용 사진	여권 분실의 사고를 대비해 많이 준비한다.	☐
작은 가방	큰 가방과 분리해서 휴대할 수 있는 작은 가방이 있으면 편리하다.	☐
필기도구 /수첩/노트	필기도구나 수첩 노트 등의 종이류는 한국이 훨씬 저렴하다.	☐
카메라	디지털제품은 한국이 훨씬 저렴하다. (외장하드, 보조배터리, 디지털제품의 충전기 등도 빼먹지 말고 챙긴다.)	☐
노트북		☐
기타 디지털제품		☐
칫솔과 치약	현지에서 구입하기 전에 사용할 만큼만 챙겨간다.	☐
수건과 비누	한국수건은 많이 가져갈수록 좋다.	☐
화장품	여행용이나 소포장용을 가져가는 것이 좋다.	☐
셔츠/바지		☐
재킷/가디건	한국 의류는 많이 가져갈수록 좋다.	☐
속옷		☐
편한 신발	최대한 편한 신발이나 운동화를 준비하는 것이 좋다.	☐
생리용품	현지어가 익숙하지 않아 자신에게 맞는 것을 구하기 어려울 수 있으므로 미리 준비한다.	☐
비상약	평소에 복용하는 약, 지사제, 소화제, 멀미약, 감기약, 1회용 밴드 등을 준비한다.	☐
한국음식		☐
기타		☐

4. 독일로 입국하기

드디어 떠나는 일만 남았다. 독일에 방문하기 위해서 가장 처음 하는 일은 출입국 과정이다. 처음 비행기를 타는 사람들에게는 다소 공포스러운 순간이기도 하다. 그러나 출국절차와 입국절차를 꼼꼼히 숙지한다면 긴장하지 않고 잘 진행할 수 있다.

01
독일 입국과정

입국심사(프랑크푸르트와 뮌헨)

독일의 경우 따로 입국에 필요한 서류가 없다. 비자와 항공권, 그리고 비행기 내에 가지고 갔던 짐을 잘 챙겨서 입국심사하는 곳으로 간다. 입국심사하는 곳은 Non EU National과 EU National로 나뉘는데, Non EU National로 가서 줄을 서고, 입국심사를 받는다. 편도티켓이 아닌 이상 특별한 질문은 하지 않는다. 독일에 온 목적이 무엇인지, 언제, 어디서, 얼마나 머물 것인지 등은 아주 간략하게 답변할 준비를 해야 한다. 영어와 독일어가 미숙한 경우에는 핸드폰에 관련내용을 적어서 직접 보여주는 것도 방법이다. (참고로 독일생활의 목적이 각자 다르더라도, 첫 입국심사에서는 여행을 통해서 왔다고 하는 것이 편하다.)

수하물 찾기와 세관검사

입국심사를 마치면 수화물을 찾아야 한다. 비행기편명과 수화물 칸 번호가 전광판에 표시되어있기 때문에 확인하고, 자신의 수화물을 찾는다. 그리고 출국장을 통해 나가면 되는데, 가끔 밖으로 나가기 전에 세관검사를 하는 경우가 있다. 반입금지물품을 가지고 있지 않은 이상 겁먹을 필요가 없다. 한국음식의 경우 세관검사를 하는 입장에서 금지품목이 될 수도 있으나, 허용해주는 경우가 많다.

독일 생활

드디어 독일 내의 숙소에 우여곡절 끝에 도착해 하룻밤 자고 일어나 보면 각종 영상을 통해서 보던 유럽의 모습이 펼쳐진다. 거리에는 외국인들 뿐이고, 표지판은 독일어로 도배가 되어있다. 독일생활에 큰 기대를 가지고 출발하기 때문에 관광객처럼 설레거나, 외국에 나와 있다는 것 자체에 대해 뿌듯해하기도 한다. 그러나 계속 체류하기 위한 비자발급이라는 큰 관문이 기다리고 있으며, 한국어가 아닌 독일어나 영어를 사용해야 할 일들이 산더미이다. 실질적인 독일생활을 위해 준비할 일은 무엇인지 살펴보고, 현지인처럼 지내보자.

2장

1. 비자

오늘날은 세계 어느 곳을 가던지 생활하는 모습은 크
게 다르지 않다. 단지 한국과의 차이점이 있다면, 낯선
환경과 언어적인 문제일 것이다. 특히 비자를 받는 것
은 타지에 살고 있다는 점을 가장 잘 느낄 수 있게 해
주는 일이다. 비자를 받기 위해 외국인청에 방문하게
되면 이상하게 눈치를 봐야 하는 분위기가 조성되고, 뜻밖의 사소한 문제 때문에
비자 받는 것이 어려워지기도 한다. 그래서 독일생활에서 비자를 받는 일은 까다
로운 독일 생활을 몸소 체험하게 되는 첫 관문이다.

01
어떤 비자를 받을 것인가?

독일에 살기 위해서 거주 목적이 분명해야 한다. 목적에 따라서 독일이라는 나라에서 거주할 수 있는 명분이 생기기 때문이다. 여권에 붙여주는 비자, 혹은 비자카드 한 장으로 우리가 이곳에서 생활할 수 있는 허가가 주어진다. 독일에 거주하면서 이보다 중요한 공문서는 없다.

한국과 독일 간에 체결되어있는 양국 간의 상호 비자면제협정에 의하여 3개월 동안은 무비자로 거주할 수 있다. 무비자 3개월 체류의 취지는 관광이 주요 목적이다. 이는 유럽으로의 관광수요를 늘리는 역할을 한다. 그래서 요즘은 "해외에서 한 달 살아보기"와 같은 배낭여행이 아닌 거주관광이 각광 받기도 한다.

그러나 독일에서 3개월 이상 거주할 경우 비자를 받아야 한다. 자신이 어떤 비자를 받을 것인지는 독일에 온 목적과 일치한다. 따라서 한국에서부터 고민해봐야 하는 문제이다. 일반적으로 가장 쉽게 장기간 체류허가를 받을 수 있는 비자는 "워킹홀리데이 비자"이다. 한국에서 비자를 받을 수 있고, 독일에 와서도 별도의 서류작업 없이 체류가 가능하다. 어학연수비자, 취업비자, 유학생비자도 물론 국내에서 발급받을 수 있으나 독일 도착 후 3개월 이내에 갱신해야 하기 때문에 실질적으로 한국에서 비자를 받는 것이 별의미가 없다. 만약 워킹홀리데이 비자를 받을 수 있는 사람들의 경우, 우선 워킹홀리데이 비자를 이용하여 1년간 체류하면서 어학비자나, 유학비자, 취업비자, 사업비자 등을 고려해 볼 수도 있다.

02
비자발급을 위한 준비과정(공통)

독일에서 비자를 발급받기 위해서는 몇 가지 선행되어야 하는 일이 있다.

거주지 등록증 발급

비자발급을 위해 해야 할일 중 가장 어려운 부분이 거주지를 구하는 것이다. 독일생활 중에 비용이 가장 많이 드는 부분이기도 하고, 결정적으로 쉽게 해결이 안 된다. 집을 구한다고 해도 임시체류의 경우 아파트임대 승인서(Wohnungsgeberbestätigung)를 주지 않기 때문에 거주지등록증을 발급받을 수 없다.

2. 집구하기를 참고

어쨌든 만약에 집을 구해 계약을 하면 계약서와 집주인에게 거주지등록을 위한 별도의 서류도 받아야 한다. 이것을 아파트 임대 승인서라고 한다. 집주인이 체류사실을 인지하고 있다는 서류로서 집주인 서명이 반드시 들어가야 한다. 대부분의 집주인들은 이 서류의 존재를 알고 있지만, 혹시 계약할 때 이 서류를 주지 않는다면, 직접 서류를 인터넷에서 다운로드 받아서 집주인의 서명을 받아야 한다.

여권, 집주소(집계약서), 집주인(또는 집관리 에이전시)으로부터 받은 아파트 임대 승인서를 가지고 집 근처에 있는 동사무소, 시청 등에 간다(구글에서 ANMELDUNG bei der Meldebehörde + 지역명을 치면, 위치와 관련 웹사이트를 확인할 수 있다).

안내소에서 거주지 등록(Anmeldung)을 하고 싶다고 하면, 관련부서의 위치를 알려주고, 보통은 은행처럼 번호표를 뽑고 기다리게 된다. 번호가 전광판에 나타나면 직원이 있는 사무실에 들어가게 되고, 거주지 등록을 하고 싶다고 말한 후 관련서류를 보여주면 된다. 종종 독일에 언

ANMELDUNG bei der Meldebehörde

Tag des Einzugs|_____| in die Wohnung _____ Hamburg
Straße (Platz, Ktgs.), Hausnummer und Zusätze (z. B. auch Name des Hauptmieters), Stockwerk, Wohnungsnummer

Name und Anschrift des Wohnungsgebers | Bearbeitungsvermerk Bestätigung des Wohnungsgebers

Familienname / Doktorgrad	1	Familienname / Doktorgrad	2
ggf. Geburtsname		ggf. Geburtsname	
Vornamen (Rufname unterstreichen)		Vornamen (Rufname unterstreichen)	
Tag der Geburt	Ort der Geburt	Tag der Geburt	Ort der Geburt

제 도착했는지, 태어난 곳이 어디인지, 혹은 종교를 물어보는 경우도 있다. 담당직원이 서류작업을 마무리하고 서명을 하면 거주지등록신고가 완료되고, 거주지등록증(ANMELDUNG bei der Meldebehörde)을 받을 수 있다.

 거주등록 신고를 위한 준비서류

□ 유효한 여권

□ 집주소(집계약서)

□ 집주인(또는 집관리 에이전시)로부터 아파트 임대 승인서 (Wohnungsgeberbestätigung)

□ 장기체류를 증명하는 서류
   (취업비자의 경우, 서명된 고용증명서/ 결혼인 경우, 혼인 증명서/ 학생비자인 경우, 학교 입학 증명서/어학비자인 경우, 어학등록 증명서)
   : 필요유무가 지역마다 다름

□ 서명 된 거주등록 신청서(ANMELDUNG bei der Meldebehörde)
   : 필요유무가 지역마다 다름 (서류 없이 계약서나 집주소만 가지고도 가능한 지역이 있음)

□ 수수료 : 필요유무가 각 지역마다 다름

은행 계좌 만들기

비자를 발급받기 위해서는 은행계좌나 재정보증서가 필요하다. 독일에서 거주하는 동안 어떻게 생계를 유지할 것인지를 증명해야 하기 때문이다. 재정보증서의 경우 대사관 홈페이지에 어떻게 구비해야 하는지 절차가 안내되어있다. 만약 재정보증서가 없다면, 독일에서 비자를 위해 은행계좌를 만들 수 있다. 은행 계좌를 만들기 위해서는 거주지등록증이 필수적으로 있어야 한다. 따라서 우선 거주지등록증을 받고, 자신이 거래할 은행을 선택하여 계좌를 개설한다.

---

* 은행계좌 만들기에 대한 자세한 내용은 3.은행편을 참고.

의료보험 가입하기

의료보험가입도 비자를 받기 위해서 필
수조건이다. 처음에 독일에 와서 의료보
험을 가입하려면 사설의료보험(정확히
말하자면, 여행자보험형태의 사설의료보
험)에 가입할 수밖에 없다. 공공의료보
험은 명확한 신분이 있어야만 가입할 수
있기 때문이다. 사설의료보험은 인터넷으로 가입하거나 방문하여 가입할 수 있는
데 일반적으로 인터넷으로 많이 가입한다. 의료보험가입을 위해서는 여권과 은행
계좌번호가 필요하다. 그리고 다양한 의료보험상품 중에 자신이 직접 선택해야 한
다. 의료보험을 가입하게 되면 가입내역은 우편을 통해서 받게 된다.

기타

여권사진과 함께 자신의 비자에 맞는 다양한 서류를 구비해야 한다. 예를 들어 가
족이 있는 경우 혼인신고서, 가족관계증명서 등의 서류들을 구비해야 하고, 어학
비자는 어학원등록증, 취업비자나 사업비자 등은 또 다른 구비서류들을 챙겨야 한다.

TIP 외국인청 방문하기

각지역의 외국인청을 방문하여 비자를 발급받을 수 있다. 비자발급의
경우, 인터넷예약이나 방문예약을 하여야 하는 경우도 있고, 직접 방문
하여 비자발급이 가능한 경우도 있다. 외국인청의 위치는 인터넷에서
Ausländerbehörde + 도시명을 치면 확인할 수 있으며, 주요도시의
외국인청의 위치는 다음과 같다.

☐ 베를린 Friedrich - Krause - Ufer 24 13353 Berlin
☐ 뮌헨 Ruppertstraße 19, 80337 München
☐ 함부르크 Hammer Str. 30 − 34, 22041 Hamburg
☐ 프랑크푸르트 Kleyerstraße 86, 60326 Frankfurt am Main
☐ 쾰른 Dillenburger Straße 56 − 66, 51105 Köln

03
어학연수비자와 유학준비비자

유학을 준비하기 위해서는 어학연수비자를 받는다. 어학연수비자는 독일어 학습만을 목표로 하는 비자로서 최대 1년 동안 비자를 받을 수 있다. 따라서 독일어 강좌 수강 증명서가 가장 중요한 조건이 된다. "최소 3개월 최대 6개월 동안, 한주에 18시간이상의 수업을 하는 인텐시브코스에 등록했다."라는 독일어 강좌 수강 증명서가 있어야 한다. 대부분의 독일어학원들이 비자를 위한 독일어 강좌 수강 증명서를 만들어주지만, 그렇지 않은 사설 어학원들도 있기 때문에 수강등록 전에 문의해야 한다.

어학연수비자는 유학준비를 위해서도 필요하다. 대학입학을 목표로 하는 학생들은 어학시험을 통과하는 것이 기본적인 자격이기 때문에 어학연수비자를 받는다. 그런데 어학연수비자기간은 단 1년뿐이기 때문에 그 기간 안에 어학시험을 통과하고 대학에 입학하는 것이 상당히 어려울 수 있다. 그래서 유학 준비 비자라고 하여 어학연수비자와 비슷한 성격이지만 대학입학을 준비하는 비자가 있다. 외국인청에서는 어학연수비자로 체류하던 사람이 1년이 지나서 다시 비자 신청할 때까지 학생신분을 취득하지 못하면 유학준비비자로 발급해주기도 한다. 어학연수비자와 유학준비비자는 합해서 최대 2년까지 가능하다.

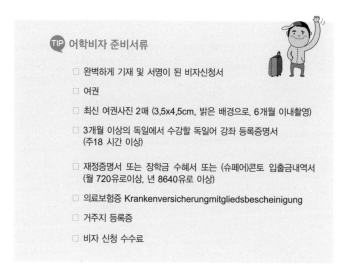

TIP 어학비자 준비서류

☐ 완벽하게 기재 및 서명이 된 비자신청서

☐ 여권

☐ 최신 여권사진 2매 (3,5x4,5cm, 밝은 배경으로, 6개월 이내촬영)

☐ 3개월 이상의 독일에서 수강할 독일어 강좌 등록증명서
   (주18 시간 이상)

☐ 재정증명서 또는 장학금 수혜서 또는 (슈페어)콘토 입출금내역서
   (월 720유로이상, 년 8640유로 이상)

☐ 의료보험증 Krankenversicherungmitgliedsbescheinigung

☐ 거주지 등록증

☐ 비자 신청 수수료

04
유학생비자

어학연수비자, 유학준비비자, 워킹홀리데이 비자는 사실상 각각 1년 이상 받을 수 없는 비자이다. 그러나 유학생비자의 경우 한 번에 2년 동안 체류할 수 있는 비자를 받을 수도 있고, 어떤 주에서는 3년까지도 허가해 준다. 유학생비자를 받기 위해서는 독일대학교에 입학허가를 받아야 한다.

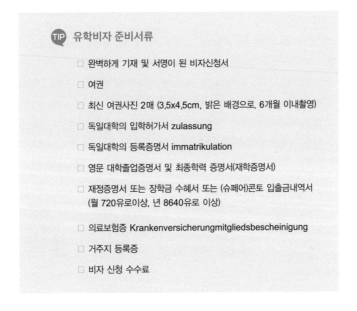

TIP 유학비자 준비서류

☐ 완벽하게 기재 및 서명이 된 비자신청서

☐ 여권

☐ 최신 여권사진 2매 (3,5x4,5cm, 밝은 배경으로. 6개월 이내촬영)

☐ 독일대학의 입학허가서 zulassung

☐ 독일대학의 등록증명서 immatrikulation

☐ 영문 대학졸업증명서 및 최종학력 증명서(재학증명서)

☐ 재정증명서 또는 장학금 수혜서 또는 (슈페어)콘토 입출금내역서
   (월 720유로이상, 년 8640유로 이상)

☐ 의료보험증 Krankenversicherungmitgliedsbescheinigung

☐ 거주지 등록증

☐ 비자 신청 수수료

05
취업준비비자

독일에서 대학 졸업 후, 독일에서 일자리를 구하기 원한다면 취업준비비자 (Arbeitsuchen Visum)를 받을 수 있다. 일자리를 구할 시간을 주는 비자이다. 일반적으로 18개월 동안 체류가 가능하고, 비자허가기간 동안 독일에서 일자리를 구할 수 있다. 또한 독일에서 취업을 위해 주정부에서 지원하는 다양한 취업프로그램에 참가할 수 있다.

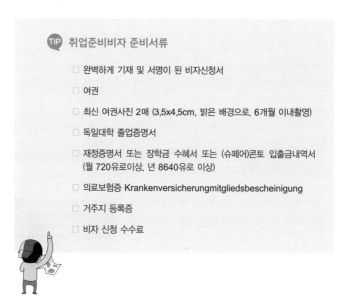

TIP 취업준비비자 준비서류

☐ 완벽하게 기재 및 서명이 된 비자신청서

☐ 여권

☐ 최신 여권사진 2매 (3,5x4,5cm, 밝은 배경으로, 6개월 이내촬영)

☐ 독일대학 졸업증명서

☐ 재정증명서 또는 장학금 수혜서 또는 (슈페어)콘토 입출금내역서 (월 720유로이상, 년 8640유로 이상)

☐ 의료보험증 Krankenversicherungmitgliedsbescheinigung

☐ 거주지 등록증

☐ 비자 신청 수수료

독일 구인구직 사이트

취업준비비자를 가지고 있다면, 독일 각지역의 잡센터에서 상담을 받을 수도 있고, 기타 웹 사이트들을 통해서 구직활동을 할 수 있다.

이름	내용
Bundesagentur für Arbeit	한국 워크넷에 해당하는 독일 노동청의 공식 일자리 정보 사이트
Monster	전 세계적인 구인구직 포털 사이트.
Stepstone	독일에서 요즘 가장 방문객 숫자가 많은 구인사이트
Xing	독일판 Likendin 소셜비지니스사이트
LinkedIn	전 세계적인 소셜비지니스 네트워크 사이트
jobturbo.de	구직종합포탈사이트
Jobstairs	독일 대기업 50개만을 주로 다루는 구인구직 사이트.

06
취업비자(블루카드)

회사에 들어가게 되면 받게 되는 비자가 취업비자이다. 취업비자의 경우 회사에 고용이 우선 되어야 받을 수 있는 비자이다. 취업비자는 2가지 형태가 존재한다. 첫 번째는 일반취업비자이고,

두 번째는 블루카드(Blue Card / Blaue Karte) 취업비자이다. 일반취업비자의 경우 독일에 있는 기업이 자신을 고용한다는 계약서가 필요하며, 블루카드취업비자는 2015년 기준 세전 48,400유로 이상의 연봉계약서를 가지고 있거나 전문 직종(수학, 정보통신, 자연과학, 기술)은 3만7128유로(2016년 기준)이상의 연봉계약서를 가지고 있다면 받을 수 있다.

블루카드취업비자의 경우 유럽연합이 해외에서 고급인력을 유치하기 위해 만든 제도로서 부족한 직군이나 전문성이 필요한 분야, 예를 들어 IT분야 등에서 일을

하는 사람이 일정한 요건을 갖추면 신청할 수 있다. 블루카드는 장점이 많은데, 우선 배우자가 있는 경우 배우자가 취업비자를 따로 받지 않아도 독일 내에서 일할 수 있다. 또한 일반 취업비자의 경우 유효기간은 1년에서 3년이지만 블루카드는 4년까지 받을 수 있다. 블루카드의 경우 33개월 동안 현지에서 일한 후 독일영주권 신청도 가능하다. 만약 독일어능력이 검증된다면 21개월 이후에도 영주권을 받을 수 있다.

> **TIP 취업비자 준비서류**
>
> ☐ 완벽하게 기재 및 서명이 된 비자신청서
>
> ☐ 여권
>
> ☐ 최신 여권사진 2매
>   (3,5 x 4,5 cm, 밝은 배경으로. 6개월 이내촬영)
>
> ☐ 고용사유서 Arbeitsplatzbeschreibung
>   (회사에서 직접 처리하는 경우가 많음)
>
> ☐ 고용계약서 Arbeitsvertrag
>
> ☐ 대학졸업증명서
>
> ☐ 재정증명서 또는 장학금 수혜서 또는 (슈페어)콘토 입출금내역서
>   (월 720유로이상, 년 8640유로 이상)
>
> ☐ 의료보험증
>
> ☐ 거주지 등록증
>
> ☐ 비자 신청 수수료

07
프리랜서 비자와 사업비자

프리랜서(Freiberufler) 비자는 예술가 비자라고도 한다. 디자이너, 기자, 번역가 등 예술. 문학 분야의 직업군을 갖고 있는 사람이 신청할 수 있는 비자로서 독일에서 학교를 나온 사람이라면 받기가 쉽고, 한국에서 학교를 나와서 받기에는 절차가 까다롭다.

사업비자는 독일에서 자영업을 하는 경우에 발급받는 비자이다. 발급을 위해 사업계획서에 독일경제에 긍정적인 영향을 미칠 수 있다는 내용이 꼭 들어가야 하며, 그로 인해 자신의 사업이 수익창출이 가능하다는 점이 작성되어야 한다. 그와 관련하여 충분한 초기자금이 있다는 것도 전제되어야 한다. 독일에서 자영업의 경우 레스토랑, 한인 식품점, 구매대행업 등을 하는 경우가 있으며, 이 분야에서 사업을 하는 사람들이 사업비자를 주로 신청한다.

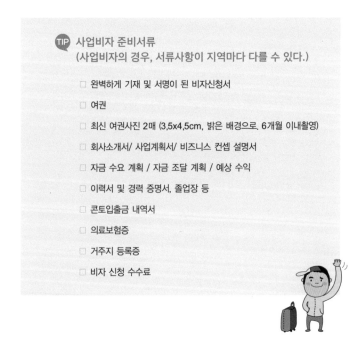

TIP 사업비자 준비서류
(사업비자의 경우, 서류사항이 지역마다 다를 수 있다.)

☐ 완벽하게 기재 및 서명이 된 비자신청서

☐ 여권

☐ 최신 여권사진 2매 (3,5x4,5cm, 밝은 배경으로, 6개월 이내촬영)

☐ 회사소개서/ 사업계획서/ 비즈니스 컨셉 설명서

☐ 자금 수요 계획 / 자금 조달 계획 / 예상 수익

☐ 이력서 및 경력 증명서, 졸업장 등

☐ 콘토입출금 내역서

☐ 의료보험증

☐ 거주지 등록증

☐ 비자 신청 수수료

08
동반 체류허가 비자

학생, 사업가, 취업비자를 가지고 있는 사람 등의 가족에 대해서 허가해주는 비자
이다. 학생비자나 사업비자, 취업비자를 발급받는데 문제없다면 동반 체류허가비
자는 쉽게 발급된다.

TIP 동반체류허가비자 준비서류

☐ 완벽하게 기재 및 서명이 된 비자신청서

☐ 여권

☐ 최신 여권사진 2매 (3,5x4,5cm, 밝은 배경으로, 6개월 이내촬영)

☐ 자녀 동반 시 가족관계증명서(원본과 독일어 번역본)

  * 원본에 아포스티유 확인 필요

☐ 배우자 동반 시 혼인관계증명서(원본과 독일어 번역본) *원본에 아포스티
  유 확인 필요

☐ 의료보험증

☐ 거주지 등록증

☐ 비자 신청 수수료

* 독일에서 비자 받는 방법은 각 주별로 조건이 미세하게 다를 수 있고, 특히 외국인
  청 직원의 재량에 의해 많은 차이가 난다.

2. 집구하기

집은 우리가 가장 많은 시간을 보내는 공간이기에 그 중요성은 아무리 강조해도 지나치지 않는다. 독일정착에 있어서도 집은 중요하다. 잠시 머무는 호텔이나 호스텔 개념이 아니라 장기간 머물 수 있는 집은 독일생활에서 마음의 안정감을 주고, 독일에서 이루고자 하는 목표를 성취하는데 큰 도움이 된다.

01
독일집과 거주형태

독일은 다양한 형태의 집들이 있다. 단독주택, 공동관리주택, 다세대주택, 아파트 등 다양한 방식으로 표현한다. 이러한 집들은 거주형태에 따라 몇 가지 기준으로 구분할 수 있다.

하우스 Haus

독일을 생각하면 가장 먼저 떠오르는 집은 아인파밀리엔하우스(Einfamilienhaus)
이다. 한국말로 하면 단독주택이다. 구도심에서 조금만 벗어나면 이러한 하우스들
이 밀집된 지역을 쉽게 찾아볼 수 있고, 많은 독일인들은 하우스가 밀집한 조용한
지역을 선호한다.

두 번째로 독특한 형태의 하우스가 있다. 바로 라이헨하우스(Reihenhaus)이다.
단독주택의 경우 가격이 비싸고, 다세대주택은 층간소음에서 자유로울 수 없다.
독일에서는 단독주택보다는 저렴하면서 층간소음의 걱정은 없는 라이헨하우스가
존재한다. 라이헨하우스는 똑같은 구조의 집들이 2~5채 정도 붙어있는 공동관리
주택이다. 한국에서는 이런 집의 형태는 찾아보기 힘들다. 집들이 모두 붙어있지
만, 별개의 집들로 구성되고 한 가정에서 한집을 사용하며 보통은 작은 정원도 있다.

보눙 Wohnung

독일에 도착하면 가장 많이 볼 수 있는 형태의 집이 메어파밀리엔하우스
(Mehrfamilienhaus)이다. 적게는 4가정에서 많게는 20가정이 한 건물에 거주하
게 된다. 한국으로 치면 다세대주택, 빌라, 소규모 아파트가 메어파밀리엔하우스에
속한다. 여러 가정이 한 건물에 거주하기 때문에 각 가정의 집을 보눙(Wohnung)
이라고 말한다. 도심이나 도심근처에 위치하고 있기 때문에 부동산에도 매물이 많
고, 외국인으로 공략하기에도 좋은 집 형태이다. 요즘은 한국의 원룸형태의 보눙들
도 심심치 않게 볼 수 있다.

메어파밀리엔하우스 중에 잘 관리된 오래된 주택인
altbau haus이 있다. 영화와 드라마에서 주로 등장하는
독일식 주택이다. 보통 100년 이상된 집들로, 시내 중심가
에 밀집되어있는 경우가 많다. 독일 구도심 지역은 대부
분 오래된 주택을 보존하는 법률이 마련되어있어서 예전
그대로의 모습을 갖추고 있다. 물론 주택내부는 현대식으로

고치기도 하지만, 내부 벽면이나 천장 등의 오래된 문양은 그대로 보존해야 하는 경우가 많다.

셰어하우스 WG(Wohngemeinschaft)

독일어로 베게 WG는 셰어하우스이다. 예를 들어 30평 정도 되는 방이 3개 있고, 주방 1개, 화장실 1개인 보눙이 있다면 3명이서 거주하면서 공동으로 집세를 부담하고 한집에서 함께 생활하는 것이다. 베게 WG는 보눙의 형태에 따라 개인에게 방만 제공되고, 화장실과 주방은 같이 사용해야 하는 경우가 있고, 방과 화장실은 개인이 사용하는데 주방은 같이 사용해야 하는 경우도 있다. 어쨌든 개인 방 이외  에는 집의 일정부분을 공유하는 것이 WG라고 볼 수 있다. 개인이 기숙사를 신청하기 전에 어학연수를 하거나 혹은 직장에 다닐 경우에는 WG를 많이 알아보며, 대학생의 경우도 기숙사를 기다리지 않고 WG에서 생활하는 경우가 아주 많다.

기숙사 Studentenwohnheim

학교에서 운영하는 기숙사는 일반적으로 대학교에 입학한 다음 신청할 수 있다. 가격이 저렴하고, 접근성이 좋다 보니 대학교의 학생이어야 하는 조건이 있음에도 몇몇 대도시들에서는 경쟁이 치열하다. 그래서 일부지역은 사설기숙사를 운영하는 곳들이 존재한다. 사설기숙사는 꼭 학생일 필요는 없다. 새로 만들어진 곳들이 많아서 깨끗하고 편리하지만, 가격이 비싸다. 대부분의 기숙사는 WG형태로 운영하고, 주방까지 포함한 원룸형태의 기숙사도 존재한다.

02
집 구하는 과정

필요 서류

독일에서 집을 구하기 위해서는 기본적으로 신분을 증명할 수 있는 여권, 그리고 자기소개서(Mieterselbstauskunft), 마지막으로 돈을 낼 수 있다는 다양한 증명서가 있어야 한다.

자기소개서는 필수 서류는 아니지만, 부동산이나 부동산정보사이트에서 필요로 하는 경우가 많다. 직업, 나이, 강아지 유무 등 아주 기본적인 내용들이 포함되고, 임대료를 아무 문제없이 납부할 수 있다는 근거들을 제시해주곤 한다. 그러나 외국인의 경우는 조금 더 구체적으로 쓰는 것이 중요하다. 완벽하게 의사소통을 하기 어려운 경우, 서류로서 자신이 얼마나 신뢰할만한 사람인지 나타내는 것이 필요하며, 집주인은 그 내용을 토대로 우선적인 집 방문의 기회를 주기 때문이다.

독일로 처음 방문한 사람에게 임대료를 납부할 수 있다는 것을 증명하기는 쉽지 않다. 독일에 취업을 위해 온 경우 직장에서 보증인 형식으로 도움을 줄 수 있지만, 그렇지 않은 경우에는 자신이 얼마만큼의 돈을 가지고 있  는지 보여주는 방법이나, 독일의 재정보증인을 두는 방법밖에 없다.

자신이 가지고 있는 돈을 증명하기 위해서 가장 쉽게 사용하는 것이 은행계좌잔고이다. 한국은행계좌잔고가 있더라도 독일임대인에게 한국계좌를 보여주는 것은 큰 의미가 없다. 결국 독일계좌에 있는 은행잔고를 보여줘야 하는데, 문제는 독일의 일반은행의 경우, 거주지등록증이 없으면 은행계좌가 개설조차 안된다는 점이다.

현재까지 독일에서 집구하는 많은 사람들이 겪었던 문제였고, 다행히 나름의 해결방법이 생겼다. 독일 모바일뱅크 개설을 하는 것이다. 거주지등록증 없이도 계좌를 개설할 수 있으며, 이 계좌개설을 통해서 임대료를 납부할 수 있는 돈이 있다는 것을 증명할 수 있다.

물론 꼭 계좌가 있어야만 집을 구하는 것은 아니다. 한국인을 통해서 집을 구할 수도 있고, 집주인과 협의를 잘 해서 집을 구한 사람도 물론 있다. 다만 집주인에게 확실하게 어필하기 위해 아래와 같은 서류들을 모두 구비하는 것이 집을 구할 수 있는 확률을 높이는 방법이다.

부동산 관련 정보 확인하기

집을 구하는 방법은 한국과 독일이 비슷하다. 최근 한국의
경우 직방, 다방 등 부동산 애플리케이션을 통해서 집을 구
하거나, 공인중개사무소 혹은 포털사이트의 부동산페이지
를 통해서 집을 알아본다. 독일도 웹사이트, 부동산 직접
방문, 신문 등을 통해서 집을 구한다. 또한 WG형태의 집의
경우는 학교홈페이지나 대자보를 통해 구할 수도 있다.

**IMMOBILIEN
SCOUT 24**

WG-GESUCHT.de

★ 부동산거래사이트 이용하기

독일에 사는 현지인들도 집을 구하기 위해서 가장 먼저 이용하는 사이트가 Immobilenscout24, WG-gesucht이다. 부동산 거래 사이트로서 가장 많은 매물이 올라온다. 또한 가격, 집의 크기, 방의 개수, 건축 연도 등 본인의 기대에 따라 다양한 옵션을 설정하여 확인할 수 있기 때문에 편리하다. 따라서 원하는 조건의 집이 있다면 이 사이트에 적혀있는 연락처를 통해서 집을 구할 수 있다.

다만, 허위매물도 조심해야 한다. 직접 만나서 계약을 하지 않고 제3자를 통해서 계약을 하거나, 자신이 외국에 있기 때문에 돈을 보내주면 집 열쇠를 준다는 등 고정적인 사기수법이 있기 때문에 주의가 필요하다.

아쉽게도 대도시의 경우 부동산 사이트를 통해서 집을 구하는 것이 쉽지 않다. 필자도 인터넷에 수많은 집들에 연락해 보았다. 그리고 10군데에 메일을 보내면 1군데 정도 답이 왔는데, 막상 집을 보러 가보면, 30명 이상이 항상 대기해 있었다. 마치 한국의 아파트 모델하우스 구경 가서 추후에 당첨 받는 것과 비슷한 모습이었다.

비록 이 사이트들을 통해서 집을 구하지 못한다고 하더라도 현재 자신의 도시에서 집 가격이 어느 정도로 형성되어 있는지를 알아볼 수 있기 때문에 자주 이용하는 것을 추천한다.

부동산사이트 목록

이름	사이트주소
immobilienscout24	http://www.immobilienscout24.de
immowelt	http://www.immowelt.de
immonet	http://www.immonet.de
wg-gesucht	http://www.wg-gesucht.de
wg-welt	http://www.wg-welt.de

★ 부동산 직접 방문하기

부동산거래사이트의 경우 주문자지불정책(Bestellerprinzip)에 의해 세입자가 중개수수료를 지불할 필요가 없다. 하지만 일반부동산에 직접 방문하여 집을 구하는 경우에는 구하려는 집의 2개월치 월세를 중개수수료(Provision)로 내야 한다. 그렇기 때문에 요즘은 이용도가 많이 떨어진다. 그러나 부동산중개인(Makler)이 가지고 있는 매물들이 있기 때문에 인터넷을 통해서 집이 구해지지 않는 경우에 시도해 볼 수 있다.

★ 신문이나 대자보에 있는 광고를 통해 집구하기

신문이나 학교 대자보에 있는 광고를 통해 집을 구하는 방법이다. 아날로그적이면서 가장 독일 다운 방식인데, 생각보다 집구하는데 효과가 좋다. 각 지역신문광고란에 다양한 매물들이 전화번호와 함께 올라오기 때문에 신속하게 전화를 해서 약속을 잡는 게 중요하다.

자주사용하는 부동산 용어

der Altbau(AB)	구건물
der Neubau(NB)	신축건물
das Baujahr(Bj)	건설년도
das Haus(Hs)	집
die Wohngemeinschaft (WG)	여러 사람이 한집에서 공동생활하는 주거공동체
der Quadratmeter	평방미터(독일에서는 한국기준 실평수가 기재된다)
von privat	부동산 중개인을 거치지 않는 개별적인 거래
die Eigentumswohnung(ETW)	개인소유주택
die Wohnfläche (Wfl)	주거면적
die Kaution(Kt)	보증금

die Kaltmiete(KM)	부대비용을 뺀 기본 집세
die Nebenkosten(NK)	부대비용
die Warmmiete(WM), die Gesamtmiete	난방비 및 부대비용이 포함된 집세 (KM + NK = WM)
der Hausmeister	건물관리인
die Heizkosten(HK)	난방비용
die Zentrumheizug(Hzg)	중앙난방
die Monatsmiete(MM)	월세 monatlich(Mtl) 월에 한번
die Renovierung	수리, 개축
die Fußbodenheizung	바닥난방

* 신문과 인터넷 사이트에서는 ()부분처럼 약자를 많이 사용한다.

★ 한국사이트 방문하기

마지막으로 독일생활이 처음인 경우에 가장 현실적이고 편리한 방법은 한국인과의 거래방법이다. 독일생활과 관련된 사이트에서는 집 거래와 관련하여 다양한 정보가 공지되어있다. 이 사이트에서는 잠깐 거주할 사람들

을 위한 방들이 많지만, 자신이 거주하던 집을 다른 사람에게 넘기려고 올라오는 매물들도 있다. 따라서 유심히 살펴보고 자신의 조건과 맞는 집을 발견했다면 연락하는 게 좋다. 한국사이트의 장점이라면 꼭 자기소개서나 돈을 낼 수 있다는 증명을 독일식으로 보여주지 않아도 가능하기 때문에 가장 쉽게 집을 구할 수 있는 방법이라는 점이다. 또한 독일 내에 있는 이민컨설팅업체나 한국부동산업체들에 연락해보는 것도 하나의 방법이다. 물론 이 방법은 적지 않은 돈을 지불해야 한다.

한국사이트

이름	사이트	내용
베를린리포트	www.berlinreport.com/	단기숙소, 장기숙소 등 한국인이 거주하는 다양한 매물들이 올라오는 사이트이다.
독일유학생네트워크 (페이스북페이지)	https://www.facebook.com/ groups/507228512628183/ ?ref=bookmarks	유학생들이 잠시 비우는 집에 거주할 사람을 구하는 경우이다. 가격이 저렴하다.

집 방문하기

부동산관련정보들을 수집하고, 메일이나 전화를 통해서 방문의사를 밝히면, 부동산중개인이나 집주인, 혹은 현재 거주하고 있는 세입자가 방문시간 (Besichtigungstermin)을 정해준다. 방문시간은 개별적으로 정하기도 하고, 동일한 시간에 방문하기 원하는 사람들을 불러서 순서대로 집을 구경하기도 한다.

집을 구경할 때는 집의 일조량은 좋은지, 애완견을 키우는 것은 가능한지, 주변지역의 환경(마트,약국,교통수단), 주차시설, 창고유무, 소음(차량소음 등) 등을 꼼꼼히 확인하고, 집이 마음에 드는 경우에는 집에 살고 싶다는 의사표현을 한다.

직거래의 경우 특별한 서류를 필요로 하지 않지만, 준비한 자기소개서를 지참하는 것이 좋고, 부동산중개인이나 세입자 등과 만나게 되는 경우 그들이 준비한 자기소개서 양식에 맞춰서 다시 서류를 작성하게 된다. 그리고 집주인이 입주를 허락할 때까지 연락을 기다린다.

> **TIP** 독일에서 집구하기 힘든 이유

❶독일에서는 세입자 보호가 잘 되어있어서, 집주인이 세입자를 신중하게 선별할 수밖에 없다. 한번 집주인이 세입자를 받으면 10년 가까이 세입자가 거주하며, 특별한 계약조건이 없는 일반계약서에는 임대 기간이 정해져있지 않다. 또한 법적으로 해마다 임대료를 몇 %이상 올리지 못하게 막아놓아서 집주인은 월세를 마음대로 올리지도 못한다. 그렇기 때문에 집주인은 집세를 잘 지불하고, 자신의 집을 깨끗하게 사용할 수 있는 세입자를 신중하게 선별할 수밖에 없다.

❷독일은 이민자의 유입이 많고, 대도시에서는 집을 구하는 사람들이 절대적으로 더 많다. 그래서 외국인으로 집을 구하기까지 힘든 과정을 거쳐야 한다. 처음 독일생활을 시작하는 사람의 경우, 독일에서 직장을 다녀서 소득증빙을 할 길이 없고, 독일어를 유창하게 하는 것도 아니며, 독일인 친구 한명 없다면 어디서부터 어떻게 집구해야할지 막막할 수밖에 없다.

03
계약하기

한국에서는 집세의 개념이 크게 월세와 전세로 나뉜다. 물론 요즘은 반전세나 보증금에 따라서 월세의 금액을 적거나 많게 내는 등 집세의 형태가 다양해지고 있다. 그러나 독일은 전세의 개념이 없다. 따라서 세입자는 모두 월세세입자이다. 독일에서는 월세계약을 하기 전에 우선 계약서의 형태가 어떤지 알아봐야 한다.

월세계약의 형태

통상적인 계약서의 형식은 Mietvertrag이라는 계약서 형식이 기본이다. 여기서 Nachmietvertrag, Untermietvertrag 그리고 Zwischen Mietvertrag의 계약형태에 따라서 조건이나, 계약서의 추가적인 내용들을 적는다.

★ Mietvertrag

기본적인 월세 계약이다. 새집으로 입주를 하거나, 기존에 살던 사람이 완전히
나간 후에 집주인과 월세 계약을 체결하는 것이다. 전세입자와 얽혀있는 것도
없고, 집주인과도 새롭게 계약 내용에 대해서 논의도 할 수 있다.

★ Nachmietvertrag

전세입자가 계약기간이 끝나기 전에 이사를 하게 되었을 때, 대신 살아줄 사람
을 찾아주고 나가는 경우에 하는 계약이다. 전세입자의 가구나 부엌 설비, 화
장실 설비 등에 대해서 Übernehmen이라고 하여 떠맡는 비용을 지불해야 하
기도 한다. 한마디로 사용하던 설비들을 구입해야 한다는 것이다. 독일은 일반
적인 월세 계약 시에는 아주 기본적인 설비도 안 되어 있다 보니, 세입자가 직
접 주방설비나 화장실 설비를 해야 하는 경우가 있다. 그것에 대해서 전세입자
는 자신이 금액을 지불하고 구입했으며, 앞으로 입주할 세입자도 이용할 것이
니 집세와 별도로 저렴한 가격에 구입할 것을 권한다. 이러한 설비들을 구입하
지 않으면, 계약이 잘 성사되지 않는다.

★ Untermietvertrag

WG라고 하는 셰어하우스에서 자주 이용하는 계약 형태이다. WG는 셰어
하우스로서 집주인과 여러 명의 세입자가 동시에 계약하는 형태와 한 명
의 세입자가 집 전체를 일반 월세 계약한 다음 월세 계약을 한 사람과 나
머지 세입자들이 계약을 하는 등 계약형태가 다양하다. 두 번째 계약형태가
Untermietvertrag에 해당한다. 간단히 말하자면 월세집에 살고 있는 친구가 일
정 금액을 받고 다른 친구와 함께 사는 형태이다. 이 경우 집주인의 허락이 필
요한데, 싫어하는 경우가 많다.

★ Zwischen Mietvertrag

잠시 동안 거주하는 사람들에게 방을 빌려주는 계약이다. 독일에서는 일반적으로 계약기간을 정해놓지 않는다. 그러나 Zwischen Mietvertrag의 경우 계약기간이 정해져 있다.

계약서 내용

독일에서는 꼭 부동산중개업자를 통해서 계약을 할 필요가 없고 오히려 개인 간의 월세 계약을 체결하는 경우가 많다. 그렇기 때문에 계약서 확인은 매우 중요하다. 특히 집의 크기에 따라 거주할 수 있는 사람의 수가 제한된 경우도 있고, 계약 시에 집에 대한 원상복구 혹은 수리와 관련된 내용이 자세히 기술되어 있기 때문에 계약서의 내용을 꼼꼼히 살펴봐야 한다. 계약서는 독일어로 적혀있어야 한다. 영어나 한국어가 번역으로 첨부될 수 있지만, 실질적인 법적 효력은 독일어에 준한다.

계약서에 포함되는 내용

항목	주요내용
Vermieter und Mieter 임대인과 임차인	임대인(Vermieter)과 임차인(Mieter)의 이름, 주소를 포함한 개인정보
Mieträume 임대하는집의 내용	계약하려는 집의 주소, 층, 방의 개수는 몇 개인지, 어떤 방으로 구성되어있는지, 창고, 주차장 등 집에 포함된 개인시설에 대한 내용이 기재되어있어야 한다. 집의 크기와 소유형태도 표시한다. 만약 주방이 설치되어있거나 침대 등의 가구가 포함되어있다면 주방기구와 가구의 개수들이 표시된다.
Mietzeit 임대기간	일반적인 임대계약서에는 임대의 시작점만 표기하지만, 계약서에 따라 임대기간을 지정할 수도 있다.

Miete 임대료	임대료의 확정금액과 인상률, 지불방법
Kaution 보증금	임차인이 지불해야하는 보증금의 액수와 임대인의 보증금 반환과 관련된 내용으로 보증금은 월세의 2,3달 정도의 금액을 지불한다.
Nebenkoste (Heiz- und Betriebskoste) 부대비용	부대비용에 대한 내용은 임대료에 포함되어있기도 하고, 임대료와 별도의 항을 두기도 한다. 만약, 집주인이 전기, 가스 등과 관련하여 거래하던 회사가 있다면 그 회사의 전기와 가스를 이용해야 한다고 기재하기도 한다.
Mängel und Schäden an der Wohnung 집의 손상과 결함	임대 기간동안의 집의 손상과 결함에 대한 책임여부를 다룬다.
Ausbesserungen und bauliche Veränderungen 복구와 변경	임차인이 거주하는 기간에 집의 형태를 변경할수있는지에 대한 내용이다. * 이사할 경우 임차인은 집주인이 허락하지 않는 한, 가장 처음 입주했던 상태로 원상복구 해야 한다.
Nutzung der Mieträume, Untervermietun 전대이용	세입자가 또 다른 세입자에게 집의 임대를 할 수 있는지 여부를 다룬다.
Tierhaltung 애완동물사육	애완동물 사육가능여부
Auskunftspflicht des Vermieters 집주인의 정보제공의무	임대인은 부대비용 Nebenkoste이나 전기세 Energieausweis 등에 대한 정보를 제공할 의무를 가진다.
Kündigung 계약해지	계약해지의무와 계약해지방법(계약해지기간 Kündigungsfrist) * 계약해지과정에서 문제가 생겼을경우에는 임차인조합 Mieterverein을 통해서 상담받을 수 있다.
Sonstige Vereinbarungen 특별한 협의사항	임대인과 임차인의 특별한 합의사항
날짜와 계약당사자 서명	임대인과 임차인의 서명

* 위 계약서의 내용은 독일세입자연합 Deutscher Mieterbund DMB에서
제공한 표준계약서를 참고하였다.

* 독일세입자연합 홈페이지 https://www.mieterbund.de

계약과정과 확정

계약체결은 우편이나 직접 만나서 계약을 체결할 수도 있다. 직접 만나서 계약한다면 집을 둘러보면서 가구가 있는 경우에는 가구의 개수와 흠집, 주방과 화장실의 상태를 점검, 온수, 난방, 전기시설 기능이 잘 작동하는지, 창문, 문, 바닥, 천장, 발코니 등 상태 등을 함께 확인하고 이상 유무를 계약서에 기재한다. 임대인과 임차인이 함께 확인을 하면서 집 상태를 체크하고 계약서에 기입해야 이후에 책임소재가 분명해진다. 계약이 완료되면 계약서와 집 열쇠를 받게 되며, 입주 날짜에 맞춰서 입주하면 된다.

04
독일의 월세비용

집 계약과정을 통해서 독일에서의 첫 단추를 끼우고 나면 비용지불 과정만 남는다. 일반적인 월세비용과 기타 부담해야하는 비용들은 한국과는 조금 다르게 측정되기 때문에 살펴볼 필요가 있다.

월세비용 Wammiete

Kaltmiete + Nebenkoste = Warmmiete + Kaution
순수한 월세   부대비용   종합적인 월세   보증금

독일의 계약서에는 월세비용에 대해 복잡하게 기재되어있다. 칼트미테(Kaltmiete)라고 하여 온전히 방을 빌리는 금액과 네벤코스테(Nebenkoste)라는 부대비용, 예를 들면, 물세, 난방비 등 한 가구에서 개별적으로 나가는 비용과 쓰레기 수거, 관리보수, 부대시설 사용, 엘리베이터 이용 같은 종합적인 관리비를 기본적으로 표시한다. 이 2가지를 합친 금액이 일반적으로 생각하는 독일의 월세이며 밤미테(Warmmiete)라고 한다.

또한 카우치온(Kaution)라고 하는 보증금에 대해서도 현금으로 직접 집 주인에게 줄 것인지, 보증금 통장을 통해서 묶어놓을지, 은행에서 보증금액을 담보하는 보증서를 받아서 집주인에게 줄 것인지 등을 계약 시에 상의한다. 일반적인 월세 계약이 아닌 Nachmiete 계약이나 Untermiete 계약 혹은 Zwischen 계약의 경우는 계좌이체를 통하거나 직접 집주인에게 지불하는 경우가 많다.

한국은 월세와 보증금을 집주인에게 직접 지불하고, 사용하는 양에 따라서 달라질 수 있는 전기세, 물세, 인터넷 비용 등은 관리비라는 명목으로 각 담당업체에 개별적으로 지불한다. 따라서 매달 사용한 만큼 돈이 지출된다. 그러나 독일에서는 물세, 난방비, 관리비를 고정적으로 지불해야 한다. 즉 사용하지 않아도 고정적으로 지출해야 하는 비용이 발생하는 것이다. 물론 고정비보다 많이 사용하면 Nachzahlung 이라고 하는 추가 비용을 부담해야 하고, 적게 사용하는 경우에 비용을 돌려받을 수도 있다.

Übergabezeitpunkt, die übergebenen Schlüssel, der Zustand der Wohnung und etwaige Mängel und Restarbeiten aufgenommen werden und dieses abzuzeichnen.

§ 3 Mietzins

1. Der Mietzins beträgt monatlich:

868,00 Euro Grundmiete,
zuzüglich 80,00 Euro Tiefgarageneinstellplatz,
zuzüglich 67,00 Euro Heizkostenvorauszahlung,
zuzüglich 134,00 Euro Betriebskostenvorauszahlung
insgesamt 1.149,00 Euro

2. Die in § 3 Ziffer 1 genannte Grundmiete erhöht sich wie folgt (bitte ankreuzen):

그렇기 때문에 독일에서는 월세가 1000유로라고 가정하면, 밤미테(종합적인 월세)를 이야기하는 것이고, 순수한 월세 비용이 800유로 부대비용이 200유로 정도로 책정된다. 그리고 보증금은 2~3개월치 월세를 이야기하는 것이기 때문에 2000유로~3000유로 정도로 볼 수 있다. 하지만 월세에는 이 비용 이외에 더 많은 추가 비용이 든다.

전기요금

독일에서는 월세와 부대비용 이외에 전기세를 지불해야 한다. 독일은 전기공급이 민영화되어있기 때문에 전기회사들이 무척 많다. 물론 각 지역마다 주로 사용

하는 전기회사들이 있으며, 자신이 거주하는 곳에도 집주인이 거래하던 곳이 있을 것이다. 전기를 사용하기 위해서는 집주인이 자신이 원하는 전기회사로 계약을 하는 경우도 있으나, 기본적으로 자신이 직접 전기회사를 찾아서 신청해야 한다.

전기회사가 워낙 많고, 핸드폰이나 보험처럼 구매조건도 다양하다. 그래서 Check24(http://www.check24.de)라는 웹사이트를 이용한다. 이곳에서 집주소와 한 달에 얼마나 전기를 사용하는지 입력하면 가능한 전기회사와 다양한 계약조건들이 제시되고, 그중에 자신에 맞는 전기회사를 선택한다. 또한 계약 전에 전기 사용수치와 계량기, 고유번호 등 계량기정보를 입력해야 한다. 보통은 건물관리인 (Hausmeister)을 통해 계량기정보를 알 수 있다.

전기비용 지불방법은 정액제 시스템이다. 사용한 만큼 돈을 내는 것이 아니라, 보통은 월단위의 전기요금을 정해놓고 그 요금 이상으로 전기를 사용하면 다음연도에 전기요금이 인상된다. 물론 기준미달로 사용한다면 요금을 돌려주기도 한다.

방송 수신료 Rundfunkbeitrag

집을 계약하고 거주지 등록을 하면 2개의 우편물을 받게 된다. 세금번호 관련 우편물과 방송수신료가 그것이다. 한국의 경우 방송수신료가 전기세에 포함되어 있다 보니, 꼼꼼히 세금 지출 내역을 확인하지 않는 경우 방송 수신료가 전기세에서 명목 중에 하나로 지출되고 있다는 것을 모

르는 경우가 많다(KBS, SBS, MBC, EBS와 같은 지상파방송을 시청할 경우에 이러한 방송 수신료를 내고, 원치 않으면 방송수신을 하지 않는다고 소명하고 지불하지 않을 수도 있다). 그러나 독일은 방송수신을 원하는 것과 상관없이 한 가구에 20유로 내외의 방송 수신료를 지불해야 한다. 물론 특별한 예외사유가 있긴 하지만 일반적으로 해당되지는 않는다.

> **TIP** 그렇다면 한가구라는 개념은 어떻게 형성될까?
>
> 한가구라는 개념은 거주지 등록에서 확인할 수 있다. 방송 수신료 자체가 거주지 등록에 기초하여 측정이 된다. 예를 들어 한 가정이 거주지 등록을 할 경우 아버지, 어머니, 그리고 자녀들이 거주 등록증에 한꺼번에 기재된다. 따라서 한가구의 방송 수신료만 내면 된다. 그렇다면 WG의 경우 어떻게 될까? 각 방 별로 지불하도록 우편이 날라 온다. 그러나 방법은 있다. 만약 한 명이 방송 수신료를 내고 있다면, 비록 거주지 등록을 따로 하였을지라도 같이 살고 있던 사람이 비용을 지불하고 있다는 것을 증명하면 가능하다.

방송 수신료에 포함되는 방송국은 한국의 지상파방송국과 비슷하다. 독일의 제1공영 방송인 'ARD', 제2공영 방송인 'ZDF', 라디오(Deutschlandradio) 방송이 해당되며, 이러한 방송들이 기본 수신료가 되고, 케이블 TV 등을 시청하려면 따로 신청을 하고 추가 비용을 지불해야 한다.

실질적인 월세비용

종합적인 월세 Warmmiete + 전기세 + 방송 수신료 +
기타 전화, 인터넷, 주차비 등 = **실질적인 월세비용**

집주인과는 월세와 부대비용에 대해서만 계약관계에 있는 것이고, 방송 수신료,
전기세, 전화와 인터넷은 모두 개별적으로 계약을 한다. 집주인과는 전혀 상관이
없는 것이다. 물론 Nachmiete 계약이나 Untermiet 계약, Zwischen 계약에서는
상황이 달라질 수 있다. 참고로 통상적인 Untermiete와 Zwischen 계약에서는 전
기세 방송수신료 전화 인터넷이 포함되는 경우도 있다.

> TIP 지역별 월세 가격정보
>
> 독일도 집값이 계속 오르고 있는 추세다. 당연히 집값과 함께 월세도
> 상승되고 있는데, 특히 대도시를 중심으로 월세 상승률이 상당히 가
> 파르다. 독일전체를 놓고 본다면 남부지역인 뮌헨, 프랑크푸르트의 월
> 세가 특히 높은 편이고, 수도인 베를린과 함부르크 역시 꽤나 높은 편
> 이다. 쾰른지역은 다른 대도시들에 비해 상대적으로 월세가 높지 않은
> 편이다.
>
> ───────────────
> * 각지역의 월세정보에 대해서는 구글에 "Miet-Maps
> Deutschland"라고 검색하여 이모빌리언스콧24 홈페이
> 지에서 참고.(https://www.immobilienscout24.de/
> immobilienbewertung/ratgeber/mietpreise-und-
> kaufpreise/miet-maps-deutschland.html)

82

05
주택관리지침 살펴보기 Hausordnung

공동관리주택에 거주하게 되면 주택관리지침에 대한 안내문을 받는다. 대부분의 공동관리주택은 주택관리회사 (Hausverwaltung)에 관리를 일임하여 건물관리가 운영되고 있으며, 주택관리지침에는 집에 살면서 이웃들과 지켜야 할 규칙이 안내된다. 각 주택마다 다르지만 일반적으로 분리수거, 소음문제, 안전문제, 공동관리 시설의 이용시간, 손해배상의무 등을 기재한다.

분리수거

주택관리지침에는 분리수거에 대한 내용이 포함되기도 하고, 그렇지 않기도 하다. 워낙 일반적인 규정이기 때문이다. 독일의 공동관리주택은 갈색, 파란색, 회색 쓰레기통이 있으며, 각 통에 알맞은 쓰레기를 분리하여 버리면 된

다. 또한 재활용이 가능한 병, 플라스틱, 옷 등은 공동관리주택의 주변에 따로 설치되어있다.

♻ 분리수거 방법

갈색 Biomüll	자연 분해가 되는 쓰레기 (조리되지 않은 음식물, 달걀 껍질, 견과류 껍질 등등)
파란색 Papiertonne	종이류
회색 Restmüll	나머지 쓰레기들
노란색 Gelbe Tonne, Gelber Sack	제품에 Grünen Punkt 마크가 있는 플라스틱 류
유리류 Glascontainer	흰색, 초록색, 갈색 유리병을 따로 버린다 (일반 맥주병의 경우는 판트가 가능하다)
옷	헌옷, 신발 등

소음문제

한국에서는 밤부터 다음날 아침까지 조용한 상태를 유지하는 것이 일반적인 기준이다. 따로 시간을 정해놓지는 않는다. 그러나 독일에서는 루헤자이트(Ruhezeiten)라는 조용해야 할 시간을 정해놓고 있는데 생각보다 그 기준이 높다. 일요일과 공휴일은 하루 종일 조용해야 하는 존탁루헤(Sonntagsruhe), 평일은 12–15시까지의 낮시간 미탁루헤(Mittagsruhe)과 밤 18시부터 아침 8시까지의 시간 나흐트루헤(Nachtsruhe)도 조용해야 한다. 물론 시간기준의 각각의 공동관리주택마다 조금씩 다르다. 공동관리규정이 엄격한 곳은 음악으로 인한 소음에 대해서도 시간을 규정해놓기도 한다.

안전문제

안전문제에 대한 언급도 있다. 지하주차장이나 창고에 타기 쉬운 연료를 넣지 않고 방화규칙을 준수해야 한다는 등의 기본적인 것부터 각 가정의 입구에 물건을 놓지 않거나 자전거 보관소가 있는 주택의 경우 꼭 그곳에 보관할 것을 권고한다.

기타

그밖에 공동관리주택에서는 테라스나 발코니에서 숯으로 그릴을 하는 것을 금지하는 경우가 많다. 그리고 만약 공동이 이용하는 시설을 파손할 경우에 대한 책임도 자세하게 기술한다.

3. 은행

독일생활에 있어서 은행 업무는 빼놓을 수 없을 정도로 중요하다. 은행을 통해서 생활에 기본이 되는 보증금, 월세, 방송수신료, 전기세 등을 이체하기도 하고, 은행에서 만들어주는 EC카드를 통해 마트에서 장을 보거나, 사고 싶은 물건을 구입하기도 한다. 또한 한국에서 돈을 받을 때도 독일은행의 계좌가 있어야만 송금 받을 수 있다.

01
독일은행의 특징

독일은행에서는 한국과는 다르게 계좌를 개설하는 경우 독특한 특징이 있다.

> 독일은행은 통장이 없다?
>
> 독일은 예전부터 통장이 없었다. 다만 입출금내역서(Kontoauszug)가 있다. 입출금내역서는 각 은행 지점에서 직접 기계를 통해서 뽑거나, 인터넷뱅킹을 통하거나, 또는 우편으로 신청해서 매달 받을 수 있다. 독일 사람들은 입출금 내역서를 한국의 통장처럼 잘 보관한다. 1년 내지 2년 안에 입출금 내역서를 뽑아놓지 않으면 입출금 내역이 사라지기 때문이다.

독일의 계좌 유지비

독일은 계좌 유지비가 있다. 한국의 경우 계좌개설을 하고 입금내역에 따라서 아주 작은 이자라도 조금씩 붙거나 이자가 붙지 않더라도 계좌를 유지한다는 이유로 은행에 일정 비용을 지불하지는 않는다. 그러나 독일에서는 계좌유지비용을 고객이 은행에게 지불해야 한다. 각 은행마다 조금씩 다르지만 매달 5~8유로 정도이다.

한국에는 체크카드, 독일에는 EC 카드

독일의 EC카드는 한국의 체크카드와 같은 기능을 한다.
많은 유럽국가에서 사용할 수 있다. EC카드 만들 때는 비
밀번호가 지정되어 나오기 때문에 처음 비밀번호가 적혀
있는 우편물을 절대 잊어버리면 안된다.

IBAN코드, 유럽국제은행 계좌번호

Country code   Bank identifier
↓   ↓

DE **12** 1234 5678 **12345 6789 00**

↑   ↑
Check number   Account number

유럽에서는 2014년 2월부터 단일유로지급결제시스템(SEPA)을 시행하였다. 과거
에는 계좌번호 그리고 은행번호 등을 개별적으로 알아야 송금을 할 수 있었지만,
현재는 IBAN코드라는 22개의 숫자를 알고 있으면 송금을 편리하게 할 수 있다.
IBAN코드 안에 계좌번호, 은행번호가 모두 포함되어있고, 인터넷송금 시 IBAN코
드를 입력하면 나머지 정보들이 자동으로 입력된다.

02
독일은행의 종류

독일은 도이체방크 이외에도 많은 은행들이 있다. 전국에 위치한 주요은행으로는 도이체방크(Deutsche Bank), 코메르츠방크(Commerzbank), 포스트방크(Postbank)등이 있고 베를린이나 지역 명칭을 딴 지역 은행들도 있다.

어학연수나 워킹홀리데이 등을 통해 독일에 오는 경우에는 주로 도이체방크나 코메르츠방크, 포스트방크를 많이 이용한다. 도이체방크와 코메르츠방크, 포스트방크, 하이포버라인방크와 같은 은행들과의 제휴를 통해 서로의 은행들의 ATM기기 사용시에는 별도의 수수료 없이 돈을 출금할 수 있기 때문에 편리하다.

최근에는 모바일은행도 활발히 운영되고 있다. "N26"이라는 모바일 은행이 한국 유학생들에게 많이 알려졌는데, 독일의 카카오뱅크라고 생각하면 이해하기 쉽다. 모바일뱅크로 가입하면 독일계좌번호(IBAN)와 마스터카드(Master Card)가 발급된다. 계좌 개설할 때 거주자등록이 필요 없고, 따로 계좌유지비용도 발생하지 않는다. 다만 비자를 받기위해서 계좌가 필요한 경우 모바일뱅크계좌가 가능한지는 확실치 않다. 계좌개설방법에 대해서는 아래의 홈페이지를 통해 확인할 수 있다.

> * N26홈페이지 https://n26.com/en-de/?utm_source=affiliate&utm_medium=cpo&utm_campaign=ho&utm_term=1612

카카오뱅크로 국제송금하기

한국사람이 독일에서 많이 하는 은행업무 중 하나가 국제송금이 아닐까 생각한다. 예전에는 한국, 독일 할 것 없이 국제송금을 위해서는 무조건 은행에 가야만 했다. 그러나 지금은 일반은행 인터넷뱅킹을 통해서 국제송금이 가능하다. 물론 수수료가 조금 저렴해졌지만, 아직까지도 일반은행을 통하면 적지 않은 수수료를 지불해야 한다. 그래서 많은 사람들이 카카오뱅크를 통해서 송금하는 추세이다. 카카오뱅크는 핸드폰만 있으면 계좌의 돈을 최저 수준의 송금비용으로 보낼 수 있다.

03
은행계좌 만들기

한국도 요즘에는 통장 만들기가 쉽지 않다. 예전에는 신분증만 있으면 되었고, 대리인을 통해서도 통장을 만들 수도 있었다. 그러나 대포통장이나 금융사기 등으로 신분증만으로는 통장 만들기가 쉽지 않으며, 사용목적이 명확해야 발급해주는 편이다. 독일에서는 이전부터 계좌를 개설하는 것이 쉽지 않았다. 특히 신분증명이 되어도 그 자리에서 계좌를 개설해주는 것이 아니라 몇 가지 과정을 거쳐야 한다.

예약하기

독일은행에서 계좌 만들기 위해서는 미리 전화로 예약(Termin)을 하거나, 직접 방문해서 예약신청을 해야 한다. 가능한 날짜를 정하고 은행계좌 설립을 위해 필요한 서류를 지참하여 재방문하면 된다. 예약을 잡아줄 때 상담해줄 직원의 이름을 예약시간과 함께 적어준다. 친절한 직원의 경우 필요한 서류를 꼼꼼히 적어주기도 하지만, 그렇지 않은 경우는 예약만 잡아주기 때문에 웬만하면 여권과 거주지등록증 이외에 필요한 서류가 있는지 물어볼 필요가 있다.

상담받기

예약된 날짜에 은행 안내데스크에서 예약시간과 성명을 이야기하면 독립된 방으로 안내를 받는다. 한국에 은행에서 VIP 고객들이 오면 다른 방으로 안내하는 것과 비슷하다. 방으로 가면 만들고 싶은 계좌와 관련 서류를 담당자에게 전달하고, 그밖에 아주 간단한 인적 사항에 대해서 물어본다. 거주지, 결혼 여부, 나이 등 대부분 가져간 서류에 대한 내용이다(은행에서 개좌개설 할 경우 사은품을 주는 행사도 하는데, 어떤 사은품을 받을 것인지 물어보기도 한다). 마지막으로 관련 서류에 사인을 하고 카드와 비밀번호, 인터넷뱅킹 이용방법 등에 대한 설명을 듣는다.

 은행계좌설립을 위한 준비서류

☐ 유효한 여권

☐ 거주지등록증(ANMELDUNG bei der Meldebehörde)

☐ 세금번호 Steuernummer
(거주지등록을 하면, 자동으로 우편을 통해 받게된다.)

우편물 기다리기 (EC 카드, 인터넷뱅킹, 텔레뱅킹)

상담이 끝나고 3-6일 정도 지나면 계좌개설 되었다는 편지와 EC카드, 비밀번호, 보안카드 등이 들어있는 편지가 각각 다른 우편으로 2주 정도에 걸쳐서 온다. 독일에서는 계좌비밀번호, 텔레뱅킹 번호 등을 지정해서 보내주기 때문에 우편물을 잃어버리면 안 된다.

TIP 슈페어콘토 Sperrkonto 만들기

어학이나 유학을 위해서 비자를 받는 경우 독일체류기간 중에 필요한 학업 및 생계비를 충당할 수 있다는 사실을 입증해야 한다. 독일에서 슈페어콘토라는 이름의 특정예금계좌를 개설함으로써 이를 입증할 수 있다(일부 비자청에서는 슈페어콘토가 아니라 일반계좌개설을 통해서 체류에 필요한 비용을 입증할 수 있다면 가능하기도 하다). 어학이나 유학을 위한 비자를 받기 위해서는 슈페어콘토에 1년에 8640유로의 금액이 필요하다(2018년기준). 또한 이 계좌는 한 달에 일정 금액만 인출 가능하다(학생에게는 한달에 720 유로까지, 제한금액이 없는 은행도 있다).

❶ 슈페어콘토 개설 신청서 작성(외국인청에서 서류받아야 함)

❷ 해당되는 은행 방문하여 계좌 개설 신청

　　☐ 발급가능은행 : Coracle, Deutsche Bank, Fintiba, X -Patrio 등
　　☐ 신청서류: 여권, 외국인청에서받은 개설신청서, 거주지등록증,
　　　　　　　 (어학원등록확인서나 대학교 입학허가서는 지점마다
　　　　　　　 요구사항이 다름)

❸ 1~3주 후 계좌 번호(IBAN, BIC) 우편 또는 이메일 수령

❹ 발급받은 슈페어콘토로 8,640유로를 송금

❺ 은행에서 슈페어콘토 잔액 증명서 발급

　X -Patrio 이용하기

X -Patrio 라는 회사를 통해서 슈페어콘토를 온라인으로 발급받을 수 있다.

---

* 자세한 내용은 X-Patrio 공식블로그 참고 (https://blog.naver.com/x-patrio)

4. 보험

질병, 사고, 집 등 어려운 문제가 발생했을 때, 좋은 해결책이 될 수 있는 것은 보험이다. 독일은 보험시장이 매우 발달했다. 한국처럼 몇 개의 보험회사가 다양한 상품을 만들어서 판매하는 것이 아니라 약 600개의 보험 회사가 존재한다. 의료보험뿐만 아니라 열쇠 보험 등 몇 가지 상품은 한국에서 볼 수 없는 특별한 상품도 있다. 특히 변호사 비용이 높은 독일에서는 작은 문제로도 소송으로 가는 경우가 많기 때문에 법률보험에 가입하는 사람도 많다.

01
독일 의료보험

한국에서 살게 되면 의료보험에 대해 신경 쓸 일이 거의 없다. 지역가입자 혹은 직장가입자로서 모두가 의무적으로 가입되기 때문이다. 국민건강관리공단이 운영하는 국가 의료 보험이기 때문에 따로 신청, 등록에 대한 선택이 없다. 그러나 독일에서는 공공의료보험(Öffentliche Krankenkasse)과 사설의료보험(Privatkrankenkasse)으로 나누어지며 다양한 회사들이 존재한다.

공공의료보험 Öffentliche Krankenkasse

공공의료보험은 한국의 국가 의료보험과 비슷하다고 볼 수 있지만, 한국처럼 하나의 단체가 운영하는 것이 아니고, 다양한 공공의료보험 회사들이 경쟁을 한다. 공공의료보험의 보험료 산정기준은 임금이나 나이에 비례한다. 직장인의 경우 임금기준에 따라서 보험료가 임금의 몇% 식으로 책정이 되고, 학생은 30세 미만인 경우에는 최저보험료에 해당한다.

외국인 입장에서는 공공의료보험의 가입이 쉽지 않다. 대학 입학허가서를 가지고 있는 학생이거나 독일 회사에 취직을 한 직장인 혹은 연구기관 등의 초청으로 온 연구원 등 명확한 사유가 있는 경우 독일에서 공공의료보험을 취득할 수 있다. 그러나 그 이외에 워킹홀리데이 비자, 어학연수비자 등 소속이 명확하지 않아 보이는 경우에는 공공의료보험에 가입할 수 없다.

공공의료보험을 가입하게 되면 다양한 장점이 있다. 우선 한국의 의료보험처럼 보험카드만 있으면 돈을 지불하지 않고 진료를 받을 수 있다. 의료기관에서 직접 의료비를 보험기관에 청구하기 때문이다. 또한 공공의료보험으로 가입하고 부양가족이 있는 경우는 한 명의 보험료만 지불해도 가족 전체가 혜택을 받을 수 있다. 보험 가입자의 배우자 및 자녀가 수입이 없고, 같은 집에 살고, 독일 내에 거주하고 있어야 한다.

공공의료 보험회사

이름	웹사이트
BARMER	https://www.barmer.de/
DAK Gesundheit	https://www.dak-mitglied-werden.de/
HEK - Hanseatische Krankenkasse	https://www.hek.de/
hkk Krankenkasse	https://www.hkk.de/
KKH Kaufmännische Krankenkasse	https://www.kkh.de/
Techniker Krankenkasse (TK)	https://www.tk.de/
AOK	https://www.aok.de/

사설의료보험 Privatkrankenkasse

독일에서 사설의료보험은 한국과는 다른 개념이다. 한국에서 국민의료보험으로 모두가 혜택을 받기 때문에 사설의료보험은 추가적으로 가입하는 형태이다. 국민의료보험에 의해서 혜택을 받지 못하는 부분이 있는 경우 그 부분에 대한 보험을 가입하는 것이다. 반면 독일의 사설의료보험은 공공의료보험과 명확하게 구분되는 개념이고 가입자의 기준도 정해져 있다. 일반적으로 독일에서는 소득기준에 따른 의료보험 가입조건을 정하고 있다.

TIP
☐ 연 37,125유로 이하 : 공공의료보험 강제가입

☐ 연 37,126~44,550유로 : 공공의료보험 당연적용 가입대상

☐ 연 44,551유로 이상 : 공공의료보험 내지 사설의료보험 선택적 가입

사설의료보험의 경우 소득이 많은 근로자나 일반 자영업자가 가입한다. 독일에서는 공공의료보험의 경우에도 소득수준에 따라 의료보험료가 다르게 측정된다. 따라서 임금이 많은 직장인의 경우 임금 대비해서 공보험 가격이 올라간다. 그러나 고소득자의 경우 비싼 의료보험료를 지불하면서도 다른 사람보다 특별한 대우를 받지는 못한다. 그래서 사설의료보험에 가입하게 된다. 만약 사설의료보험료와 공공의료보험료가 큰 차이가 없다면, 조금 돈을 더 내고 서비스를 좋게 받자는 취지인 것 같다.

그렇다면 어떤 서비스의 차이가 있을까? 공공의료보험 가입자의 경우 대형병원에서 치료를 받을 때 지위가 높은 과장이나 원장급의 진료를 받기는 어렵다. 그러나 사설의료보험은 과장급이나 원장급의 진료를 받는 경우가 많다고 한다. 또한 개인병원에서는 사설의료보험을 통한 고객을 받았을 경우 수익이 더 많아지기 때문에 더 좋은 대우를 해주기도 한다.

TIP 케어컨셉(care Concept)과 마비스타(MAWISTA)

독일에 어학연수나 워킹홀리데이 비자로 오는 경우 케어컨셉이나 마비스타라는 회사의 보험에 가입한다. 이 보험은 일반적으로 독일 사람들이 의미하는 사설의료보험이라기보다는 여행자보험의 성격이 강하다. 한 달에 20~40유로 정도면 보험 가입을 할 수 있고, 보험 가입된 것을 가지고 비자를 받는다. 이 보험의 경우 각 상품마다 차이가 많이 나고 최장 가입기간도 정해져 있다.

보험에 가입하고 병원을 가게 되는 경우에 병원비 환급혜택을 받을 수 있다. 공공의료보험의 경우는 따로 비용을 지불할 일이 없다. 그러나 이 보험은 각 병원에 따라 처리방법이 다르다. 일부병원은 병원비를 먼저 직접 납부하고 보험회사에 개인이 직접 청구서를 제출하여 돌려받기도 하고, 다른 병원은 공공의료보험처럼 개인이 청구서를 제출할 필요 없이 병원에서 직접 처리해주는 경우도 있다.

만약 직접 청구서를 보험회사에 제출해야 하는 경우 이메일로 청구서 내역과 관련내용을 보내면 금방 지급된다. 관련내용에는 이름, 보험번호, 병원방문날짜, 방문이유, 청구서번호(Rechnungsnummer), 금액(Betrag), 지불날짜, 환급받을 계좌정보가 포함되어야 한다.

* Care Concept : www.care-concept.de
* MAWISTA : www.mawista.com

02
책임보험과 손해보험

독일의 다양한 보험 중에 한국에서는 찾아보기 힘든 보험이 있다. 책임보험(Haftpflichtversicherung)이다. 독일인에게는 상당히 익숙한 보험으로 마치 한국의 실손보험 같은 역할을 한다. 책임보험은 집을 제외하고 나와 가족의 실수로 인하여 제3자의 물건에 손해를 입혔을 경우 보상되는 보험이다.

예를 들어 내가 친구나 동료 집에 놀러 갔다가 물건을 망가뜨렸거나, 자녀가 걸어 가다가 다른 사람의 자동차를 긁은 경우 등이 포함된다. 아이들을 둔 가족은 대부분 책임보험에 가입한다. 보험료는 매달 20~30유로 정도이며, 당연히 보험료가 비싸다면 보상 혜택이 더 많다. 가족 모두가 보험의 혜택을 받을 수 있다는 것을 생각하면 상당히 저렴한 금액이다.

책임보험 안에는 열쇠보험이 포함되는 상품들이 많다. 한국에 있을 때는 열쇠를 가지고 다닐 일이 없어서 열쇠의 중요성을 잘 못느낄 수 있다. 독일은 가지고 다니는 열쇠 꾸러미가 한 가득이다. 창고 열쇠, 분리수거함 열쇠, 우편함 열쇠, 집 열쇠 등 종류가 많다. 특히 독일의 공동관리주택의 경우 공동관리주택 현관 열쇠가 같은 동에 사는 사람들이 모두 동일하기 때문에 잃어버리면 1000~2000유로를 들여서 열쇠를 모두 바꿔줘야 한다. 그래서 책임보험을 들어놓으면, 열쇠를 분실했을 때 수리비, 출장비를 모두 지원받을 수 있다.

책임보험과 함께 독일인들이 많이 가입하는 보험은 손해보험(Hausratversicherung)이다. 세입자가 집을 계약할 때 드는 보험이다. 화재, 폭발, 누수, 태풍, 우박 도둑 등으로 집과 옵션으로 있는 가구들이 피해를 입었을 경우 보상해준다. 한마디로 집주인과 세입자 간의 혹시나 모를 피해를 대비해 드는 계약이다. 그런데 위와 같은 사유로 물건이 파손되었지만, 피해 물건의 영수증이 없다면 보험을 들었다고 해도 보험금을 지불 받을 수 없다. 따라서 중요한 물건의 영수증은 잘 보관하여야 한다. 집안에 물건을 도둑 맞았을 경우에도 보상을 받을 수 있는데, 보상절차가 간단하지는 않다.

03
자동차 보험

한국에서도 마찬가지겠지만 자동차를 운전하기 위해서는 보험에 가입하여야 한다. 특히 자가 차량에 대해서는 필수적으로 가입한다. 독일의 경우 중고차를 구입하더라도 차량을 인수하기 전에 자동차보험을 가입한 후 증명서를 제시해야 인수할 수 있다.

자동차보험의 종류

★ 의무보험 Haufpflichtversicherung

차량을 인수할 때 반드시 있어야 하는 보험은 의무보험이다. 이 보험은 차량을 소지하기 위해서 필수적으로 가입해야 하는 보험으로 의무보험이 없을 경우 차량등록이 되지 않는다. 의무보험의 경우 자동차 사고가 발생했을 때 과실 유무를 따져서 피보험자가 잘못한 경우 상대방의 자동차나 기타 자전거 등에 대물에 대한 피해와 상대방이 사고로 다쳤을 경우 입원비, 치료비 등에 대해서 배상을 해준다. 즉 대물 훼손과 대인 상해 부분에 대한 보상이다.

★ 의무보험 + 부분 차량 보험 Fahrzeugteilversicherung Teilkasko

독일에서는 일반적으로 의무보험 이외에 부분 차량 보험과 완전 차량 보험 중 하나를 더 가입한다. 의무보험과 달리 이러한 차량 보험은 자신의 차량에 대한 보험이다. 부분 차량 보험은 오래된 중고차량을 구입하는 경우인데, 완전 차량 보험의 보험료가 비싸고, 실제로 사고를 통해서 파손되었을 때 복구하는 것에 큰 의미를 갖지 못하는 차주들이 이 보험에 주로 가입한다. 이 보험의 적용 범위는 상해의 책임자가 없는 자연재해나 도난으로 인해 자신의 차량이 손해를 봤을 경우, 태풍, 우박, 번개 홍수 등의 자연재해로 인한 손상이나 화재, 폭발, 합선 등으로 인한 손상, 유리가 파손되었을 경우, 들짐승과 충돌 시 또는 자동차나 라디오 등 자동차에 내장된 부품의 도난 시에 적용된다.

★ 의무보험 + 완전 차량 보험 Fahrzeugvollversicherung Vollkasko

완전 차량 보험의 경우 운전자의 과실로 발생한 사고라도 운전자의 차량에 대한 파손도 모두 보상한다. 한국의 일반적인 자동차보험과 같은 맥락인 보험이 바로 완전 차량 보험과 동일하다. 완전 차량 보험을 할 경우에 매년 보험료는 비싸지만 위험 가능성에 대비하는 가장 안전한 보험이다.

자동차보험회사

독일은 자동차보험회사도 매우 많다. 그래서 현재 자신의 운전무사고 경력, 보장범위들에 대해 여러 회사들을 비교하여 선택하는 것이 가장 합리적이다. 자동차 보험 비교사이트로는 "Http://www.check24.de/autoversicherung"가 있다.

물론 이미 많이 알려져 있는 알리안츠 같은 회사를 이용하는 것도 나쁘지 않지만, 가격이 상당히 비싼 편이다. 그래서 한국인들은 Huk이라는 회사를 많이 이용한다. 가격이 저렴하지만 서비스도 상당히 좋은 편이라 한국인들 사이에서는 입소문이 난 회사이다.

처음으로 차량을 등록하는 가입자의 경우 보험률 200%로 시작하며 무사고 운행시 매년 보험료가 약 15~25%가 인하된다. 한국에서 운전 경험이 있고 차량을 소지했었다면 한국의 보험회사나 경찰청에서 무사고 운행 증명서를 영문으로 발급받아 올 경우 보다 저렴한 가격의 보험을 체결할 수 있다.

자동차 사고와 보험사의 처리 절차

물론 자동차 사고는 일어나지 않는 게 가장 좋다. 그러나 만약 사고가 났다면 보험 가입자는 즉시 사고 일시 및 정황 등 상세한 정보를 보험회사에 전화를 통해 알려야 한다. 보험회사에서는 사고상황을 확인하기 위해 현장을 방문하거나 피보험자의 진술을 통해서 사고상황을 파악한다. 그리고 추후에 고의나 과실 여부에 따라서 피해 보상에 대한 보험료 지불 등을 보험사에서 모두 처리해주며, 손해배상 등이 모두 해결된 후 보험사는 가입자에게 처리결과를 말해준다. 이 부분은 한국과 차이가 없다.

독일인 자동차 클럽 ADAC

아데아체(Allgemeiner Deutscher Automobil-Club)라는 독일인 자동차 클럽이 있다. 단순한 회원제 클럽이라기보다는 유럽에서 가장 큰 자동차 관련 단체로서 자동차와 관련된 다양한 정보뿐만 아니라 긴급출동 서비스, 자동차 관련 테스트 등을 실시한다.

ADAC는 도로 위의 노란 천사라는 별명을 가졌다. 현장에서 즉시 수리할 수 있을 정도로 출동 기사들의 정비능력이 좋고, 출동차량은 웬만한 정비소 못지않은 장비를 갖추고 있어서 번거롭지 않게 문제를 해결할 수 있다. 연회비 100유로 정도를 내는 플러스 회원은 독일은 물론 유럽 전역을 커버하는 응급 헬리콥터 서비스와 제트기 서비스를 언제든 받을 수 있다.

많은 사람들은 긴급출동 서비스를 받기 위해서 ADAC를 가입한다. 한국에서는 사고로 인해 긴급하게 견인되는 경우, 혹은 타이어가 구멍 나서 교체하는 경우, 자동차 배터리가 나가서 차가 움직이지 않는 경우 등 아주 사소한 것까지 자동차 보험회사에서 처리할 수 있다. 이런 서비스들은 할증이 안 붙는 선에서 처리할 수 있는 수준의 정비나 서비스들이다. 그러나 독일에서는 고급형 자동차 보험의 경우는 이런 서비스들도 모두 무료로 포함되겠지만 일반적인 경우에는 보험으로 처리가 되지 않거나, 추가로 비용을 지불할 수도 있다. 그래서 ADAC를 통해 간편하게 긴급출동 서비스를 이용하고, 사고로 인한 수리 같은 부분은 보험으로 처리한다. 독일에서는 인건비와 수리비, 특히 견인시의 비용이 비싸기 때문에 연회비 100유로 정도로 ADAC에 가입하여 한 번 이상 서비스를 받게 되면 무조건 이익이다.

ADAC 홈페이지 http://www.adac.de를 통해서 회원가입을 할 수 있으며, 가입 후에는 회원증을 발급받으면 긴급할 때 사용할 수 있다. ADAC 긴급출동번호는 "22 22 22"이다. 문제가 발생했을 때 이 번호로 연락하면 차량정보, 회원번호 등의 조회를 거쳐서 서비스 신청이 되고, 몇 분 후에 도착할 것이라고 알려준다. 도착 전에 방문 기사가 직접 한 번 더 연락을 주고, 직접 만나서 수리를 하거나 기타 서비스를 해주고, 특별한 서류작성이 없이 떠난다.

독일에서는 집전화를 사용할 일은 별로 없지만, 핸드폰과 인터넷은 꼭 필요하다. 핸드폰의 경우 어떤 서류를 작성하더라도 연락처를 항상 적어야 해서 핸드폰 번호가 없으면 불편한 점이 많다. 또한 한국 사람으로서 인터넷을 사용할 수 없다는 것은 상상도 하기 싫은 일이다.

독일의 지역전화번호

Berlin	+49 30
Bonn	+49 228
Cologne (Koln)	+49 221
Dresden	+49 351
Dusseldorf	+49 211
Essen	+49 201
Frankfurt am Main (west)	+49 69
Hamburg	+49 40
Hanover	+49 511
Heidelberg	+49 6221
Leipzig	+49 341
Munich	+49 89
Stuttgart	+49 711

* 한국에서 독일로 국제전화를 건다면,

00700 + 49 + 30 + 123-0000

(각회사 연결번호) (독일국가번호) (지역번호) (전화번호)

(각회사 연결번호) (독일국가번호) (핸드폰번호, 앞자리 0은 제외)

순으로 누른다.

01
독일에서 사용가능한 통신사

핸드폰과 인터넷을 사용하기에 앞서 독일의 통신사들을 알아
볼 필요가 있다. 독일에서는 한국의 SK텔레콤이나 KT, LG유플
러스처럼 T-MOBIL과 Vodaphone, O2와 같은 메이저 통신사
들이 있고, 그 밖의 비교적 작은 규모의 회사들도 소비자에게 통
신망을 판매하고 있다. 독일에 거주하는 한국인들은 SK텔레콤은
Deutsche Telekom, KT는 Vodaphone, LG는 O2 정도로 생각한다.
그러나 한국과 달리 독일에서는 각 통신사들이 지역에 따라 편차
가 심하고 점유율 또한 한국처럼 명확하게 구분되지 않는다. 속도
나 안정성도 지역마다 다르기 때문에 함부로 평가하기 어려운 부
분이다.

대형통신사들과 함께 인터넷이나 이동통신서비스를 제공하는 작은 통신회사
들도 존재한다. 인터넷을 제공하는 회사들로는 엠넷(M-net), 유니티미디어
(Unitymedia), 콩스타(Congstar) 등이 있으며, 이동통신서비스를 제공하는 경우
에는 3대 통신사의 네트워크망을 임대해 사용하는 수많은 MVNO(Mobile Virtual
Network Operator, 가상이동통신망 사업자)가 존재한다.

02
핸드폰 사용하기

핸드폰을 사용하기 위해서는 통신회사와의 계약을 체결하고 번호를 부여받아야
한다. 한국에서는 핸드폰을 일시불로 사는 경우가 별로 없다. 일반적으로 통신회
사와 연계하여, 통신회사의 할부요금제에 가입하게 되지만, 독일에서는 핸드폰을
따로 구입하는 경우도 많고, 한국처럼 핸드폰을 할부로 사용하게 되는 요금제에 가입
할 수도 있다. 한국에서 사용하던 핸드폰을 독일로 가져와서 사용하는 경우도 많기 때
문에 핸드폰을 구비하고 있는 경우에 한해서 독일에서 어떻게 사용하는지 살펴보자.

통신회사 정하기

한국은 SK텔레콤이 50% KT가 30% LG유플러스가 20% 정도의 점유율을 가지고 있다. 독일도 이처럼 3대 대형통신회사가 이동통신시장 전체를 나눠서 점유하고 있으나, 한 통신회사에 편중되지 않고, 거의 비슷한 점유율로 경쟁하고 있다. 또한 각 통신사들은 많은 MVNO(Mobile Virtual Network Operator, 가상이동통신망 사업자)에게 네트워크망을 임대해 준다. 그래서 3대 통신회사 수준의 서비스를 제공하면서 더 저렴한 가격으로 이용할 수 있는 통신회사들이 많다.

이동통신회사를 결정하는 데 있어서 전화가 얼마나 잘 되는지, 혹은 인터넷 속도가 얼마나 빠른지 등이 기준이 된다. 그러나 독일에서는 어느 회사가 더 좋다고 말하기는 어렵다. 한국에서는 일부 도서산간지역을 제외하고 무선인터넷을 사용할 수 있는 환경이 상당히 좋은 편이다. 이런 이동통신 사용 환경은 세계 최고 수준이라고 볼 수 있다. 독일에서 한국처럼 무선인터넷을 사용할 수 있다고 생각하면 오산이다.

독일은 초고속인터넷에 가입했다고 하더라도 일반건물에서 그 속도를 사용하지 못하거나 지하철 등에서는 인터넷뿐만 아니라 전화연결도 불안한 경우가 많다. 따라서 각 이동통신회사의 조건들을 꼼꼼히 살펴보고 선정하는 것이 중요하다.

기본적으로 각 통신사에서 사용하는 번호 이외에 MVNO에게 제공하는 번호들이 있다. MVNO들을 전부 나열할 수는 없지만, 다음의 전화번호를 가지고 있는 MVNO라면 위의 통신사들을 이용하는 것이다.

통신사별 이동전화번호 앞자리

통신사	이동전화번호
Deutsche Telekom	01511 / 01512 / 01514 / 01515 / 01516 / 01517 / 0160 / 0170 / 0171 / 0175
Vodafone	01520 / 01522 / 01523 / 01525 / 0162 / 0172 / 0173 / 0174
(E-Plus)	01570 / 01573 / 01575 / 01577 / 01578 / 0163 / 0177 / 0178
O2	01590 / 0176 / 0179

계약하기

독일에서 핸드폰을 사용하기 위해서는 계약하는 방법은 2가지가 있다. 하나는 약정계약을 하는 방법, 그리고 나머지는 일반계약 방법이다. 독일에서는 일정 기간 사용을 의무화하는 약정계약상품이 별로 발달하지는 않았다. 그래서 일반 전자제품매장에서 핸드폰을 일시불로 구입하고 자신이 원하는 통신사의 요금제를 사용하는 경우도 많다.

독일생활을 시작하게 된 사람들은 대부분 한국에서 사용하던 핸드폰을 독일에서 사용하는 경우도 많다. 그래서 핸드폰구입+약정계약을 하는 사람은 거의 없다. 단지 통신사요금제만 사용한다.

일반적으로 3대 통신회사의 요금제는 무척 다양하다. 인터넷의 사용량과 전화량에 따라서 각 통신회사별로 다양한 요금제가 있다. 따라서 각자 알맞은 요금제를 결정한 후 계약을 하게 된다. 다만 통신사요금제만 사용한다고 해도 24개월 약정계약을 하는 경우가 많다.

그래서 대형통신회사의 네트워크망을 이용하는 MVNO를 통해 가입하는 경우가 많다. MVNO는 대형통신회사에 비해 가격도 저렴할뿐더러 몇몇 회사들은 약정가입이 아닌 매달 해약할 수 있는 가입시스템이 보편화되어있다. 물론 대형통신회사에 비해 안정적인 시스템은 아니지만, 독일에서 대형통신회사도 그다지 안정적인 느낌을 주지는 못하기 때문에 차라리 저렴한 가격에 이용할 수 있는 MVNO를 많이 선호한다.

주요 MVNO

이름	홈페이지주소
smartmobil	https://www.smartmobil.de
winsim	https://www.winsim.de
mobilcom-debitel	https://www.mobilcom-debitel.de

3대 통신회사는 직접 방문하여 가입하거나 인터넷을 통해서 가입할 수 있으며, MVNO의 경우에는 인터넷으로 가입이 가능하다. 가입할 때는 개인정보와 계좌번호를 입력하고, 약정계약을 하던지 일반계약을 하던지 모두 계좌에서 자동이체로 빠져나가도록 설정된다. 따라서 계약해지를 원한다면 약정계약의 경우 약정 만료되는 기간의 3개월 전에 무조건 계약해지서류를 보내야 하고, 일반계약은 1개월 전에 계약해지서류를 보내야 계약이 해지된다.

충전식 선불요금제 Prepaid

프리페이드란 선불폰이다. 예를 들어 핸드폰 공기계가 있다면, 새로운 유심 카드를 핸드폰 기계에 꽂고 마트나 통신사에서 일정한 금액을 선불로 충전하면, 그 금액만큼 사용할 수 있게 되는 것이다. 계약절차가 따로 필요 없기 때문에 불편함이 없다. 독일 여행객이거나 짧은 기간 독일 생활하는 사람들은 선불요금제를 주로 사용한다.

★ 프리페이드 유심카드 구매방법

대형통신사에서도 프리페이드 유심카드를 구매할 수 있으며, 프리페이드 유심카드를 직접판매하는 마켓 (페니,알디,리들,에데카 등) 도 있다. 따라서 일단 원하는 브랜드를 선택하고 각 매장이나 마켓에서 프리페이드 유심카드를 구입한다. 여기서 착각하면 안 되는 점이 프리페이드 유심카드는 매장에 진열되어있는 다양한 종류의 충전카드와는 다르다. 프리페이드 유심도 개통이 필요하기 때문에 스타터세트가 따로 존재한다.

스타터세트를 구입한 후 핸드폰에 있던 유심카드를 빼고, 새로 구입한 유심카드를 끼워 넣은 후 설명서대로 설정사항을 지켜서 진행하면 된다. 설치가 완료되면 요금충전을 해야 한다. 스타터세트에는 선불요금용 쿠폰이 들어있기도 하지만, 통신회사에서 구입하는 경우 선불요금을 따로 충전해야 할 수도 있다.

독일에서는 웬만한 마트에 가면 다양한 회사에서 제공하고 있는 프리페이드 폰을 충전할 수 있는 카드를 구입할 수 있다.

프리페이드 유심제공 회사

이름	홈페이지주소
Blau.de	http://www.blau.de/tarif/tarifvergleich
Fonic	https://www.fonic.de/
Congstar(T-Mobile)	http://congstar.de/
Lidl(O2)	http://www.lidl.de/de/CLASSIC
Tchibo(O2)	https://www.tchibo.de/
simyo(O2)	https://www.simyo.de/?ref=logo
edeka mobil(Vodafone)	https://www.edeka-mobil.de/basistarif.html
Penny Mobil(T-Mobile)	http://www.pennymobil.de/
Alditalk	https://www.alditalk.de

 한국에 카카오톡이 있다면 독일에서는 왓츠앱(Whats app)을 사용한다!!

한국에 카카오톡이 있다면 독일에는 왓츠앱이 있다. 왓츠앱은 독일뿐만 아니라 유럽 전역에서 사용하는 애플리케이션이다. 카카오톡만큼 서비스 가 좋지는 않지만, 유럽에서 생활하려면 왓츠앱을 가입해야 독일 친구들 과 소통하기 편리하다.

03
인터넷 신청하기

인터넷강국 한국에 살다가 독일에 오면 답답한 인
터넷 속도 때문에 불편한 일이 많다. 물론 현재는
독일에서도 대용량 파일을 다운로드하는 일이 아
니라면 속도가 느리다는 느낌을 받지 않을 정도로
발전했다. 하지만 독일은 인터넷 속도뿐만 아니라
인터넷 신청과 설치도 무척이나 느리고 복잡하다.

내가 하고 싶은 회사에 신청할 수 있는 게 아니다?

어느 지역, 어떤 집에 거주하느냐에 따라서 자신이 계약하고 싶은 회사를 선
택하지 못할 수도 있다. 그래서 꼭 각 회사의 인터넷사이트나, 가격비교사이
트에서 자신의 집주소를 입력하고 서비스가 가능한지 살펴봐야 한다. 또한
어떤 집의 경우에는 공동관리주택 전체가 한 회사와 계약을 체결해 놓았기
때문에 무조건 그 회사의 인터넷을 사용해야 하는 경우도 있다.

직접방문, 인터넷신청, 전화신청?

다양한 방법이 있겠지만 개인적으로 직접방문을 추천한다. 인터넷에서 자료
다 읽고, 신청 하는것 보다 직접방문하면 독일어를 잘 못한다 해도 친절하게
설명해준다. 물론 독일어가 능숙한 경우에는 인터넷이나 전화신청을 해도 된
다. 하지만 불확실한 상황이라면 방문하는 것이 좋다.

그렇다면 어느 곳으로 방문해야 하는가? 각 회사의 대리점에 방문할 수도 있고,
전자제품판매점을 방문할 수도 있다. 한국처럼 대리점이나 전자제품판매점에서 프로
모션 기간이 있기 때문에 잘 살펴보면 좋은 조건에 가입할 수 있다. 행사기간에는 6개
월 동안 무료로 사용할 수 있거나, 현금에 해당하는 50~100유로의 쿠폰을 주기도 한다.

인터넷상품

한국처럼 인터넷상품과 TV, 전화, 핸드폰서비스를 연결하는 상품 등 워낙 다양한 상품들이 있다. 이 중 인터넷 상품만을 살펴본다면, 인터넷상품은 속도에 따라서 이용금액이 다르다. 한해가 다르게 상품들이 계속 달라지고 있으며, 각자의 상황에 맞게 결정하는 것이 좋다. 일반적으로 웹서핑을 중심으로 하는 경우에는 인터넷 속도 차이를 느끼기 어렵다. 인터넷상품에서 제시하는 속도는 다운로드와 업로드를 얼마나 빨리할 수 있느냐의 문제이기 때문에 단순 웹서핑을 중심으로 컴퓨터를 이용하는 사람들은 가장 낮은 요금제를 한다고 해도 큰 문제가 없다. 최대속도를 표시해놓은 것뿐이지, 실제로 매번 최고속도가 나오지도 않는다. 인터넷상품은 24개월 기준으로 약정계약을 하는 것이 보통이고, 이외의 약정은 존재하지 않는다.

계약서작성

인터넷상품을 결정하고 계약서를 작성하기 위해서는 몇 가지 정보가 필요하다. 비자는 필요하지 않으며, 신분증(여권)만 있으면 가능하다. 이외에 인터넷 사용금액이 빠져나갈 독일계좌정보, 집주소(거주지등록증이 필요한 것은 아니다), 연락처 등이 계약서 작성에 필요하다. 방문계약을 할 경우 인터넷상품들에 대해서 설명해주었던 담당자가 계약서의 내용을 다시 설명하고, 혹시 프로모션이 있다면 그 부분도 다시 설명해준다. 그리고 마지막으로 서명을 하면 된다.

설치하기

계약서를 작성할 때, 인터넷 설치하는 날짜를 정한다. 독일은 특히 인터넷 설치가 무척 느리다. 대부분 3주 이상의 시간이 소요된다. 테크니션이라고 불리는 기사가 방문하기 전에 1,2개의 우편물이 온다. 케이블모뎀이 택배로 오고, 테크니션 방문 날짜에 대해 다시 한번 제공되는 우편물 등이다. 이런 우편물들은 모두 잘 보관해두어야 한다. 최소 3주 이상 기다리면 테크니션이 방문한다.

테크니션이 모든 것을 해준다는 생각을 하면 오산이다. 테크니션은 아파트 전체모 뎀 혹은 연결되어있는 창고에서 단지 인터넷을 사용할 수 있도록 통신을 열어주는 일 만 한다. 그리고 집에서는 케이블모뎀을 연결하면 사용이 가능한지 확인만 한 후에 가 버린다. 그 후에 케이블모뎀을 꽂는 등의 실질적인 설치는 직접 해야 한다. 다행히 케 이블모뎀박스에는 설명서가 있는데, 그림과 함께 되어있어서 쉽게 따라할 수 있다.

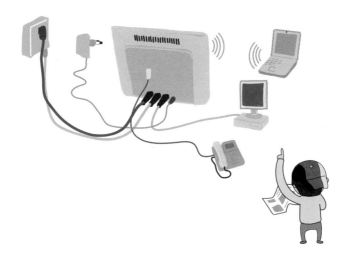

독일은 미국이나 호주에서처럼 자동차가 필수인 나라는 아니다. 물론 독일생활에서 자동차가 있다면 편리한 점이 많다. 특히 가족이 독일생활을 시작한다면 장거리를 이동하거나, 마트에서 장을 보는 경우 등 일상생활에 큰 도움을 준다. 그러나 금전적인 여유가 없다면 무리해서 자동차를 살 필요는 없다. 독일시내에 거주하게 되면 대중교통환경이 좋아서 특별히 자동차 사용할 일도 없을뿐더러, 주차여건이 좋지 않아서 오히려 짐이 될 수도 있다. 따라서 자동차 구매는 개인의 현재 상황을 잘 판단하여 결정해야 하는 부분이다.

01
운전면허증 발급받기

자동차를 운전하기 위해서는 먼저 운전면허증을 발급받아야 한다(참고로, 국제운전면허증은 입국 이후로부터 1년간 운전하는 것이 가능한데, 독일의 렌터카 업체의 경우 6개월 정도가 지나면 잘 인정해 주지 않는다).

다행히 독일에서는 체류 기간에 상관없이 한국에서 유효한 운전면허증을 가지고 있었다면 독일 운전면허증으로의 교환이 가능하다. 다만 한국에서 운전면허증이 없었는데, 독일에 체류하고 있다가 다시 한국에 가서 운전면허증을 발급받아서 독일에 온다면, 최초로 독일에 거주하기 시작한 시점에 운전면허증이 없던 것이기 때문에 교환을 할 수가 없다. 그럴 경우에는 독일에서 운전면허시험을 통과하고 운전면허증을 취득해야 한다. 독일에서는 운전면허증을 취득하는 것이 까다롭고, 운전면허 학원비용도 한국에 비해 3~4배 정도 비싸다.

운전면허증 교환 절차

한국의 운전면허증을 독일 운전면허증을 교환하기 위해
서는 번역 공증을 받아야 한다. 프랑크푸르트 한국 총영
사관 홈페이지를 통해 공증관련 서류를 다운로드할 수 있
다. 아래의 서류들을 갖춰서 직접 방문하거나 우편으로
접수할 경우 등기(Einschreiben)로 붙여야 한다.

> **TIP** 운전면허교환에 필요한 서류
>
> ☐ 운전면허증 앞, 뒷면 복사본
>
> ☐ 운전면허증 독일어 번역본
> (위의 첨부파일을 다운로드해 워드로 신청자가 직접 작성 – 견본 참고)
>
> ☐ 별지 34호(위의 첨부파일)을 다운로드해 오른쪽 상단 밑줄 친 곳
> 에 서명
>
> ☐ 서류 1부당 별지 34호 서식 1부 필요
>
> ☐ 공증 촉탁 이서(위의 첨부파일을 다운로드해 촉탁인 관련 작성 후,
> 서명)
>
> ☐ 여권 사진 면 사본
>
> ☐ 수수료 : 1부당 3,20 유로 (송 금후 송금 영수증 첨부 – 송금처
> 참고)
>
> ☐ 반송용 우표 3,60 유로 첨부
> ※ 우편요금은 계좌이체하지 마시고 꼭 우표를 보내주시기 바랍니다.
>
> ☐ 신청자의 연락 가능한 전화번호 기재

등기로 서류를 보낸 후에 3~7일 내로 관련서류를 받을 수 있다. 공증받은 서류와
여권, 수수료를 가지고 운전면허증 발급해주는, 한국으로 말하면 도로교통공단의
운전면허시험장을 간다. 구글에서 "지역이름 + 도로교통청 Strassenverkehrsamt"
을 검색하면 각 지역의 도로교통청이 나오고, 운전면허 발급부(Kfz-Zulassungen
Führerscheine)에 방문한다. 안내소에서 운전면허 교환하기 원한다고 말하면 접

수를 해주고, 번호표를 받게 된다. 번호 표에 적힌 장소로 이동해서 번호가 안내전광판에 나올 때까지 기다린 후, 번호가 표시되면 방으로 들어간다. 그리고 한국에서 가지고 온 운전면허증과 관련 서류를 주고, 완료되면 Kasse라는 곳에 가서 수수료를 지불한다.

수수료를 지불하면 임시운전면허 서류를 받을 수 있다. 임시운전면허는 4-6주 후에 받게 되는 정식독일운전면허증과 똑같은 효력을 갖는다. 4-6주 후에는 편지가 한 통이 오는데, 그때 독일 정식 운전면허증을 찾으러 가면된다.

독일 운전면허증의 종류

한국에서 운전면허증이 1종이든, 2종이든 모두 B클래스로 교환해준다. B클래스는 "적재중량 3.5톤 이상, 9인승 이하의 승합자동차로 트레일러 연결 시 차량의 적재중량은 750kg 미만이거나 견인차량의 자체 중량을 포함하여 3.5톤을 초과하지 않아야 하는 것으로 한국에서 1종의 범위와는 조금 다르다.

02
독일에서 운전하기

독일은 운전하기 참 좋은 곳이다. 우선,
독일의 잘 짜인 고속도로체계와 도로망
은 장거리 운전에도 피곤함을 덜하게 만
들어주고, 넓은 땅이지만 어디든지 빠르게
갈 수 있도록 도와준다. 또한 운전면허증
발급절차가 까다롭기 때문에 운전자들이

교통법규를 잘 준수하며 운전에 능숙하다. 특히 도로에서 사이렌 소리가 들리면 순
식간에 홍해처럼 자동차들이 갈라지는 모습에서 운전뿐만 아니라 성숙한 독일인의
시민의식을 느낄 수 있다.

 TIP 자동차 렌트 방법

❶ 면허증 발급

차량을 렌트하기 위해서는 국제운전면허증이나 독일운전면허증이 있
어야 한다. 국제운전면허증 발급은 한국에서 자신이 거주하는 지역의
운전면허시험장을 찾아가서 국제운전면허증을 발급받을 수 있다.

❷ 렌트카업체 선정

운전면허증을 발급받았
으면 어느 회사에서 렌
터카를 빌릴지를 알아봐
야 한다. 독일에서도 다
양한 렌터카 업체들이
있다.

대표적으로는 허츠(Hertz), 아비스(Avis), 식스트(Sixt), 부흐빈더 (Buchbinder), 버드젯(Budget), 오이로파카(Europacar) 등 유명 렌터카 업체가 있고 각 지역마다 운영되는 소형 업체들도 많다.

렌트카업체들 비교

렌트카업체	장단점
허츠 hertz	가격이 다른 렌트카 업체들에 비해서 1.5배 정도 비쌈. 차량을 많이 보유하고 있고, 대리점도 많고, 보험 등 서비스의 종류도 많음.
식스트.sixt.	허츠보다는 가격이 저렴하고, 프로모션을 많이 함.

* 그밖에 엔터프라이즈 Enterprise 부흐빈더 Buchbinder, 버드 젯 budget, 아비스 avis 는 위의 업체보다 가격이 저렴함.

③ 차량 예약하기

렌터카 회사를 결정했다면 그다음으로는 자신이 원하는 차량을 예약 한다. 각 회사의 웹 사이트를 들어가거나 가격비교사이트, 혹은 애플리 케이션을 통해서 차량을 예약한다. 주의할 점은 한국에서는 이제 수동 기어인 차량이 거의 없지만, 독일에서는 자동 기어 차량을 찾기가 더 어렵다. 그래서 수동이 익숙하지 않은 경우 자동 기어 차량을 선택해 야 한다. 이러한 설정이 완료되면 보험을 선택한다. 기본적으로 차량 가격 안에 사고로 인해서 상대방의 차량이 훼손되거나 다치는 경우에 대해서는 포함되어있다. 그리고 렌트한 차량이 사고로 인해서 문제가 되었을 경우에는 보험을 가입하거나, 가입하지 않거나에 따라서 비용 이 달라지게 된다. 결제방식은 보통은 계약금을 걸고, 나머지는 현장에 서 차량을 인수할 때 잔금을 지불하는 형식이다. 그리고 보통은 신용 카드로 결제를 한다.

교통 법규

교통표지판에 있는 교통법규를 잘 지키면서 운전해야 하는 것은 기본이다. 한국에서 보기 힘든 교통표지판의 경우 신경 쓰면서 운전할 필요가 있다.

특히 시내운전을 할 때 자전거도로를 주의해야 한다. 독일 사람들은 자전거를 많이 탄다. 그래서 자전거 도로도 상당히 발달해있으며, 자동차도로와 자전거도로가 항상 분리되어 있지 않고 어떤 곳에서는 자동차와 자전거가 함께 가야 하는 곳도 있다. 아무 생각 없이 우회전이나 좌회전을 해야 하는 경우 자전거도로를 달리고 있는 자전거와 부딪히기 십상이기 때문에 자전거에 유의하면서 운전해야 한다.

또한 횡단보도에서도 유의해야 한다. 독일의 횡단보도는 2종류가 있다. 한국처럼 도로에 얼룩말 무늬의 횡단보도 표시가 되어있는 곳과 아무 표시가 없는 곳이 있다. 아무 표시가 없는데 어떻게 횡단보도인지 알 수 있을까? 이곳에는 보행신호가 있다. 다시 말해서 신호등이 있는 교차로에서는 횡단보도 표시가 없고, 신호등이 없는 곳에는 횡단보도 표시가 있다. 신호등이 없는 곳에서는 무조건 보행자 우선이기 때문에 주의해야 한다.

 TIP 독일의 도로상황과 신호등, 신호등의 위치

독일은 신호등이 횡단보도 앞, 혹은 횡단 보도 위에 설치되어 있어 정지선을 넘어가면 신호등이 어떻게 바뀌는지 확인할 방법이 없다. 정지선을 어기고 싶어도 그러지 못하는 이유가 여기에 있다. 따라서 한국처럼 정지선을 지키지 않거나 꼬리 물기를 염려할 필요가 없다.

고속도로

독일 하면 떠오르는 단어 중에 하나는 아우토반(Autobahn)이다. 한국에서는 독일의 아우토반이 무한 속도를 즐길 수 있는 도로라고 인식되어있다. 그러나 독일의 아우토반은 한국말로 고속도로일 뿐이다. 단지 아우토반의 일부구간은 속도 무제한으로 운전이 가능하다.

속도가 무제한이기 때문에 사고가 많이 나지 않을까? 물론 속도가 매우 빠른 상태에서 충돌하기 때문에 한번 사고가 나면 대형사고로 이어질 수 있다. 그러나 생각보다 아우토반에서 사고가 많지 않다. 그 이유는 각 차선마다 역할이 명확하기 때문이다. 속도 무제한 구간이더라도 실제로 시속 160킬로미터 이상 달리는 차선은 1차선뿐이다. 다른 차선에서는 한국의 고속도로처럼 120-140킬로미터 정도의 속도로 달린다. 이처럼 급속을 하는 차선이 정해져 있다 보니, 추월하고자 할 경우에도 무제한으로 달리는 차선인 1차선을 이용해서 추월해야 한다.

과속을 하는 차량을 위해서 1차선을 비워놓다 보니 한국처럼 요리조리 추월하는 경우가 없고, 나름의 규칙을 통해서 운전자가 다른 차량의 흐름을 예측할 수 있다.

아우토반은 속도 무제한이라는 특별한 점 말고도 깜짝 놀랄만한 점이 하나 더 있다. 바로 통행료가 없다는 것이다. 그러나 조심해야 할 부분도 있다. 통행료가 없어서인지 몰라도 아우토반은 가로등도 없다. 그래서 밤에 운전을 하면 한치 앞을 보기가 어렵다. 만약 앞차가 없어지면 한국 시골길처럼 앞의 도로를 보기 위해서라도 전조등을 잠깐씩 켜고 매우 집중하면서 운전을 해야 한다.

주차하기

대도시의 시내 중심가에서는 주차하기 쉽지 않다. 그래서 시내 중심가는 차량을 가지고 가지 않는 편이 좋다. 어쩔 수 없이 가지고 가야 하는 경우 주차타워를 이용하는 방법과 거리주차를 하는 방법이 있다.

일부 시에서는 시 자체에서 주차타워나 지하주차장을 운영하기도 한다. 이곳을 이용하면 가격은 조금 비쌀 수 있지만 안전하다. 다른 하나는 갓길에 주차를 하는 방법이다. 한국에서는 갓길에 주차를 오래 할 수 없지만, 독일에서는 주차표시된 공간에서는 갓길에 주차할 수 있다. 독일뿐만 아니라 유럽의 많은 국가들은 주차를 하고, 미리 자신이 어느 정도의 시간을 주차할 것인지를 주차 기계에서 돈을 지불한다. 그리고 기계에서 받은 주차권(Parkschein)을 차량의 앞쪽에 꽂아둔다. 물론 차량 내부의 앞 유리에 잘 보이게 놓아야 한다.

주유소 이용하기

독일의 주유소는 모두 셀프이다. 주유 기계에서 주유를 하고, 주유소와 함께 있는 편의점에서 자신이 주유한 기계의 번호를 알려주고 계산을 하게 된다.

03
차량 구입하기

차량구입은 집을 구하는 만큼이나 많은 고민이 필요로 하다. 적지 않은 금액을 지출해야 하고, 한번 구입하면 보통 5~10년 이상 타기 때문에 신중해야 한다.

독일 자동차브랜드

차량을 구입하기 위해서는 우선 어떤 브랜드를 원하는지, 왜건, 세단, SUV 등 원하는 차종이 무엇인지, 가격은 어느 정도가 적절한지 고려해야 한다.

독일 자동차브랜드

브랜드명	설명
메르세데스 벤츠 Mercedes-Benz	독일에서는 메르세데스라고 더 많이 불린다. 독일에서는 젊은 층은 벤츠 잘 안 타고, 노년층들이 많이 타는 브랜드이기도 하다. 세계적인 인지도만큼이나 차량의 가격이 비싸다.
베엠붸 BMW	독일에서는 베엠붸라고 부른다. 벤츠와 오랫동안 경쟁해온 브랜드이다. BMW 시리즈의 경우에 상당히 스포티한 이미지로서 한국과 20~30대가 선호한다.
아우디 Audi	독일의 3대 자동차회사 중 하나이다. 벤츠의 안정감과 BMW의 세련된 디자인이 모두 잘 녹아있다.
폭스바겐 VW	독일에서는 빠우붸라고 한다. 폭스바겐(VolkWagen)의 줄임말인데, 국민차라는 이름에 걸맞게 저렴한 가격과 좋은 내구성으로 판매량이 좋았다고 한다. 그러나 언제부턴가 국민차인 폭스바겐도 가격이 만만치 않게 되었고, 2016년에 폭스바겐 배출가스 조작 사건으로 인해서 이미지도 엄청나게 실추되었다.
포르쉐 Porsche	독일에서도 벤츠, BMW, 아우디, 폭스바겐보다 고급차로서의 위치를 가지고 있다. 물론 가격도 더 높다.
오펠 Opel	오펠은 스코다보다는 오래된 브랜드이며, 독일에서는 폭스바겐보다 저렴한 독일 차량을 고른다면 오펠을 선택한다.
스코다 Skoda	폭스바겐과 같은 엔진을 사용하지만 더욱 저렴한 가격으로 많은 독일인 들이 선호하고 있다. 원산지는 독일이 아니라 체코이다.

많은 사람들이 독일에서 차량을 구입하면 아우디나 벤츠 BMW를 구입할 것 같지만, 독일에서도 이 브랜드들은 가격이 비싼 편에 속한다. 하다못해 렌터카를 빌릴 때도 아우디, 벤츠 BMW는 프리미엄으로 분류된다. 경제적 여건이 된다면 차량을 구입하면 되겠지만, 그렇지 않으면 오펠이나 스코다 그리고 기아나 현대 등의 국산 브랜드 차량을 구입하는 것도 하나의 방법이다.

자동차 구입방법

먼저 새차인지 중고차인지부터 결정해야 한다. 새차를 구입하는 경우에는 특별한 구입방법 없이 자동차 대리점에 가서 딜러의 안내를 받고, 원하는 차량을 선택하면 된다. 물론 대리점마다 프로모션이 다르고, 어떤 딜러를 만나느냐에 따라서 차량에 대한 부가적인 서비스의 차이가 있기 때문에 여러곳을 방문하는 것이 필요하다.

중고차를 구입한다면 크게 2가지 경로가 있다. 우선 차주에게 직접 구입하는 방법이다. 아는 지인을 통하거나 베를린 리포트, 이베이, 중고차거래사이트 등을 통해서 컨택할 수 있다. 직접 거래의 최대 장점은 가격이 저렴할 수 있다는 것, 그리고 오랫동안 한 명의 독일인이 관리하며 운행된 차량이라면 신뢰할 만하다는 점이다. 다만 중간 거래 업자가 없는 계약이다 보니, 차량의 상태를 속여서 판매한다면 사기당할 확률이 높고, 계약 후에 자동차 명의 이전, 등록, 자동차 번호판 구입 등의 절차를 직접 진행해야 하는 번거로움이 있다.

두 번째로 중고차딜러를 통해 구입하는 경우이다. 독일에서는 많은 사람들이 Autoscout24, Mobile.de라는 중고차 거래사이트를 통해서 자동차를 구입한다. 개인이 직접 매물을 올리기도 하고, 중고차딜러가 올리기도 한다. 특히 중고차딜러가 매물을 올리는 경우에는 가격 공개와 더불어 보증 그리고 자동차의 사고유무 등을 확인할 수 있기 때문에 아무래도 조금 더 신뢰할 수 있다.

중고차 딜러도 크게 2종류가 있다. 첫 번째는 직영 판매점에 속해있는 중고차 딜러이다. 이 경우 가격이 비싸지만 보증이 확실하다. 또한 야레스바겐 (Jahreswagen)이라고 불리는 차를 많이 볼 수 있다. 야레스바겐은 1년이 안되고, 5000km 미만을 달린 차량으로, 독일에서는 야레스바겐 차량을 구입하는 경우도 많다. 두 번째는 전문 딜러가 판매하는 중고차 매장이다. 소형 중고차 매장의 경우 터키인들이 운영하는 경우가 많아서 딜러에게 구매하는 것이라도 주의할 필요가 있다.

웹사이트나 애플리케이션을 통해 원하는 가격대의 차량을 선택했다면 기타 옵션을 꼼꼼히 살펴본다. 수동과 자동 기어, 가죽시트 등 자동차의 다양한 옵션 사항을 확인하고, 독일 자동차 안전 시험 기관의 TÜV 기간, 개런티 유무와 사고유무 차량인지를 확인한다. 모두 확인한 후 차량이 아직 매장에 있는지 연락해보고 직접 찾아간다.

중고차매장에 가면 인터넷에서 보고 왔다고 하면 구매하려고 한 차량을 보여준다. 차량에 대해서 이미 정보를 알고 갔기 때문에 인터넷에 포함되지 않는 정보를 물어보거나 육안으로 외관을 살펴볼 수 있다. 보닛을 개방해서 확인해보는 것은 당연한 권리이기 때문에 그것을 꺼려 한다면 문제가 있는 중고차 매장일 수 있다. 또한 시험운행도 해볼 수 있다. 보통은 매장 직원이 동승하여 고속도로 같은 고속 주행을 할 수 있는 구간을 운행할 수 있다.

개인 간의 직거래의 경우도 마찬가지이다. 보닛을 개방하거나 시험운행을 해보는 것은 차량 구입하기 전에 구매자가 할 수 있는 권리이다. 따라서 몇몇 중요한 사항에 대해서 체크해가며 꼼꼼히 자동차를 점검해본다.

중고차 계약하기

직거래이든 중고차 매장 거래이든 차량 상태를 확인하고 마음에 들면 그 자리에서 즉시 계약하거나 예약할 수 있다.

차량을 계약하기 전에 계약금, 그리고 겨울용 타이어나 보증기간 혹은 현금 일시 불로 할 경우 가격을 저렴하게 해주는 내용 등에 대해서 합의를 하게 된다. 계약 서에 뭐든 빠짐없이 명시하게 된다. 그리고 차량 상태에 대한 검사를 요구할 수 있다.

모든 계약 내용이 확인되면 계약서에 서명을 하고, 차량을 인수받는다. 인수받기 전에 차량의 책임보험에 가입을 해야 차량 인수가 완료된다. 따라서 보험회사에서 보험계약을 하고 차량 인수를 위한 서류가 필요하다고 말하면 보험회사 직원이 이 전등록용의 보험가입증(Doppelkarte)을 만들어 준다. 이 보험가입증을 가지고 중 고차 매장에 가서 제출하고, 열쇠와 차량을 인수받는다.

중고차 등록 방법

중고차 매장에서 중고차 등록, 번호판, 스티 커 작업을 해주지만 만약에 이런 서비스를 해주지 않거나, 차주에게 직접 차량을 구입 한 경우에는 거주지 관할 자동차 등록사무 소(Kraftfahrzeugzulassungsbehoerde)에 가서 직접 자동차를 등록해야 한다.

이를 위해서 여권, 운전면허증, 거소지 등록증, 대리 신청시 위임장, 책임보험 가 입 증명서(Haftversicherung), 전소유자 자동차등록증(Fahrzeugschein), 자동차 이력증(Fahrzeugbrief, TÜV;AU Tuev hauptuntersuchung), 이전의 차량 등록지 와 현재 등록지가 다를 경우 이전에 쓰던 번호판, 차량의 등록 시 소요되는 비용을 지참해야 한다.

자동차 등록하다 보면, Feinstaubplakette라는 스티커를 받는다. 환경에 대한 스티커로서 총 4단계의 색깔(1번은 검은색, 2번 빨간색, 3번
노란색, 4번 초록색)로 나눠지는데, 일반적인 가족 차량
의 경우 초록색 4번 스티커를 받는다. 이 스티커는 각 도
로마다 대기오염 등의 환경에 영향을 주는 차량의 통행을
제한할 수 있는 역할을 한다. 초록색 스티커의 경우 제한 없이 어느 도로든지 달
릴 수 있지만, 1,2,3번 스티커의 경우 차량 통행의 제한이 있을 수 있다.

자동차 등록을 완료하면 번호판을 만들게 된다. 등록을 완료하면 등록사무소 근
처에 번호판 가게(Autoschilder)들이 많기 때문에 원하는 곳에서 가격을 지불하고
만들면 된다. 마지막으로 번호판을 들고 kennzeichen Abstempelung이라는 번호
판 스티커 받는 곳을 가서 번호판을 보여주고, 자동차 검사에 대한 스티커를 번호
판에 붙이게 되면 자동차 등록이 완료된다.

> 🔵 **TIP** 독일 각 지역의 자동차 번호판
>
> 독일의 자동차 번호판을 보면 어느 지역의 자동차인지 알 수 있다.
> 가장 처음 시작하는 알파벳은 각 지역을 의미한다. 예를 들어 베를
> 린 Berlin 은 B로 시작하고, 뮌헨(München)은 M, 프랑크푸르트
> (Frankfurt)는 F로 시작한다. 특별히 브레멘의 HB와 함부르크 HH
> 의 경우의 H는 한자도시 Hansestadt를 함께 표현한다. 그다음 두
> 자리의 알파벳과 숫자는 개인이 원하는 대로 받을 수 도 있다. 다만,
> NS(나치약자), SS(나치친위대 약자), KZ(나치수용소 약자) 등은 사용
> 이 금지된다.

자동차 벌금 내기

교통법규 범칙금은 한국과 비슷한 시스템을 가지고 있다. 우선 범칙금을 내고, 과료(Bussgeld)로서 벌점을 받게 되며, 심한 경우 1-3개월의 운전정지, 더 심하면 면허증반납을 하게 된다.

교통법규위반

위반형태	내용
신호위반	도로교통 표지판을 주의하지 않아 상대차량을 위협하거나 빨간불에 운행한 경우, 보행자도로에서 기다리지 않고 신호를 위반하거나 교통표지판을 위반한 것이 경찰에게 발각될 경우 벌금을 지불해야 한다.
속도위반	제한속도를 위반한 경우 벌금을 내거나 벌점을 받을 수 있다. 독일에서는 속도위반 카메라가 설치되어있기도 하고, 경찰이 숨어서 속도위반을 체크하기도 하며, 사설 카메라들이 있기도 하다.
주차위반	한국의 경우 불법주정차 지역 이외에 대부분 주차장이 주차했던 시간만큼 주차료를 지불한다. 그러나 독일의 도로 주변의 주차장들은 먼저 얼마의 시간을 머무를지 계산을 하고, 주차위반 단속요원들이 볼 수 있도록 주차카드를 차 앞 유리에 넣어놓아야 한다. 시간을 넘어서까지 주차를 하고 있다면 벌금액수가 적혀있는 주차위반딱지가 와이퍼에 꽂히게 된다.

 주차시간표의 사용

무료로 주차를 할 수 있는 곳들도 보통은 1시간이나 2시간만 무료로 사용할 수 있다고 표지판을 통해 알려주고 있다. 이런 주차장에서는 주차시간표(Parkscheibe)를 통해서 자신이 주차하기 시작한 시간을 표시해두어야 한다.

7. 우편물

독일은 물류와 우편의 세계 최대기업인 도이치포스트(Deutsch Post)가 있는 나라이다. 한국에 거주하면서 도이치포스트를 들어본 적은 없지만, 적어도 UPS, Fedex와 함께 세계적인 물류기업인 DHL은 들어본 적이 있을 것이다. 이 DHL은 도이치포스트의 계열사 중 하나이다. 그러나 우편물의 배송이나, 택배시스템이 엄청 좋을 것이라는 환상을 가지면 안 된다. 특히 한국 사람들은 한국에서 배송되는 택배 때문에 독일에서 마음 졸였던 경우가 꽤나 많다. 그래서 뜻하지 않게 워낙 DHL 홈페이지에 많이 들어가다 보니, DHL과 친숙해질 일이 많을 지도 모른다. 택배는 아직 문제가 많지만 우편물의 경우는 안정적이다. 독일에서 편지는 무척 중요하다. 아직도 편지로 이루어지는 일들이 많은데, 특히 집주인과 편지로 중요한 내용을 주고받거나 계약, 대학등록 등등 편지를 이용할 일들이 많다.

01
독일의 주소 체계

독일로 우편물이나 택배를 보내려면 가장 먼저 알아야 하는 것이 주소이다. 독일은 예전부터 도로명주소를 사용하고 있다. 그래서 이름과 우편번호, 도로명과 지번을 통해서 주소확인이 가능하다.

도로명 주소

도로명 주소는 이미 많은 국가들이 사용하고 있는 주소체계이다. 그만큼 우편배송에 있어서 편리한 측면이 많다. 독일에서는 오래전부터 도로명 주소체계를 갖추고 있었다. 한국과 독일 모두 도로명 주소체계를 가지고 있으나, 도로명 주소의 표기순서는 다르다.

독일은 도로명, 번지, 우편번호, 도시 순으로 기재하고, 한국은 도시, 구, 도로명 번지, 우편번호순으로 기재한다. 다만 한국은 도로명 주소에 지역구까지 포함하고 있고, 독일은 따로 지역구 없이 시 단위만 표시해도 된다. 거리명의 경우 각 도시들에 동일한 거리명이 존재한다. 예를 들어 베를린에 Goetstrasse가 있다고 가정하면, 뮌헨이나 함부르크에도 Goetestrasse가 있을 수 있다. 또한 한국은 상세주소라고 하여, 아파트명칭이나 동 호수를 써야 한다. 그러나 독일에서는 따로 아파트명칭도 없을뿐더러, 동, 호수 개념이 없다. 따라서 독일의 각 건물에는 동 호수 대신 거주자의 이름표가 붙어있다.

독일과 한국의 주소체계

독일주소	한국주소
거리명 + 번지, 우편번호(5자리) 도시	도시, (행정구역 – 구), 거리 + 번지 (우편번호는 별도 5자리)
Mainasutr. 15 53128 Berlin	서울시 영등포구 선유로40가길 (상세주소 : 아파트명칭 등) (12345)

우편번호 PLZ

독일의 우편번호는 총 다섯 자리이다. 처음 2자리의 숫자는 지역을 나타낸다. 그중
첫 번째 숫자는 0~9번까지 각 지역에 번호를 매겨서 총 10개의 지역을 표시한다.
두 번째 자리는 첫 번째 자리로 나눈 10개 지역을 또다시 지역별로 나눈다. 나머
지 3자리는 배달국과 배달원에 따라서 나눠진다. 따라서 독일의 우편번호는 독일
전체에서 중복되지 않고, 우편번호만으로도 어느 지역인지 충분히 확인할 수 있다.

주요 도시별 우편번호

우편번호	주요도시명
01***	Dresden, Riesa, Meißen, Bischofswerda
10***	Berlin Innenstadt
20***	Hamburg Mitte
30***	Hannover, Garbsen, Langenhagen, Laatzen
40***	Düsseldorf, Hilden, Mettmann, Ratingen
50***	Köln (linksrheinisch plus Deutz), Frechen, Brühl, Bergheim
60***	Frankfurt am Main Mitte
70***	Stuttgart, Fellbach, Leinfelden-Echterdingen, Filderstadt
80***	München Mitte-Nordwest
90***	Nürnberg, Fürth, Zirndorf

02
편지 보내기

인터넷이 보편화되어있는 시대임에도 불구하고, 독일에서는 아직도 많은 일을 우편을 통해서 처리한다. 특히 계약 관련된 서류, 입학원서 등의 경우 꼭 우편물로 보내야 효력이 발생하기도 한다. 따라서 독일생활을 하면서 우편물 보내는 경험은 꼭 한번 하게 될 것이다.

편지봉투와 편지 작성법

독일에서 많이 사용하는 편지봉투는 앞에 구멍이 뚫려있는 봉투이다. 한국에서는 하얀색 봉투로 주로 편지를 주고받지만, 독일에서는 편리성을 위해서 편지봉투 앞면에 비닐로 된 구멍이 뚫려있다. 이 부분을 뚫어놓는 이유는 독일식 편지작성법과 관련이 있다.

보내는이, 받는이의 주소와 성명을 기입하고, 이유와 편지내용, 그리고 날짜와 서명을 기입한다. 이는 독일에서 편지를 쓰는 기본형식이다.

따라서 형식에 맞춰서 작성하고 편지봉투에 넣기 위해 편지지를 접으면 가장 위에 기입하게 되는 받는이의 주소가 구멍이 뚫린 투명한 부분에 보이게 되어, 한국처럼 따로 주소를 편지봉투에 다시 기입하지 않아도 된다.

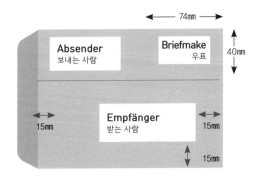

우표구입

편지를 보내기 위해서는 우표(Briefmarke)가 필요하다. 우체국에서 직접 보낼 경우에 우체국 직원에게 편지를 주면 직접 우표를 붙여서 가격을 말해주기 때문에 우표를 살 필요가 없다. 그러나 독일에서는 노란색 우체통을 집근처에서 찾는 게 상당히 쉽기도 하고, 우체국까지 가기 힘든 경우가 있을 수 있다. 그럴 경우에는 우체국 방문했을 때 우체국직원을 통해 구입하거나, 우체국에 있는 기계(Automaschine)를 통해 우표를 미리 구입해놓는 방법이 있으며 그밖에 인터넷을 통해 우표를 구입할 수 있다.

---

* 인터넷 홈페이지 https://shop.deutschepost.de/
〈사진 https://www.deutschepost.de/de/b/briefe-in-deutschland.html〉

우편물에 따른 우표가격

명칭	용도 및 무게	가격 (2018년기준/독일내가격)
Postkarte	엽서용	0.45euro
Standardbrief	편지 20g까지 (A4용지 3장)	0.70euro
Kompaktbrief	편지 50g까지 (A4용지 8장)	0.85euro
Großbrief	편지 500g까지 (A4용지 95장)	1.45euro
Maxibrief	최대 2kg까지	2.60 euro

등기 보내기

사적으로 편지를 보내는 경우에는 위의 우표를 구입하여 붙이고, 노란색 우체통에 넣으면 좋다. 하지만 독일생활을 하다보면 공적으로 편지를 보내는 일이 훨씬 많다. 공적인 편지의 경우 등기우편(Einschreiben)을 이용하는데, 가격은 조금 더 비싸지만, 안전하고 우편물의 추적이 가능하다. 그래서 많은 사람들은 등기우편을 선호한다.

등기우편으로 보내면 우체국에서 등기번호가 적힌 영수증을 받게 되는데, 이 등기번호는 한국에서 택배번호 조회하는 것처럼 독일우체국 사이트에서 이용할 수 있다.

* 인터넷홈페이지 www.deutschepost.de

03
택배 보내기

택배는 항상 마음을 설레게 한다. 한국에서 택배를 보냈다는 이야기를 들으면, 그날부터 택배가 언제 도착하는지 택배회사 사이트를 들락거리게 된다. 물론 한국으로 택배를 보낼 때도 마찬가지다. 보통 누군가에게 독일에서 꼭 필요한 것을 선물하는 것이기 때문에 보내는 것 또한 상당히 기쁜 마음이다.

택배회사의 종류

독일 내에서 택배를 보내려면 회사를 선정해야 한다. DHL, UPS, DPD, Hermes 등의 회사가 있으며, DHL이 가격이 비싼 편이고, 나머지 회사들은 이보다 저렴하다.

택배회사의 종류

회사명	홈페이지주소
DHL	https://www.dhl.de
Hermes	https://www.myhermes.de
DPD	https://www.dpd.com/de
GLS	https://gls-group.eu
UPS	https://www.ups.com/de

DHL 이용

각 회사의 대리점으로 택배상자를 가져가서 보내는 경우도 있고, 인터넷을 통해 방문서비스를 신청하는 경우도 있다. 직접 집으로 방문하는 서비스의 경우 추가비용을 부담해야 하기 때문에 택배의 양이 많거나 혼자 들기 어려운 경우, 독일 내에서 소량 이사를 할 때, 택배를 전문적으로 이용하는 고객들이 이런 서비스를 사용한다.

DHL 대리점의 형태는 다양하다. DHL과 Postbank라는 은행이 함께 있는 곳도 있고, 신문이나 담배를 파는 가게에도 DHL이라는 간판이 붙어있으면 소포를 보낼 수 있다. 보내는 사람, 받는 사람을 기재하고, 물품의 내역 등을 한국에서 우체국 택배를 보낼 때처럼 기재해서 택배와 함께 직원에게 전달하면, 택배 무게와 크기 그리고 보내는 거리에 따라 가격을 책정한다.

만약 박스 없이 물품만 가지고 갔을 때는 직접 다양한 택배 박스도 함께 구입할 수 있다. 한국의 우체국에는 택배 박스가 1-6호까지 나누어져 있어서 아주 간편하게 고를 수 있다. 하지만 독일의 경우 박스의 형태가 조금 특이하다. Dokumenten versanden, Paeckchen, Parket으로 나누어져 있다.

Documenten versanden의 경우는 일반 문서가 들어갈 정도의 부피지만, Paeckchen의 경우는 소량의 물품이 들어갈 수 있다. 따라서 급하게 보내는 물건의 경우는 Paeckchen을 이용하기도 한다. 같은 부피와 무게로 보낸다고 해도 Parket보다 가격이 저렴하다. 다만 Paeckchen는 추적이 불가능하고, 분실돼도 책임을 지지 않는다.

택배 받기

집에 있을 때 택배를 받으면 좋겠지만, 집에 없어서 택배를 못 받는다고 해도 크게 걱정할 필요는 없다. 대부분 이웃에게 택배를 주고 가거나, 근처에 있는 DHL 대리점에 소포를 두고 간다. 한국의 경우 경비실에 맡기거나 집 문 앞에 두고 가는 경우가 많다. 하지만 독일은 그렇지는 않다. 우선 경비실 자체가 없고, 집 앞에

놓고 가는 경우 받는 사람이 미리 동의한 경우가 아니면 DHL에서 분실에 대한 책임을 져야 하기 때문이다. 택배를 직접 수령하지 못할 경우 우편함에 엽서 한 통이 들어있다. 이 엽서에는 소포를 근처의 대리점에 맡긴다거나 이웃에게 전달했는지에 대한 내용이 기재되어있다. 다만 집에서 택배를 기다리고 있음에도 초인종을 누르지 않고, 곧장 대리점으로 가져가는 경우도 있어서 몇몇 한국 사람들이 택배 서비스에 대해 불만을 가지고 있기도 하다.

독일생활에서 필수적으로 알아야 하는 것 중 하나가 대중교통수단이다. 독일의 대중교통은 시와 시를 연결하는 기차, 고속버스, 비행기 등이 있고, 시내에서 이용할 수 있는 버스, U-bahn, 트람 등이 있다.

 독일에서는 눌러눌러

 독일의 지하철이나 버스를 타보면 선진국 맞아?라는 생각이 들 때가 종종 있다. 특히 직접 문을 열어야 할 때가 그렇다. 독일의 지하철이나 버스 모두 버튼을 누르거나 당겨서 문을 열어야 한다. 그래서 처음 독일에 온 사람들은 가만히 열리길 기다리다가 지하철이 가버린 경험도 있다고 한다. 지하철이나 버스뿐만 아니라 횡단보도에서도 눌러야 한다. 횡단보도 옆에는 신호대기장치(Signal kommt)가 있는데, 이 장치가 있는 곳에서 누르지 않으면 보행자가 없다고 간주하고 신호가 바뀌지 않거나 상당히 오래 있다가 바뀐다.

01
기차

독일의 교통수단은 도로뿐만 아니라 기차도 상당히 잘 정비되어 있다. 한국 KTX의 경우 프랑스의 TGV로 결정 나긴 했지만, 마지막까지 경쟁했던 브랜드가 독일의 ICE(InterCityExpress, 초고속 기차)였다. 그만큼 독일은 세계적으로 기차의 성능이 우수하다. 그뿐만 아니라 독일은 소도시, 중도시, 대도시가 기차로 촘촘하게 연결되어있다. 그래서 독일 여행을 할 때 사람들은 자동차를 이용하는 것만큼 기차도 많이 이용한다. 철도망, 역외 시설, 요금제 등의 기차 시스템도 체계적이다.

독일 기차 종류

독일의 기차는 한국의 KTX에 해당하는 ICE와 새마을호, 무궁화호에 해당하는
RE, RB 등의 일반기차가 있다.

독일기차종류

기차형태	내용
ICE, IC, EC	ICE는 1991년부터 운행되었고, 최고 300km 이상까지 속도를 낼 수 있는 초고속 기차이다. 초고속 기차이기 때문에 소도시에는 주로 정차하지 않는다. ICE 만큼 빠른 기차는 아니지만 밑에 단계의 IC(InterCity), EC(EuroCity)와 같은 고속 기차가 있다. IC는 독일 국내만을 연결하는 기차로서, ICE가 만들어지기 전인 1971년부터 운행하기 시작한 고속 기차이다. EC의 경우는 독일에서 다른 유럽의 나라들을 연결하는 기차로서 IC와 같은 성능을 가지고 있다. 최고 200Km 정도로서 IC, EC 모두 초고속 기차로 보아도 무방하다. ICE Sprinter라고 하여, 베를린, 프랑크푸르트, 함부르크, 쾰른, 뒤셀도르프 등 독일의 주요 도시를 중간 정차 없이 직접 연결하는 기차도 있다. 통근자를 위해 평일 출퇴근 시간대에 특별히 운행하고 있다.
RE, RB	ICE가 대도시를 중심으로 빠르게 간다면, RE(Regional Express) RB(Regional bahn)는 지역의 소도시까지 연결한다. 한국의 새마을호, 무궁화호 같은 기차로서, RB의 경우 소도시의 작은 역까지 정차하기 때문에 시간이 많이 걸린다. 티켓의 가격도 ICE, IC, EC보다 저렴하다.
IR, SE, S-Bahn	IR(InterRegional), SE (StadtExpress), S-Bahn (Stadtbahn)은 ICE나 IC가 가지 않는 비교적 작은 도시들까지 운행한다. S-Bahn는 한국의 인천행 1호선 같은 개념으로, 대도시와 인근의 위성도시를 연결하며, DB에서 운영한다.
기타	그밖에 레일 제트(RailJet), 탈리스(thalys), 테제베(tgv), 알렉스(ALEX) 등은 독일에서 유럽의 다른 도시로 가거나 유럽의 다른 도시에서 독일로 오는 기차들이다. 레일 제트(RailJet)은 뮌헨에서 비엔나(오스트리아), 잘츠부르크(오스트리아), 프라하(체코), 부다페스트 (헝가리)로 연결되고, 탈리스(Thalys)는 쾰른에서 파리(프랑스) 및 브뤼셀(벨기에)로 연결되며, 알렉스(ALEX)는 독일 남동부와 체코의 주요 도시를 연결한다.

독일 기차 티켓 종류

독일 기차 티켓은 한국처럼 일회권, 왕복권을 인터넷이나 창구 등에서 구입할 수 있다. 미리 구매하지 않으면 가격이 무척 비싸기 때문에 최소 2주 전에 구매하는 것이 좋다. 인터넷에서 구입하면 "Sparpreis Angebot"라고 하는 특별한 가격 프로모션이 제공되는데, 이용객이 많지 않은 시간대의 경우 일반 티켓보다 50% 이상 할인받을 수 있다.

★ 반카드 bahn Card

기차를 많이 이용하는 사람들을 위해서 할인제도로서 반카드 bahn Card라는 카드가 존재한다. 반카드 25, 50, 100이 있다. 만약 반카드 25를 구입하면 1년 동안 모든 기차 티켓 구매 시 25% 할인해주는 것이다. 이런 식으로 반카드50은 50%, 반카드100은 100% 할인해준다. 1년 동안 이용 횟수는 제한이 없기 때문에 많이 사용할수록 좋다. 반카드는 인터넷 또는 독일 철도여행센터(DeutschBahn Reisezentrum)에서 구매할 수 있다.

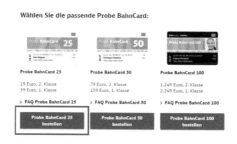

★ 주말 티켓 Schones-Wochenende-Ticket

토요일이나 일요일 0시부터 다음날 심야 3시까지 고속 기차를 제외한 모든 교통수단을 하루 동안 이용할 수 있는 주말 티켓이다. 독일 전 지역을 이동할 수

있어서 상당히 편리하고, 특히 가족여행객의 경우 유리하
다. 가격은 1명에 40-50유로이고 1명씩 추가될 경우 4유
로씩 비용을 더 지불한다. 최대 5명까지 이용할 수 있다.
티켓을 저렴하게 사용할 수 있는 대신에 ICE를 비롯한
IC(InterCity), EC(Eurocity) 고속 기차에서는 사용할 수 없
으며, 주로 S-Bahn, RB, IRE, RE에 탑승할 수 있다.

★ 랜더 티켓 Länder-Tickets

주말 티켓보다 훨씬 더 많이 알려져 있는 티켓이 랜더 티켓이다. 각 주별 티켓이라
고 할 수 있다. 예를 들어 한국으로 치면 충청북도 내에서 하루 동안 마음껏 이용할
수 있는 것이다. 랜더 티켓은 1인당 20-30유로이고 한 명 당 5유로씩 추가된다. 그
이외에는 주말 티켓과 이용방법이 똑같다. 단지 차이점이 있다면 랜더 티켓은 정해
진 주에서만 이동이 가능하지만 주말이 아닌 평일에도 이용이 가능하고, 주말 티켓
은 독일 전 지역을 이용할 수 있지만 주말에만 이용할 수 있는 것이다.

독일기차 편리하게 예약하기 DB Navigator

독일에서 기차를 편하게 예약하기 위해서는 DB Navigator라는 애플리케이션을 사용
한다. 독일 내 혹은 독일과 연결되어있는 유럽까지 독일기차와 관련된 기차가격, 예약,
결제, 기차와 관련된 다양한 정보들을 담고 있다.

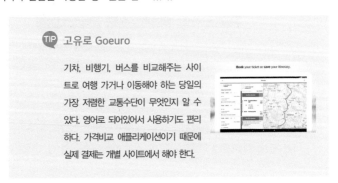

TIP 고유로 Goeuro

기차, 비행기, 버스를 비교해주는 사이
트로 여행 가거나 이동해야 하는 당일의
가장 저렴한 교통수단이 무엇인지 알 수
있다. 영어로 되어있어서 사용하기도 편리
하다. 가격비교 애플리케이션이기 때문에
실제 결제는 개별 사이트에서 해야 한다.

02
고속버스

독일에서는 기차가 도시에서 도시로 잘 연결되어있기도 하고, 빠른 이동이 가능하며, 도심의 중앙으로 한 번에 진입하기 때문에 편리하다. 아쉬운 점은 독일 기차가 생각보다 비싸다는 점이다. 티켓을 빨리 구입하지 않는 이상 편도 50유로는 우습다. 그래서 도시간 이동시 자주 사용하는 교통수단은 고속버스다. 기차와는 차원이 다른 저렴한 가격, 그리고 대도시와 소도시를 이어주는 다양한 노선으로 인해 많은 사람들이 이용하고 있다.

고속버스 종류

독일에는 현재 플릭스버스, 다인버스, 이체버스 IC 버스와 각 지역의 작은 고속버스회사들이 운영되고 있다.

다양한 고속버스회사들이 존재하지만, 사실상 독일에서 고속버스를 타는 경우 대부분 플릭스버스를 타게 된다. 독일 전역에 가장 많은 노선을 가지고 있으며 영국, 프랑스, 네덜란드, 벨기에, 이탈리아 등 주변의 유럽 국가들과 연계된 노선도 운영 중이다. 가격이 저렴하고, 시설도 괜찮은 편이다. 최근에는 플릭스버스에서 기차도 운행하기 시작하였다.

고속버스 예약하기

각 회사 홈페이지나 애플리케이션을 통해서 버스를 예약할 수 있다. 또한 Busrada, Goeuro라는 버스가격비교 애플리케이션을 이용하여 예약하기도 한다. 출발지, 도착지, 일정, 인원을 입력하고 찾기를 누르면 일정에 맞는 시간표가 나오며, 원하시는 시간표를 클릭하고 결제를 하면 된다. 이외에도 현장에서 버스예약이나 티켓구입을 할 수 있는데, 각지역의 ZOB(고속버스터미널)라고 하는 시내 터미널의 회사 창구에서 예약 및 티켓구입이 가능하다.

고속버스 이용하기

한국도 고속버스터미널이 따로 있
는 것처럼 독일에서도 ZOB라는 고
속버스터미널이 각 지역마다 존재한
다. 물론 소도시의 경우 정류장으로
만 표시되어있는 경우도 있는데, 대
도시에서는 고속버스터미널이 따로
있다. 따라서 무턱대고 중앙역으로

가서 고속버스터미널을 찾는다면 오산이다. 고속버스터미널을 찾고 관련 버스정류
장에서 기다리면 버스가 오게 되는데, 예약했던 애플리케이션의 바코드를 보여주
거나, 프린트한 티켓의 바코드를 보여주고 탑승한다.

03
비행기

고속버스와 기차만큼 자주 이용하지는 않지만, 독일에서는 장거리 교통수단으로 비
행기를 이용한다. 한국보다 4배 가까이 큰 나라이기 때문에 기차나 버스로 이동하
면 10시간 이상 걸리는 지역도 있다. 그러나 비행기는 한두 시간이면 주요도시들
에 도착할 수 있어 시간절약에는 비행기만 한 교통수단이 없다. 독일의 국적기인
lufthansa를 이용할 수도 있지만, 보통은 유럽전지역을 운영하는 저가항공사들의 비
행기가 노선이 많이 활용된다.

독일 내 비행기 운행 현황

이름	내용
lufthansa	독일국적기, 가격이 비쌈
Eurowings https://www.eurowings.com/en.html	독일내의 다양한 지역을 연결하는 저가항공기, 루프트한자의 자회사

vueling https://www.vueling.com/en	스페인항공사로 독일 내에서 유럽의 다른 나라로 갈 때 사용
condor https://www.condor.com/eu/index.jsp	독일 내에서 유럽의 다른 나라로 갈 때 사용하는 저가항공기
easyjet https://www.easyjet.com/en	영국항공사 독일내의 다양한 지역간 이동가능

04
지상 교통수단

서울에서는 2004년부터 서울시 버스 개편 사업의 일환으로 버스끼리의 환승이 가능해졌다. 독일도 시내 대중교통을 이용할 경우 한국과 비슷한 대중교통 체계가 있다. 단지 각 도시마다 금액이나 거리, 시간에 따라 모두 규정이 다르기 때문에 잘 살펴봐야 한다.

트람, 지하철, 시내버스

독일 대도시의 경우 버스, U-Bahn, 트람이라는 대중교통수단이 있다. U-Bahn은 한국의 지하철과 유사하다. 대도시의 경우 U-Bahn과 S-Bahn이 유기적으로 연결되어 있어서 환승이 편리하다. 예를 들어 한국의 경우 서울 시내를 돌아다닐 때는 지하철을 이용하고, 인천이나 수도권을 가야 하는 경우에는 국철을 이용하는 것과 비슷하다.

그밖에 버스가 있다. 버스 노선은 한국처럼 시내, 시외의 주요목적지를 이동하는 것으로 가장 다양한 노선이 존재한다. 소도시에도 U-Bahn은 없어도 버스는 있다.

버스정류장이나 기차역에서 티켓을 구매할 수 있으며 각도시마다 요금체계가 모두 다르지만,
대중교통수단은 환승이 가능하다. 독일은 환승시간이 구역별로 혹은 시간대 별로 세밀하게
나눠져 있다. 이외에 1달 정기권과 1년 정기권이 있으며, 학생의 경우 한 학기정기권이 있다.

독일의 대도시인 뮌헨, 베를린, 함부르크, 프랑크푸르트 등은 모두 교통관련 애플
리케이션이 있다. 이 애플리케이션은 원하는 장소까지 가장 빠르게 대중교통수단
을 이용해서 갈 수 있는 방법을 알려주고, 때로는 티켓을 구입할 수도 있다.

택시

유럽의 도시들이 마찬가지이지만 독일도 택시요금이 상당히 비싼 편이다. 그래서 택시 이용률이 높지는 않다. 그러나 택시를 이용해야 하는 경우가 있을 때는 중앙역이나 버스정류장 근처의 택시 승강장에서 이용할 수 있다. 그밖에 한국의 카카오택시처럼 대도시 중심으로 my Taxi라는 애플리케이션을 활용하기도 한다. 독일뿐만 아니라 유럽에서 이용할 수 있는 애플리케이션이다. 콜을 하면 연계된 회사의 택시가 콜을 받고 고객의 위치까지 오게 된다. 이 밖에 우버도 이용할 수 있다. 우버는 원래 택시 이외의 우버에 등록된 일반 차량도 콜을 하면 근처에 있는 우버 차량들을 이용할 수 있다. 하지만 독일에서는 제한적으로 영업을 허용하고 있어 우버 일반 차량은 없고, 택시만 가능하다.

자전거

독일을 비롯하여 유럽에서는 이동수단으로 자전거 이용률이 높다. 많은 독일인 자전거를 매주 타며 그중에 2/3 정도는 장 보러 가거나 일을 하러 가기 위해서 자전거를 탄다고 하니, 어쩌면 버스나 기차보다 더 중요한 교통수단이다.

그래서 독일에서는 자전거 교육을 어려서부터 철저히 받는다. 초등학교에서 3학년이 되면 자전거와 관련된 교육이 본격적으로 이루어진다. 자전거의 구조, 안전장치의 착용방법, 도로표지판의 숙지, 주행규칙을 배운다. 자전거 교육은 정규과정에 포함되어 있으며, 4학년이 되면 자전거를 타기 위한 면허 시험을 치르기도 한다.

자전거면허에는 수신호가 포함된다. 독일에서 태어나고 자란 사람이 자전거를 탄다면 모두 수신호를 한다. 왼쪽으로 갈 경우 손을 들어 왼쪽으로 간다는 표시를 하고, 오른쪽으로 갈 경우도 마찬가지이다. 자동차로 말하자면 라이트의 기능을 수신호로 한다. 자전거 관련 교통규칙을 지키지 않으면 벌금을 내야 한다. 자전거 전용도로에서 자전거를 타지 않고 보행자 전용도로나 인도를 달리면 적어도 10유로의 벌금을 내야하고, 자전거는 무조건 우측통행을 해야 하는데(교통 표지판에 좌측통행을 허용하는 것을 제외하고) 좌측통행을 하면 일정금액을 벌금으로 내야 한다. 그밖에 휴대전화 통화하며 자전거를 탈 경우, 적색신호에 달리다 붙잡혀도 벌금을 지불한다. 자동차만큼이나 교통규칙이 복잡하다 보니, 자전거면허라는 말이 괜히 나오는 것은 아니다.

최근 한국에서 공유자전거가 많이 이용되고 있는데, 독일도 마찬가지이다. 예를 들어 독일기차인 Deutsch Bahn에서는 DB라고 쓰여 있는 공유자전거를 운영하기도 한다. 이 자전거는 일명 "Call A Bike"라고 하여 독일의 많은 대도시에서 빌릴 수 있다. 그밖에 다양한 공유자전거 회사들이 존재하며, 가입하고 일정금액을 지불하면 언제든지 쉽게 자전거를 대여할 수 있다.

TIP 자동차공유시스템 : 카셰어링

카셰어링(car sharing)이란, 1대의 자동차를 여러 명의 사람이 공동 이용하는 것을 말한다. 차량을 구입하기 부담스럽고, 잠깐 사용할 것인데 렌트하기도 부담스러울 경우 유용하게 사용할 수 있다. 독일에서는 몇몇 회사들이 카셰어링서비스를 하고 있다.

차량의 이용금액은 분 단위로 계산되고, 차를 사용한 후에는 일정 범위 안에서는 원하는 곳에 주차를 해도 된다. 반납을 하기 위해 먼 거리에 있는 특정한 지점으로 가야 한다거나, 반납하고 돌아오는 길에 다른 사람의 도움이나 대중교통수단을 이용해야 하는 불편이 없게 된다. 각 회사마다 장단점이 있기 때문에 본인에 맞게 이용하는 것이 좋다. 주요 카셰어링 회사는 DriveNow, Car2go, Flinkster 등이 있다.

독일에서는 생활물가가 저렴하기 때문에 외식보다는 직접 음식을 해먹는 경우가 많다. 그래서 가장 많이 방문하는 곳이 다름 아닌 슈퍼마켓이다. 독일에서는 슈퍼 마켓이 저녁 8시만 되면 문을 닫았었다. 그러나 요즘은 바이에른 주를 비롯한 몇 몇 주를 제외하면 평일 10시까지 슈퍼마켓이 운영되고 있다. 물론 한국처럼 일요 일에도 슈퍼마켓을 마음대로 방문할 수 있는 것은 아니다.

 독일의 편의점은 어디?

앞서 말한 것처럼 독일은 24시간 동안 운영하는 편의점이 없다. 그래 서 밤에 간단한 물품을 구입하기 위해서는 주유소를 가야한다. 주유소 는 쉬는날이 거의 없으며 24시간 동안 운영하기 때문에 언제나 이용 이 가능하다. 다만 22시 혹은 24시 이후에 주유소를 가는 경우에는 범죄의 위험에 노출될 수 있기 때문에 주유소 내부에 들어가서 물건을 선택하여 구입할 수는 없다. 주유소 외부에서 종업원에게 원하는 물건 을 말하면 가져다주는 형식이다.

01
독일마트의 종류

독일에서는 몇몇 마켓의 점유율이 상당히 높은 편이다. 특히 알디와 리들은 창업자가 독일부자랭킹에 항상 상위권에 들정도로 독일 전역에 많은 매장을 가지고 있다. 물론 이밖에도 에데카, 레베 등 다양한 대형마트들이 있다. 또한 한국처럼 편의점은 없지만, 대형슈퍼마켓에서 운영하는 소형슈퍼들이 점점 늘어나고 있는 추세이다.

슈퍼마켓의 종류

이름	내용
에데카 EDEKA	고급형 슈퍼마켓에 포함되며, 대형슈퍼마켓 EDEKA 과 edeka express라고 하는 소형슈퍼마켓을 운영한다.
레베 Rewe	레베도 에데카처럼 고급형 슈퍼마켓에 포함되며, 대형슈퍼마켓 REWE와 REWE city라는 소형슈퍼마켓을 운영한다.
히트 Hit	고급형 슈퍼마켓
카우프란트 Kaufland	중급형 슈퍼마켓, 물건 가격이 레베나 에데카, 히트보다는 저렴하지만, 매장규모는 비슷하다.
리들Lidl	중급형 슈퍼마켓, 카우프란트와 비슷하거나 조금 더 저렴하고, 인기가 많다.
알디Aldi	저가형 슈퍼마켓, 저가형이지만 독일에서 가장 인기 있는 슈퍼마켓으로 저렴하면서 괜찮은 물건이 많아서 이용자가 많은 편이다.
레알REAL	초대형 할인매장, 가구, 전자제품 등 식료품이외에도 다양한 제품을 판매하는 초대형매장이다.
메트로 Metro	창고형 할인매장, 코스트코와 비슷하게 사업자를 위한 마트로 회원제로 운영한다.
기타	Alnatura라는 유기능마켓도 있고, 네토Netto, 페니Penny, CAP-Markt, Combi, Famila, Globus, Jibi, K+K, Markant, Marktkauf, Norma, sky, Tegut, V-Markt, Wasgau 등 그밖에도 다양한 매장들이 있다.

마트에서 가장 눈여겨보는 것은 아무래도 할인행사이다. 독일어로는 안게보트(Angebot)라고 하는데, 필수품뿐만 아니라 다양한 상품을 주중이나 주말에 할인

하는 행사가 많은 편이다. 특정제품의 경우 할인행사를 하는 날에 사재기를 해서 금방 품절이 되는 현상이 벌어지기도 한다. 할인정보에 대해서는 각 마트에서 한 주전에 팸플릿으로 공개하는데, "Kaufda"라는 애플리케이션을 이용하면 다양한 마트에서 할인하는 내용을 모두 살펴볼 수 있어서 편리하다.

 독일 내에 있는 한인마트(아시아마트) 이용방법

독일에 살면서 한국 음식을 먹고 싶을 때, 한인마트나 아시아마트를 가게 된다. 모든 도시에 한인마트가 있으면 좋겠지만, 대도시를 중심으로 몇 군데 되지 않기 때문에 한국 식품을 구하기 어렵다. 물론 아시아마트에 가서도 한국 식품을 구할 수 있지만, 다양한 제품을 찾기는 힘들다.

만약 각 지역의 한인마트가 있는 경우에는 지역의 한인마트를 이용하는 것이 좋다. 그러나 다양한 제품을 저렴하게 이용하고 싶다면 인터넷을 통해 식품을 구입하는 방법이 있다. www.kmall.de, www.kjfoods.de를 중심으로 몇 개의 온라인 쇼핑사이트가 존재한다. 대부분 오프라인 한인마트보다 가격도 저렴하고, 물건도 다양하다. 보통 50유로 이상 구매할 경우 배송비도 무료이다.

02
독일마트에서 장보기

회사 때문에 주재원으로 오는 경우, 혹은 이민을 오는 경우, 교환학생이나 워킹홀리데이로 오는 경우에는 독일어에 대한 지식이 전혀 없기도 하다. 물론 독일 대도시에 거주한다면 영어로도 어느 정도의 의사소통은 어렵지 않을 수 있다. 그러나 독일어를 못하면 점차 답답한 부분이 많이 생길 수 있다. 특히 가장 자주 방문하는 마트에서 그렇다.

마트에서 사용되는 표현 auf dem Markt

마트에서 모든 물건이 어디에 있는지 천천히 보면 좋겠지만, 먹고 싶은데 혹은 인터넷을 통해서 제품의 이름을 찾아놓았는데 직접 찾지 못할 때는 간단한 독일어가 필요하다.

자주 사용되는 표현

- Wo kann ich 물건 명칭(예를 들어, 설탕(Zucker)) finden?
  어디서 내가 그 물건(설탕)을 찾을 수 있냐?

- Was kostet das?
  얼마예요?

- Brauchen Sie den Kassenzettel?
  당신은 영수증이 필요하십니까?

- Brauchen Sie ein Tüte?
  당신은 봉투가 필요하십니까?

정육코너에서 물건을 구입할 때 in der Metzgerei

고기의 경우 마트의 정육코너나 빈첸쯔무어(Vinzenzmurr) 같은 정육점에서 구입할 수 있다. 일반적으로 정육코너에서는 고기를 잘라주지 않는다. 특히 한국음식은 고기를 잘라달라고 말하지 않으면 집에서 힘들여 잘라야 하기 때문에 이왕이면 원하는 부위를 원하는 정도로 잘라달라는 표현 정도는 알아두면 좋다.

자주 사용되는 대화

점원 ☐ Wer kommt dran?
다음 차례는 누구인가요?

나 ☐ Ich bin dran, Können Sie mir bitte, das fleisch sehr
dünn wie Papier scheide schneiden?
저입니다. 고기를 종이처럼 얇게 썰어주실 수 있나요?

☐ und Ich möchte 400 Gramm Entrecote, bitte.
그리고 저는 등심 400그램을 원합니다.

점원 ☐ ist das alles?
이게 전부인가요?

☐ Darf es noch mehr sein? / Darf es noch etwas sein?
더 원하는 것이 있나요?

나 ☐ Nein Danke
없어요, 고마워요.

---

* 삼겹살 Schweinebauch, 목살 Schweinenacken,
소고기채끝살 Rumpsteak, 꽃등심 Entrecote

Rindfleisch (소고기)

우둔살 Roastbeef, Filet / 홍두깨 Rinderkeule / 엉덩이 Gulasch
양지(머리) Flachrippe / 가슴 Suppenfleisch / 채끝살 Rumpsteak
등심 Entrecote, Hochrippe, Zungenstueck / 목심 Nacken
소꼬리 Ochsenschwanz / 안심 · 갈비 Filet, Rippe
소뼈 Suppenknochen

Schweinefleisch (돼지고기)

목살 Nacken / 삼겹살 Schweinebauch / 다리 Eisbein, Haxe
안심 · 갈비 Filet, Rippe / 등심 Kotelett / 뒷다리 · 엉덩이 Schinken,
목덜미 윗부분 Schweinekamm / 어깨살 Schulter

03
독일마트 물품 파헤치기

야채(Gemuese)와 과일(Obst)

독일에서는 냉동실에 야채를 얼리면 비타민
을 유지할 수 있다고 해서 냉동 보관된 야
채제품들이 많다. 이런 제품은 다양한 야채
를 모아놓은 팩이기 때문에 찌개나 볶음요
리에 간편하게 사용할 수 있다. 그밖에 신
선한 야채와 과일의 경우는 대충 생김새만

봐도 구별할 수 있지만 오렌지와 자몽 혹은 오이와 애호박 같은 것은 생각보다 구
별하기가 어렵다. 그 이유는 야채와 과일이 한국과는 약간 다른 모습을 하고 있기
때문이다. 따라서 명칭을 알고 가면 상당히 유용하다.

독일의 제철과일(채소)

제철과일	특징
슈파겔 Spargel과 명이나물 Baerlauch	슈파겔은 독일사람들이 봄에 가장 많이 먹는 채소 중에 하나이다. 한국에서는 아스파라거스가 많이 알려져 있는데, 슈파겔도 아스파라거스의 일종이다. 단지 색깔이 하얀색일뿐이다. 보통 데쳐서 크림치즈소스와 함께 먹는다. 슈파겔과 함께 명이나물(Baerlauch)도 독일에서 판매한다. 봄철에 잠깐 마트에 나왔다가 들어가기 때문에 시기에 맞춰 확인해봐야 한다.
딸기 Erdbeeren	4월 중순부터 6월 초까지 독일에서는 딸기 제철이다. 그래서 많은 농장들이 딸기밭을 개방하기도 한다. 딸기밭을 개방하면 일반인들이 직접 딸기를 따러 갈 수도 있고, 아이가 있는 집에서는 딸기밭을 가서 직접 따오는 체험을 많이 한다.

체리 Kirsche	유럽여행을 한다면 가장 많이 구입하는 과일은 체리이다. 여름에 나는 과일로 한국에 비하면 가격도 저렴하고, 길거리에서도 쉽게 사서 대충 물에 헹궈 먹을 수 있다. 참고로 길거리에서 파는 과일이 마트에서 파는 것보다 값은 조금 더 비싸지만 맛있다.
수박 Wassermelone	한국의 여름철 대표 과일이라고 하면 수박이다. 독일에서도 수박이 있는데 커다란 터키수박이 크기나 맛이 한국의 수박과 비슷하다. 실제로 독일식수박은 작고 당도도 터키수박보다 확실히 떨어진다.
납작복숭아 Plattpfirsiche	유럽에서 먹을 수 있는 두번째 대표적인 과일이다. 한국 사람들에게 일명 납작복숭아라고 불린다. 복숭아와 거의 맛이 비슷한데, 당도가 높다.
호박 Kürbis	호박은 가을채소이다. 할로윈데이 전으로 하여 마트며, 농장에서 많이 판매한다.
포멜로 Pomelo	열대과일인데, 독일마트에서 겨울이면 쉽게 찾아볼 수 있다. 자몽계열의 과일로, 겉에 껍질 까고, 속에 있는 껍질도 까서 먹는다. 비타민성분이 많아서 감기에 좋고, 씁쓸한 맛이 자몽보다는 덜하다.
독일식배 Birnen	독일에서 한국배와 비슷한 배를 찾는다면 전구 모양처럼 생긴 독특한 모양의 과일을 먹으면 된다. 한국의 배와 맛이 비슷하다. 그러나 당도가 한국배처럼 높진 않다.

유제품 Milchprodukte

독일은 치즈와 우유를 비롯한 유제품이 저렴하고 맛있다. 특히 한국에서는 비싼 치즈들을 독일에서는 상당히 저렴하게 먹을 수 있기 때문에 독일생활을 하는 동안 다양한 치즈를 경험해보는 것을 추천한다.

생선류 Fisch

한국은 삼면이 바다여서 생선을 먹고 싶으면 언제든지 저렴하게 먹을 수 있다. 하지만 독일은 지역에 따라 생선값이 많이 차이 난다. 그래서 생선을 먹는다는 것은 특별한 날이 아니면 어렵고, 냉동생선을 사서 먹는 경우가 많다. 다행히 냉동해물 모둠팩은 가격이 저렴한 편이어서 찌개를 끓이거나 해물파전을 할 때 활용하기 좋다.

독일어표현

연어	Lachs	광어	Steinbutt
참치	Thunfisch	우럭	Stachelkoepfe
도미	Dorade	고등어	Makrele
굴	Auster	오징어	Calamari
갈치	Degenfisch	가자미	Scholle
대구	Dorsch / Kabeljau	문어	Pulpo
게	Krabbe	장어	Aal
송어	Forelle	꽁치	Sardinen

빵 종류 Brotsorten in der Baeckerei

독일에서는 아침식사에 젬멜(Semmel)이나 메어콘브로트(Mehrkornbrot) 등에 버터 햄, 치즈 등을 발라서 먹는데 이런 빵들은 하루만 지나면 굉장히 딱딱해지거나 맛이 없어진다. 그래서 독일인들은 매일 아침 빵을 구입하는 경우가 많다. 그렇지 않으면 냉동된 빵을 마트에서 구입해 오븐에 구워서 먹기도 한다.

햄 종류 Wurst

정육코너에 가면 만든지 얼마 안 되는 다양한 종류의 햄이 있다. 한국에서는 경험하기 어려운 독일의 냉동되지 않은 햄은 맛도 있고, 건강한 음식이다.

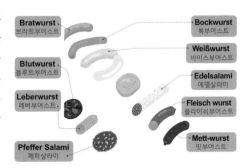

Bratwurst 브라트부어스트
Blutwurst 블루트부어스트
Leberwurst 레버부어스트
Pfeffer Salami 페퍼살라미
Bockwurst 복부어스트
Weißwurst 바이스부어스트
Edelsalami 에델살라미
Fleisch wurst 플라이쉬부어스트
Mett-wurst 밋부어스트

148

과자 종류

과자는 한국이 훨씬 다양하고 맛있다. 그러나 독일에서도 유명한 과자들을 접할 수 있다.

독일의 과자종류

과자명	특징
킨더 핑구이 Kinder Pingui	한국의 오예스와 비슷한 맛이다. 마트에서 판매하고, 일반 과자 코너가 아닌 치즈나, 우유 같은 유제품 코너에 진열되어 있다.
라입니츠 Leibniz	한국에 빠다코코낫과 비슷하며 담백한 맛이다. 일반 크래커와 초콜릿이 발라져 있는 크래커 등 여러종류가 있다.
마너 Manner	오스트리아 웨하스 제품이며, 독일에서도 쉽게 볼 수 있다. 다양한 맛의 웨하스가 있다.
초코 크로시스 Choco Crossies	초코 플레이크라는 과자와 거의 흡사한데, 대신 크기가 작다. 한입에 쏙 들어가는 과자이다.
하누타 hanuta 크노퍼스 Knoppers	초코 웨하스류의 과자로서는 독일에서 하누타, 크노퍼스가 모두 유명하다. 하누타는 초콜릿으로 유명한 페레로쉐 회사에서 만든 과자이고, 웨하스 안에 초콜릿 그리고 헤이즐넛이 많이 들어있어서 고급스러운 느낌이다.
토피피 toffifee	초콜릿과 캐러멜이 섞여서 조금 찐득찐득하며 무척 달다.
프린첸롤레 Prinzen Rolle	한국에서는 초코파이가 있다면 독일은 프린첸롤레가 있다고 할 정도로 매우 오래된 과자이다. 맛은 한국의 크라운산도와 거의 흡사하며 크기가 다양하다.
브란트 쯔비박 Brandt Zwieback	쯔비박이라고 해서 토스트 과자이다. 독일에서는 임신하여 입덧이 심하거나, 배탈이 났을 때 쯔비박을 먹으라고 권하기도 한다. 예전의 한국의 러스크와 비슷한데, 러스크는 설탕이 뿌려져 있어서 달달하지만 이것은 딱 토스트 과자 맛이다.
라이스바펠 Reis Waffeln	한국의 쌀 과자에 초코, 딸기, 요거트를 발라놓은 과자이다.
바펠 Waffeln	쓴 커피를 마실 때 함께 먹는 과자로 네덜란드에서 많이 먹는 와플이다.

커피종류

독일은 가정마다 커피머신과 다양한 커피들을 구비해놓는다. 아침을 커피과 저녁의 마무리를 커피로 할 만큼 독일인들은 커피를 사랑한다. 마트에서는 원두를 분쇄한 커피나 원두 자체를 판매하는데, LAVAZZA, Segafredo, illy 등의 이탈리아커피가 많은 사랑을 받고 있으며, 독일커피로는 야콥(Jacobs), 달마이어(Dallmayr)가잘 알려져 있다.

 독일에서는 차가운 커피가 없다?

독일에도 스타벅스를 비롯해 미국이나 영국의 브랜드 커피전문점의 경우쉽게 아이스아메리카노를 마실 수 있지만, 전통적인 커피숍을 가면 아이스 아메리카노를 찾기 힘들다. 아이스커피라는 것을 주문하면 커피+바닐라아이스크림의 조합인 경우가 많다.

물종류 Wasser

독일에서 물은 크게 2종류로 나뉜다. 첫 번째는 우리가 생각하는 일반적인 물이다. Ohne Kohlensäure 또는 Still이라고 적혀있다. 브랜드마다 맛이 조금씩 다르고, 볼빅이나 에비앙 같은 고가 브랜드에서부터 Lidl(Saskia)이나 Aldi에서 판매하는 PB상품까지 다양하다. 일반적으로 한국사람들이 좋아하는 입맛에 맞는 물은 볼빅 (Volvic)이다. 가격이 가장 비싼 축에 속하지만, 한국의 삼다수 같은 깔끔한 맛이나고, 특히 석회가 거의 없다. 그밖에 아델홀츠너 (Adelholzener), 에롤슈타이너 (Gerolsteiner)도 물맛이 좋은 편이다. 리들에서 판매하는 Saskia는 가격이 볼빅의 절반 정도 되기 때문에 저렴한 편이고 맛도 괜찮다.

브리타 정수기, 석회 해결에 효과 있을까?

독일은 지역에 따라 다르지만, 석회가 물에 많이 포함되어있다. 그래서 독일 여행 와서 피부가 안 좋아졌다는 사람들도 많고, 수돗물을 먹지 않고 무조건 생수를 사 먹기도 한다. 독일생활을 하는 한국인들은 석회문제를 해결하기 위해 브리타라는 정수기를 사용한다. 그러나 브리타 정수기로 정수하면 석회를 다 잡을 것이라는 생각은 안 하는 편이 좋다.

두 번째로 탄산수가 있다. 독일에서는 탄산수를 일반 물처럼 먹는 사람이 많다. 그래서인지 몰라도 탄산수의 종류도 상당히 많고, 탄산수를 직접 제조해 먹을 수 있는 가정용 기계들도 다양하다. 탄산수는 일반 물을 선택할 때보다 더 복잡하다. 탄산의 함유에 따라서 각 브랜드마다 Classic, Medium 등 다양한 종류가 있다.

 독일에서는 맥주보다 물이 싸다?

독일에서는 물을 사 먹는 것보다 맥주를 사 먹는 것이 더 싸다는 이야기를 한 번쯤 들어봤을 것이다. 반은 맞는 이야기이고 반은 틀린 이야기이다. 마트에서 사면 당연히 생수 값이 저렴하지만, 레스토랑에서 마실 때는 이야기가 다르기 때문이다. 한 예로 레스토랑에서 생수를 시키면 1.5리터의 대용량 생수는 가격이 맥주보다 비싸다. 맥주가 약 2.5 −3.5유로 정도라고 할 때 대용량 생수는 그 가격보다 비싼 경우가 많다. 그래서 독일에서는 맥주 값이 물값 보다 더 싸다는 이야기를 하는 것이다.

독일은 자타가 공인하는 담배의 천국이다. 흡연할 곳도 많으며, 담배 자판기 등을 통해서 쉽게 구할 수도 있다. 그러나 담뱃값이 싸지는 않다. 한국이 5000원 정도의 금액이라면 독일은 최소 7000원 이상이다. 한국으로 치면 미성년자라도 독일에서는 합법적으로 담배를 피울 수 있다. 독일의 경우 만 16세 이상이 되면 맥주, 와인 등 가벼운 음주와 흡연이 법적으로 가능하기 때문이다.

담배를 직접 만드는 모습도 자주 목격할 수 있다. 독일에 온 지 얼마 안 돼서 지하철에서 음악을 듣고 있는데, 한 대학생이 주섬주섬 종이와 잎사귀 같은 것을 꺼내서 침을 발라서 담배 모양을 만드는 것을 볼 수 있었다. 그리고 지하철에서 내리자마자 피우는 모습을 보고, 마약을 저렇게 대놓고도 하기도 하는구나 생각했었다. 미국 드라마에서 대마초를 말아서 피울 때의 모습과 너무 똑같았기 때문이다. 그래서 주변을 한번 돌아봤는데, 아무도 신경 쓰지 않았다. 알고 보니 롤링 타바코라는 담배였다. 마트에서 쉽게 구할 수 있다.

04
포인트카드 이용하기

독일에도 다양한 포인트카드가 있겠지만 가장 대표적인 것이 페이백 카드이다. REWE나 Real, DM , ARAL, GALERIA 등에서 사용할 수 있다. 적립식이기 때문에 이런 곳에서 물건을 구입하면 구입금액 1유로당 1Punkt를 적립하게 된다. 그리고 100punkt가 모이면 1유로의 가치가 생긴다. 따라서 1%씩 적립된다고 생각하면 된다(모든 매장에 동일하게 적용되는 %는 아니다).

페이백 카드 만들기

페이백 카드를 만드는 방법은 2가지가 있다. 첫째는 REWE, DM, ARAL, GALERIA, Real 등에서 관련 서류

와 카드를 받아서 온라인을 통해서 등록할 수 있다. 둘째로 온라인에 페이백 홈페이지를 통해 등록하면 카드를 우편으로 수령받을 수 있다. 보통은 페이백 홈페이지를 통해서 발급받는 게 편리하다. (www.payback.de)

가입을 완료하면 이메일로 가입 완료 메일과 카드가 오기 전까지 사용할 수 있는 바코드를 받는다. 카드가 우편물로 도착하기 전까지는 그 바코드를 매장에서 계산할 때 보여주면 적립이 가능하다. 요즘은 페이백 애플리케이션을 사용하는 사람도 많다(만약에 애플리케이션 스토어에서 페이백 애플리케이션을 찾을 경우 꼭 독일 계정이어야만 한다. 한국 계정에는 애플리케이션 검색이 안된다).

페이백 카드 적립하기

적립방법은 아주 간단하다. 페이백 카드 적용 매장에서 계산할 때 페이백 카드를 내밀면 된다. 그리고 물건을 구입할 때 판매원이 5배 혹은 10배로 적립을 해준다는 쿠폰을 주는 경우가 있다. 물론 집으로 이런 쿠폰들이 오는 경우도 있고, 온라인으로 출력해서 사용할 수도 있다.

페이백 카드 적립금 사용하기

차곡차곡 모은 포인트를 사용하는 방법에는 크게 3가지가 있다. 우선 온라인스토어에서 적립금을 사용하는 방법, 그리고 일반 매장에서 적립금을 사용하겠다고 말하는 방법, 마지막으로 Real, Rewe, dm 같은 매장 앞의 기계를 통해 쿠폰으로 바꾸는 방법이다.

05
빈병 환급받기

독일에서는 음료 옆에 재활용 표시가 부착된 것이 있다.
이 표시는 판트(Pfand)가 가능하다는 표시이다. 판트는
보증금이라는 뜻으로 음료를 구입할 때 음료값+병값을
합해서 가격을 지불하게 되는데, 여기서 병값은 보증금이
기 때문에 돈으로 돌려받을 수 있다는 것이다. 따라서 마
트의 가격표에는 음료값만 기재하고 병값은 따로 기재하

지 않기 때문에 음료값만 보고 저렴하다고 생각해서 음료수를 구입했다가는 돈이
모자랄 수도 있다.

일반 식료품 매장을 가면 대부분 판트가 가능한 기계가 있다. 위에 보이는 그림처
럼 재활용 가능한 병들을 투입구로 집어넣으면, 몇 개를 판트했는지, 그리고 보증
금 액수가 보인다. Bon이라고 하는 녹색 박스를 클릭하면 영수증이 나오는데, 이
것을 판트 기계가 있는 매장에서 일반 돈처럼 사용할 수 있다. 계산대의 직원에게
가지고 가면 돈으로 바꿔주기도 한다.

용기별 가격

종류	가격
Einwegpfand 1회용 병, 용기	0.25€
Mehrwegpfand 재사용 가능 병, 용기	0,08€ - 0,15€
Kasten 상자, 박스	1.5€

기본적인 생활은 슈퍼마켓을 통해서 해결할 수 있다. 그러나 책이나 옷, 전자제품 등을 구입하는 쇼핑은 슈퍼마켓에서는 해결할 수 없는 것들이다. 특히 독일은 간판이 없는 곳도 많고, 브랜드명칭만으로는 무엇을 판매하는지 알 수 없는 곳도 많기 때문에, 어떤 매장에서 무엇을 판매하는지 그리고 어떤 제품들이 유명한지 알아볼 필요가 있다.

01
드러그 스토어

슈퍼마켓만큼이나 많이 방문하게 되는 곳이 드러그스토어이다. 독일의 드러그스토어는 화장품뿐만 아니라 생활용품, 아기용품 건강식품 등 판매하는 물품의 범위가 굉장히 넓다. 특히 샴푸, 세안제, 치약 등의 생활용품이나 화장실, 거실 등을 관리하는 청소용품은 웬만한 슈퍼마켓보다 다양한 구성을 하고 있는 경우가 많다. 대표적인 드러그스토어로는 뮬러(Müller), 로스만(Rossmann), 데엠(DM)이 있다.

한국인들이 여행을 와서 기념품을 사러 갈 때 많이 방문하는 곳이기도 하다. 뮬러는 학용품이나 놀이용품(예를 들어 보드게임) 등 로스만이나 데엠보다 구성이 다양하며, 데엠은 육아와 관련된 물품이 많은 편이다. 로스만은 생활용품과 와인이 저렴한 편이다. 각 드러그스토어에서는 PB상품도 판매하는데 인기가 높다.

데엠과 로스만에서는 사진을 인화해주는 서비스도 하고 있다. 대량으로 사진을 인화해야 한다면 이곳을 이용하는 것이 비효율적이지만, 몇 장이 필요할 때는 아주 유용하다. USB에 담아오거나 핸드폰에 담겨 있는 사진을 편리하게 인화할 수 있다.

02
서점

독일은 비영어권 국가 중 최대 출판 선진국이다. 물론 독일의 서점도 한국처럼 대형서점들이 점점 시장을 지배하고 있는 추세이지만, 예쁘게 꾸며진 동네서점도 아직 많고, 이런 서점들은 국가에서 다양한 지원을 하고 있어 잘 유지되고 있는 편이다.

독일의 대형서점으로는 많은 체인점을 가지고 있는 후겐두벨(Hugendube)이이나 탈리아(Thalia 쾰른뒤셀도르프 지역중심으로54개지점 운영)가 있다. 또한 베를린 Dussmann도 체인점형식은 아니지만, 베를린에서 가장 큰 대형서점으로 자리 잡고 있다. 대형서점은 책을 읽고 구입할 수 있도록 좋은 환경을 마련해 놓고 있으며, 온라인에서도 구입이 가능한 시스템을 갖추고 있다.

이외에도 독일은 중고서적도 활성화되어있다. 대학가 근처에는 전공서적을 중고로 구입할 수 있는 곳들도 적지 않고, 각 지역의 시립도서관에서는 가끔 중고서적을 판매하는 행사를 하기도 한다. 웹사이트를 통해 중고서적 거래도 활발하다. 대표적인 중고서적 판매사이트로는 Rebuy(www.rebuy.de)와 Booklooker(https://www.booklooker.de)가 있다.

03
전자제품 전문점

독일의 전자제품매장은 거의 독과점이나 다름없다. 자툰
(Saturn)과 미디어마켓(Mediamarkt)이라는 2개의 대형전
자제품매장이 있지만 실제로는 한 회사 안에 있는 브랜드
들이기 때문이다. 한국의 하이마트처럼 PC, 오락기기, 핸
드폰 등의 소형전자제품부터 세탁기, 청소기, 냉장고 등
대형가전제품까지 판매하고 있으며 독일전역에 매장이 있어서 쉽게 찾을 수 있다.

독일의 전자제품 브랜드

이름	내용
지멘스 Siemens	독일 베를린과 뮌헨에 본사를 둔 기업으로 전기 전자 분야 기반을 둔 세계적인 기업이다. 가전제품뿐만 아니라 에너지, 의료, 해양 분야까지 다양한 분야에 진출해있다. 지멘스의 가전제품으로는 식기세척기, 세탁기, 인덕션 등이 있으며, 모든 가전제품이 탄산수소 기술로 만들어져서 친환경적이다. 가전제품은 계속되는 신제품의 출시로, 5~6년만 지나도 구형 상품이 되어 A/S가 받기 쉽지 않다. 그러나 지멘스는 부품보유기간을 모델에 따라 최장 9년까지 고수한다.
브라운 Braun	소형 생활가전에 많은 제품군을 보유하고 있다. 전기면도기, 전동칫솔, 커피 메이커, 토스터 등의 제품이 유명하다. 특히 디자인 덕분에 큰 주목을 받게 된 브랜드로서, 단순하고 기능에 충실한 실용적인 디자인, 그리고 독일에서 생산된 기술력과 품질의 결합으로 현재까지 많은 사랑을 받고 있다.
보쉬 Bosch	1886년 설립된 전기기계 관련 제조업체이다. 자동차 부품회사로서 이름을 알렸다. 그러나 전기기계와 관련된 다양한 분야에 진출하여 현재는 가전제품·라디오·텔레비전·전기공구 등을 제조·판매하고 있다. 생활가전으로 전자레인지, 타시모 커피 머신, 핸드블렌더, 무선 포트, 무선 진공청소기 등은 국내에도 많이 소개되었다. 또한 가전제품으로 보기는 어렵지만 전동공구 등도 보쉬 제품은 최고이다.
밀레 Miele	밀레는 다른 제품들보다 적게는 1.5배에서 많게는 2배가량 가격이 비싸다. 비싼 가격임에도 불구하고 독일 사람들은 밀레 제품을 선호한다. 밀레 제품을 구입하면 영구적으로 사용할 수 있다는 믿음이 있기 때문이다. 밀레 하면 대표적으로 떠오르는 상품으로 세탁기와 진공청소기가 있다.
기타	이 밖에도 독일에 가게나우(GAGGENAU)라는 인덕션이 유명한 브랜드도 있고, 아에게(AEG) 등도 독일 시장에서 많이 볼 수 있다.

주방용품 판매점

독일로 여행을 오며 주로 구입하는 쇼핑목록 중 하나가 주방용품이다. 독일의 주방용품은 명성이 높고, 세계적으로 유명한 브랜드들이 많다. 보통 백화점이나 쇼핑센터에서 구입할 수 있지만, 각 직영매장을 거리에서도 쉽게 볼 수 있기 때문에 필요한 용품이 있을 때 구입하기 좋다.

독일 주방용품

이름	내용
WMF	독일의 가장 대중적인 브랜드이다. 쌍둥이칼로 유명한 헹켈과 겨루어도 될 만큼 칼도 좋은 품질을 가지고 있고, 냄비와 기타 주방용품들도 독일인들에게 많이 사랑받고 있다.
헹켈 henkel	독일 칼 제품을 대표하는 브랜드이다. 헹켈은 독일에서 철 생산량이 많은 졸링겐이라는 지역에서 시작된 브랜드로 300년 가까운 역사를 자랑한다. 칼 이외에도 압력솥, 냄비 커트러리 등 많은 제품군을 가지고 있지만 그중에서도 칼은 다양한 라인을 선보인다. * 헹켈 칼 등급별 분류 상급 : 트윈 프로 팩션(Twin Profection), 트윈 셀렉트(Twin Select), 트윈 쿠진(Twin Cuisine), 트윈 컬렉션(Twin Collection) 중급 : 파이브 스타(Five Star), 프로페셔널 "S"(Professional "S"), 포 스타 2, 포 스타(Four Star) 하급 : 트윈 구어메(Twin Gourmet)
휘슬러 Fissler	한국에서는 압력밥솥으로 유명한 회사이다. 휘슬러는 독일의 조리기구 전문 회사로 압력솥, 프라이팬, 냄비, 쿡 팬, 쿡탑, 국자 등을 주로 판매한다. * 휘슬러 압력솥 등급별 분류 상급 : 비타빗 에디션(Vitavit Edition) 중급 : 비타빗 프리미엄(Vitavit Premium) 하급 : 비타빗 컴포트(Vitavit comfort)

실리트 silit	실라간(Silargan)이라는 다양한 천연 재료로 구성된 세라믹 소재 화합물을 통해서 제품들이 만들어지기 때문에 내구성, 보관, 관리 면에서 다른 제품들에 비해 탁월한 효과를 가지고 있다. 주로 주물로 된 다양한 색상의 냄비들이 인기 있다.
스타우브 Staub	주물제품에 관심이 많다면 르쿠르제와 스카우브를 들어본 적 있을 것이다. 르크루제는 프랑스 제품이고 스타우브는 독일 제품이다. 다른 제품군에 비해서 무겁지만 음식 맛이 좋다. 무슨 요리를 하든지 일반 냄비로 끓일 때와는 다른 깊은 맛을 내준다.
빌레로이앤 보흐 Villeroy & Boch AG	빌레로이앤보흐는 1748년에 탄생하여 현재까지 독일의 대표 도자기 회사 중에 하나로 자리매김하였다. 전통과 현대를 잘 조합한 다양한 디자인들을 꾸준히 개발하고, 1843년부터는 Glass제품까지 생산하기 시작하면서 유럽내에 많은 인기를 끌었다. 한국에서도 덴비 Danby, 포트메리온 Portmeirion 등의 영국브랜드들과 함께 명품혼수 그릇세트로 잘 알려져 있다.
로젠탈 Rosenthal	로젠탈은 심플하고, 실용적이며 모던한 디자인으로 유명하다. 빌레로이앤보흐에 비해 상대적으로 가격이 저렴한 편이다.

05
가구, 집 관련 전문점

한국에서는 관심이 없다면 절대 가볼 일이 없는 하우징 관련 전문점을 독일생활을 시작하면 꼭 한번은 가게 된다. 그 이유는 독일은 주방이 없는 집들이 많고, 심지어 화장실, 도배, 마루 등 아무것도 없이 시멘트벽이 있는 집들도 있기 때문  이다. 그래서 독일에서 살다가 한국을 가면 웬만한 집안의 문제는 해결할 수 있을 정도이다. 수요가 많다 보니 독일에서는 셀프 인테리어를 위해 물품을 구입할 수 있는 곳이 많다.

가구가 필요하다면 Möbelhaus

독일에서는 가구업체를 뫼벨하우스(Möbelhaus)라고 부른다. 스웨덴 가구제조업체인 이케아를 비롯하여, 익스익스익스엘(XXXL), 롤러(Roller), 훼프너(Höffner), 툼(toom) 등이 있다.

그중 이케아는 저렴하면서 디자인이 좋아서 독일에서도 많은 인기를 끌고 있다. 이케아는 매장에서 마음에 드는 물건을 확인하고 방 치수에 맞게 가구를 배치해 보는 시뮬레이션 프로그램도 있어서 상당히 편리하다. 또한 가구 이외에도 다양한 생활용품을 저렴하게 판매하기 때문에 꼭 가구를 사기 위해서 가는 곳이 아니다. 다만 직접 운반과 조립을 해야 하는 수고로움이 있다. 물론 배송과 조립서비스가 있지만 서비스비용이 만만치 않다. 다른 독일 업체들의 경우에는 배송서비스를 제공하는 곳도 있는데, 역시 배송비용이 추가되기도 한다.

집과 관련된 모든 것 Baumakrt

가구업체에서는 이미 만들어진 가구를 조립하거나 완제품을 배송하는 시스템이지만, 바우하우스(Bauhaus)나 오비(OBI)는 가구를 직접 만드는 것도 가능하다. 목재뿐만 아니라 장판, 대리석 등 집의 기초가 되는 재료들을 비롯하여, 화장실의 변기 세면대, 페인트 용품, 시멘트, 대리석 마루, 공구 등 집과 관련하여 없는 물품이 없다.

06
옷 신발 전문점

BIRKENSTOCK

독일과 패션은 이상하리만큼 안 어울리는 느낌이다. 실용적인 것, 안전한 것을 중심으로 하는 성향으로 패션에는 신경은 쓰지 않을 것만 같다. 그러나 독일도 다양한 의류브랜드들이 있으며, 주변국인 프랑스와 이탈리아의 옷처럼 화려하지는 않지만, 실용적이면서 잘 알려져 있는 브랜드들이 꽤나 많다.

독일의류 브랜드

브랜드명	내용
아디다스 adidas	독일을 대표하는 스포츠 브랜드로서 나이키와 함께 스포츠의류의 양대산맥이다. 역사도 오래되고, 나이키 보다 신선하고, 트렌드한 느낌이 강하기 때문에 젊은 층들이 많이 입는다.
푸마 Puma	독일의 가장 대표적인 스포츠 브랜드는 아디다스이지만 푸마도 빼놓을 수 없다. 푸마와 아디다스의 창립자는 형제지간이다. 유명 스포츠 브랜드 중의 하나로서 확실한 마니아층을 가지고 있다.
버켄스탁 Birkenstock	독일 브랜드로 가장 많이 알려져 있을 것 같은 버켄스탁이다. 슬리퍼를 위주로 만들고, 닥터마틴이나 클락스처럼 가죽신발제품을 취급한다. 한 번쯤은 버켄스탁 안 신어 본 사람이 드물 정도로 한국에서도 널리 알려져 있다.
잭울프스킨 Jack Wolfskin	등산용품 제조업체이며 한국에서는 바람막이를 중심으로 한때 유행했다. 특유의 색감으로 남녀노소 나이에 상관없이 많이 입었었지만, 현재는 한국에서 거의 자취를 감추었다. 독일에서는 꾸준히 사랑받는 등산 브랜드로서 독일인들이 입는 옷을 생각하면 가장 먼저 떠오르는 옷 중의 하나이다.
휴고보스 Hugoboss	휴명품브랜드로 알려져 있다. 정장을 중심으로, 벨트 신발, 가방 등을 제조하고 있다. 독일에서는 한국보다 확실히 저렴한 가격으로 휴고보스의 정장을 구매할 수 있어서 관광객들도 많이 구입한다.

TIP 독일의 ABC마트는 어디?

스포츠 신발브랜드를 살펴보려면 ABC마트 같은 신발매장이 따로 있다. Foot Locker, Snipes, Kickz 등의 매장을 방문한다. 이 매장들이 ABC마트 같은 쇼핑몰로서 신발, 모자를 중심으로 다양한 스포츠 브랜드들을 판매하고 있다.

독일에서 SPA 브랜드 찾기

SPA 브랜드들은 만드는 회사가 직접 제조하고, 유통까지 하는 전문 소매점이기 때문에 가격이 다른 유명 브랜드들에 비해서 저렴하면서 최신 유행에 맞는 옷들을 고를 수 있다는 장점이 있다. 독일에서는 H&M, 자라, 망고 C&A, PRIMARK 등이 있다. 그밖에 여성 SPA 브랜드로는 에스올리버(s,Oliver), 할 후버(Hallhuber), 코스(COS) 등이 있다.

독일의 옷 사이즈

독일은 한국과는 다른 사이즈 단위를 사용한다. 물론 최근에는 옷에 대해서는 자국의 단위기준과 거의 세계 표준이 되어버린 S/M/L/XL를 함께 기재하기 때문에 옷을 구입하는데 큰 어려움은 없지만, 아직까지 표준단위를 사용하지 않는 경우도 있다.

남성상의

한국	85(XS)	90(S)	95(M)	100(L)	105(XL)
유럽	44-46	46	48	50	52
미국	85-90	90-95	95-100	100-105	105-110

남성하의

한국	28,29	30,31	32,33	34,35	36,37

유럽	S	M	L	XL	XXL
미국	34	36	38	40	42

여성상의

한국	44(XS)	55(S)	66(M)	77(L)	88(XL)
유럽	34	36	38	40	42
미국	2	4	6	8	10

여성하의

한국	24	25,26	27,28	29,30	30,32
유럽	XS	S	M	M-L	L-XL
미국	0-2	4-6	8-10	12-14	16-18

남성신발

한국	240	245	250	255	260	265	270	275	280	285
유럽	40	40.5	41	41.5	42	42.5	43	43.5	44	44.5
미국	6	6.5	7	7.5	8	8.5	9	9.5	10	10.5

여성신발

한국	220	225	230	235	240	245	250	255	260	265
유럽	36	36.5	37	37.5	38	38.5	39	39.5	40	40.5
미국	5	5.5	6	6.5	7	7.5	8	8.5	9	9.5

07
종합쇼핑몰

한국에서는 대도시를 중심으로 분포하고 있
지만, 독일에서는 중도시에서도 백화점이 분
포되어 있다. 갤러리아 카우프호프(GALERIA
Kaufhof)와 칼슈타트(Karstadt)는 독일 전지
역에서 쉽게 볼 수 있다. 그 이외에 각 지역에

서 발전한 백화점으로는 뮌헨의 오버폴링거(Oberpollinger), 베를린의 카데베 백
화점(Ka De We, Kaufhaus des Westens) 등이 있다.

백화점 이외에도 다양한 쇼핑센터와 아울렛이 존재한다. 쇼핑센터는 대도시를 중
심으로 분포하지만, 도심중심에 있는 경우보다는 주거단지 근처에 많다. 독일에서
는 원래 쇼핑센터가 많지 않았으나 수요가 높아지면서 대도시 중심으로 많이 생기
고 있는 추세이다. 아울렛의 경우에는 대도시지역에서 차량으로 1시간 정도 내외에
있는 경우가 많다.

독일쇼핑센터

지역	쇼핑센터
베를린	Alexa Shopping Center, LP12 Mall of Berlin, Potsdamer Platz Arkaden, Boulevard Berlin Gropius Passagen , Das Schloss
뮌헨	Olympia-Einkaufszentrum, Pasing Arcaden, Perlacher Einkaufs Passagen, Riem Arcaden, Mira
함부르크	Alstertal Einkaufszentrum, Elbe Einkaufszentrum, Europa Passage, Tibarg Center, Hamburger Meile
프랑크푸르트	Skyline Plaza Frankfurt, Nordwestzentrum, MyZeil, HessenCenter, Main-Taunus Zentrum
쾰른/ 뒤셀도르프	Köln Arcaden, Rhein-Center Weiden, City-Center Chorweiler, Hürth Park

독일아울렛

이름	주소	홈페이지주소
베르트하임 빌리지 Wertheim Village	Almosenberg, 97877 Wertheim	www.wertheimvillage.com
매찡엔 아울렛 Ouletcity Metzingen	Maienwaldstraße 2, 72555 Metzingen	www.outletcity.com
가이슬링겐 아울렛 City Outlet Geislingen	Fabrikstraße 40, 73312 Geislingen an der Steige	www.cityoutletgeislingen.com
잉골슈타트 빌리지 Ingolstadt Village	Otto-Hahn-Straße 1, 85055 Ingolstadt	www.ingolstadtvillage.com
베를린 디자이너 아울렛 Designer Outlet Berlin	Alter Spandauer Weg 1, 14641 Wustermark	www.mcarthurglen.com/de/outlets/de/designer-outlet-berlin/
졸타우 디자이너아울렛 Designer Outlet Soltau	Rahrsberg 7, 29614 Soltau	www.designeroutletsoltau.com
볼프스부르크 아울렛 Designer Outlets Wolfsburg	An der Vorburg 1, 38440 Wolfsburg	www.designeroutlets-wolfsburg.de
루르몬트 아울렛 Designer Outlet Roermond (Niederlande)	Stadsweide 2, 6041 TD Roermond	www.mcarthurglen.com
할레 라이프치히 아울렛 Halle Leipzig The Style Outlets	Thiemendorfer Mark 1, 06796 Sandersdorf-Brehna	halle.leipzig.thestyleoutlets.de
노이뮌스터 아울렛 Designer Outlet Neumünster	Oderstraße 10, 24539 Neumünster	www.mcarthurglen.com
아디다스 아울렛	Olympiaring 2 91074 Herzogenaurach	https://www.herzogenaurach.de/
빌레로이엔보흐 그릇 아울렛	Freiherr-vom-Stein-Straße 4-6, 66693 Mettlach	https://www.villeroy-boch.de/

08
인터넷 쇼핑

독일에서는 그동안 배송이나 인터넷 환경문제, 그리고 보
수적인 쇼핑습관으로 인해서 인터넷쇼핑이 활성화되지 않
았다. 그러나 현재는 기술적 문제들이나 소비인식이 바뀌면서 다양한 인터넷쇼핑
몰들이 만들어지고 있는 추세이다.

현재 독일에서 가장 많이 이용되는 인터넷쇼핑몰은 아마존이다. 원클릭으로 결제
가 가능하고, 배송도 상당히 빠르다. 웬만한 상품들은 대부분 구입이 가능하며 오
프라인보다 저렴한 경우가 많아서 이용도가 높다. 그밖에 otto, zalando(패션의류,
신발), notebooksbilliger(컴퓨터, 가전제품, 핸드폰 등), cyberport(컴퓨터, 가전제
품, 핸드폰 등) 등의 인터넷쇼핑몰들이 유명하다.

인터넷쇼핑몰이지만 이베이는 아마존과는 조금 다르다. 경매시스템을 이용할 수
있으며, 이베이 클라인 안 자이겐 (Ebay Kleinanzeige)라는 곳에서는 중고물품
을 거래하기도 한다. 물품뿐만 아니라 방을 구하거나, 자동차도 사고파는 개인 간
의 거래가 가능하다. 물건의 거래는 직거래를 하기도 하고, 우편배송을 하기도 한
다. 제품 가격도 상당히 합리적이고, 잘 찾아보면 zu verschenken이라고 하여, 물건
을 직접 가져가기만 한다면 공짜로 주기도 한다. 독일의 중고나라라고 할 수 있다.

그밖의 한국의 쿠팡, 티켓몬스터 등과 비교할 수 있는 소셜커머스인 그루폰(Groupon)과
다나와처럼 가격비교를 할 수 있는 이데알로(idealo)도 많이 이용하는 인터넷쇼핑몰이다.

> **TIP** 독일 온라인쇼핑을 위한 결제, 페이팔 PAYPAL
>
> 독일에서는 온라인으로 쇼핑하기 위해 가장 많이 사용하는 방법이 페
> 이팔이다. 온라인지불시스템으로서, 온라인판매자와 이용자들을 위한
> 지불처리시스템으로 운영되는데, 거래 상대방에게 자신의 은행 계좌번
> 호나 신용카드 번호를 노출하지 않고도 클릭 한번으로 송금 처리할 수
> 있다. 아마존에서는 원클릭서비스를 하고 있기 때문에 페이팔시스템을
> 사용할 일이 없으나, 다른 쇼핑몰의 경우 페이팔을 사용하면 아마존만
> 큼이나 편리하고 안전하게 지불이 가능하다.

09
벼룩시장

벼룩시장은 독일의 문화이다. 중고를 구입하는 것이 전혀 어색하지 않고, 살림을 처음 시작하는 사람들은 이곳에서 값을 흥정하면서 살림살이를 장만하기도 한다. 한국의 재래시장이 핫한 관광지라고 생각해볼 때 독일에서는 벼룩시장이 그들의 생활을 가장 현실적으로 볼 수 있는 곳이기도 하다. 옷이나 전자제품을 비롯하여 어디에서도 볼 수 없는 골동품과 서적 등 희귀품도 찾을 수도 있다. 안목이 있고 흥정만 잘한다면 저렴한 가격에 좋은 물품을 습득할 수 있다. 다양한   품목을 다 취급하는 벼룩시장도 있고, 분야별로 아이들 용품 혹은 가구류 등의 품목을 정해서 판매하는 벼룩시장도 있다.

해외생활에서 가장 주의해야 할 점이 건강관리이다. 독일에 정착하기 위해 다양한 행정업무를 처리하고 나면, 긴장이 풀리고 오락가락하는 날씨 탓에 감기에 걸리는 등 질병에 노출되기 쉽다. 무엇보다도 아프면 무척이나 서럽다. 타지에서 걱정해 주는 사람도 없고, 오직 스스로 이겨내야 하기 때문에 병원을 안 가도록 하는 것이 최선이다.

01
독일병원의 종류

독일에서 병원을 방문하기 위해서는 일정한 절차를 거쳐야 한다. 먼저 개인병원을 가게 된다. 자신이 거주하는 지역 근처에는 Praxis와 Hausarzt와 같은 주치의가 존재한다. 주치의를 정하면 간단한 병 등은 전문병원에 가지 않고 주치의에게 처방을 받고 약국에서 약을 사 먹는다. 그리고 전문병원이나 대학병원 등은 조금 더 복합적이거나, 주치의의 범위를 넘어서는 경우 방문하게 된다.

개인병원인 Praxis와 Hausarzt 주치의 찾기

감기, 어지럼증 같은 사소하다고 볼 수 있는 질병, 몸은 안 좋은데 어디 가 안 좋은지 모를 경우 우선 개인병원의 의사를 통해서 진료를 받는다. 어디 아픈지 모르는 경우는 외상이라기보다는 몸의 내부에서 문제가 있는 경우가 많기 때문에 내과의 중심이다. 세분화되고 전문적인 치료를 받는다기보다는 기본적인 치료를 해준다.

전문병원

병명을 아는 경우 혹은 내가 어디 아픈지를 확실히 아는 경우에는 전문병원으로 간다. 이런 병원에서는 각 분야의 전공의가 운영하기 때문에 전문적인 치료가 가능하다.

전문병원명칭

Zahnarzt	치과
Augenarzt	안과
Dermatologie	피부과
Chirurgie	외과
Innere Medizin	내과
Orthopädie	정형외과
Hals-Nasen-Ohren-Heilkunde	이비인후과(HNO)
Urologie	비뇨기과
Frauenarzt, Frauenärzten	여성의원, 산부인과
Kinder- und Jugentmedizin	소아과
Plastische und Asthetische Chirurgie	성형외과

종합병원(Krankenhaus)과 대학병원(uni Klinikum)

전문병원에 해결이 안 될 경우 혹은 위급한 상황인 경우 종합병원이나 대학병원 같은 큰 병원에서 진료를 받는다. 사고 때문에 큰 부상을 입거나 암이나 백혈병 같은 장기입원을 해야 하는 상황, 그밖에 전문병원에서 해결이 안 되는 특별한 경우가 아니면 방문할 일이 없다.

02
독일병원 방문하기

독일에서 병원 방문 시 전화로 예약
을 하는 것이 원칙이다. 꼭 전화로
예약하지 않고도 진료를 받을 수는
있지만 무작정 찾아가면 한참을 기
다려야 하거나 당일 진료를 받지 못
할 수도 있다.

직접 방문해서 예약하는 것보다 전화로 예약하는 경우가 많다. 예약 가
능한 날짜와 시간을 간호사와 협의해서 결정한다. 예약을 한 경우 예약
한 날짜에 병원으로 가면 먼저 안내데스크에서 예약을 확인한다. 보험카드
(Krankenversicherungskarte)는 병원 방문시 꼭 지참해야 한다. 독일은 매번 보
험카드를 확인하고 담당간호사가 컴퓨터에 카드 정보를 입력한다. 보험카드 확
인이 끝나면 대기실(Wartezimmer)에서 기다린다. 몇 분 후에 간호사가 와서 이
름을 부르고 진료실(Behandlungsraum)로 가면 진찰이 시작된다. 방에 들어가
면 의사선생님과 인사를 나누고 아픈 곳이 어디인지, 언제부터 아팠는지 등에 대
한 면담시간(Sprechstunde)을 가진다. 독일어로 아픔은 der Schmerzen(슈메
르젠)이라고 하며, 아픈 신체+schmerzen을 붙여서 말하면 된다. 예를 들어 머
리가 아프다고 한다면, 머리에 해당되는 단어인 Kopf(머리)+ Schmerzen(아픔)
= Kopfschmerzen(두통)이라고 할 수 있다. 아픈 곳과 관련하여 의사가 진찰
(Untersuchung)하고 처방을 해준다.

신체기관명칭

der Kopf	머리
das Auge	눈
der Mund	입
die Zahne	이빨
die Lippen	입술
die Zunge	혀
die Nase	코
das Ohr	귀
das Kinn	턱
die Stirn	이마
der Arm	팔
der Ellbogen	팔꿈치
die Hand	손
der Finger	손가락
das Bein	다리
das Knie	무릎
der Fuß	발
der Zeh	발가락
der Rücken	등
die Schulter	어깨
die Taille	허리
der Bauch	배
die Brust, der Busen	가슴흉부, 유방
das Gelenk, der Knochen	관절, 뼈
der Hals der Nacken	목, 목덜미
das Hert	심장
der Lunge	폐, 허파
der Magen	위
die Haut	피부
der Hintern	엉덩이

병명

die Erkältung	감기
das Fieber, die Grippe	열, 유행성감기
der Schnupfen, der Nasentropfen	코감기, 콧물
der Husten	기침
die Bauchschmerzen	배,복통
das Halsschmerzen	인후염
die Kopfschmerzen, die Migräne	두통,편두통
die Zahnschmerzen, die Mundhöhlenentzündung	치통,구강염
die Außenohrentzündung, die Ohrenschmerzen	외이염
die Magenschmerzen	위통
die Rückenschmerzen	등통증
die Schlafstörungen	불면증
die Depression	우울증
die Infektion	감염,염증
der Durchfall	설사
die Allegie	알레르기
die Asthma	천식
der Krebs	암
der Schlaganfall	뇌출혈
das Geschwur, die Tumor	궤양, 종양
die Verletzung	상처
die Infektionskrankheit	전염병
die Hautkrankheit	피부병
der Virus	바이러스
die Verstopfung	변비
die Übelkeit , übergeben	구역질, 토하다

의사와 이야기가 끝나면, 다시 안내데스크로 가서 처방전(Rezept)을 받는다. 의료보험의 형태에 따라서 병원에서 보험회사로 직접 지불을 요청하기 때문에 따로 돈을 지불할 필요가 없는 경우도 있고, 돈을 지불한 후에 직접 보험회사에 비용을 청구해야 하는 경우도 있다. 마지막으로 약국(Apotheke)에 가서 처방전을 약사에게 주면, 약 (Tablette)에 대한 설명과 함께 약을 지급받는다. 약국에는 돈을 지불해야 하고, 간혹 보험 혜택이 가능한 약인 경우에 지불하지 않는 경우도 있다. 간단한 약의 경우는 병원의 처방전 없이도 구입이 가능하다.

 독일에서 응급실 가기 Notarzt

사고는 언제 어디서나 일어날 수 있고, 몸 관리를 아무리 잘한다고 해도 아플 수 있는 게 사람이다. 그래서 어느 나라를 가던지 응급상황에 대비한 다양한 대책이 있다. 독일의 경우도 물론 이런 시스템이 잘 되어있다. 독일에서 병원 방문이 까다롭다고 느낄 수 있지만 응급상황에서까지 까다롭게 굴지는 않는다. 일반적으로 대형병원에 응급실이 마련되어있으며, 긴급한 경우에 구급차(Krankenwagen)를 이용할 수 있다. 대부분의 보험에서 구급차 이용은 전액 지원된다. 그래서 응급실이든 구급차든 뭐든지 무료로 이용할 수 있다. 응급상황이 발생하면 고민하지 말고 "112"에 전화하자.

03
독일약국 방문하기

독일 병원은 예약이 우선이고, 감기 같은 일반적인 병은 심각하게 열이 나는 경우가 아니면 주사를 놓아주지도 않는다. 따라서 기본적인 질병인 감기, 편두통, 생리통, 근육통 등은 약국에서 해결하기도 한다. 물론 약국에서 약을 구입하면 보험혜택을 받기 어렵다.

약국에서 증상을 이야기하고 약을 처방받으면 좋지만 가장 간단한 방법은 "이 약을 주세요."라고 말하는 것이다. 한국에서도 같은 병에도 약의 종류가 여러 가지여서 어떤 약을 사용할지 물어보는 경우가 있다. 독일도 마찬가지이다. 그럴 경우에는 가장 많이 사용하는 약이 무엇인지 물어보는 것도 좋지만, 외국인과 대화하는 것이 서툴거나 답답함을 느낄 수 있기 때문에 증상별 비상약품의 그림을 보여주는 것이 빠르다.

비상약품

파라세타몰 Paracetamol과 돌로민 Dolormin	해열제
이베로가스트 Iberogast	소화제
베판텐 Bepanthen	국민연고
아스피린 콤플렉스 Aspirin Complex 그리포슈타트 C Grippostad C 복사그립팔 Boxagrippal	감기약
라이제타블렛 라티오팜 Reisetabletten ratiopharm	멀미약
닥터 야코비 말크림 Pferdesalbe Dr. Jakoby	근육통
테테셉트 나제스프레이 tetesept Nasen Spray	코스프레이

TIP Bad Heibrunner의 감기차와 Emeukal과 Ricola에서 나온 감기 사탕

감기의 경우 약의 힘에 100% 의존하지 않고 스스로 이겨내려는 사람이 많다. 그런 경우에는 감기차와 감기사탕을 추천할만하다. 감기차의 경우 약이라기보다는 감기에 좋은 차이다. 그래서 감기가 올 것 같을 때 감기차를 많이 마시면 효과가 있다.

만약 감기차를 타먹기 귀찮다면 목감기에 도움이 되는 감기 사탕을 먹는 것도 방법이다.

독일문화

생활에 여유로움이 생기면 가장 먼저 하게 되는 일이
문화생활이다. 독일은 문화강대국이다. 기독교문화의
중심지이며 독일출신의 문인들과 음악가들은 전 세계
인의 교과서에 수록되어있기도 하다. 노잼국가 이미
지가 강하지만 각 지역에서는 1년 내내 축제가 펼쳐
지기도 하며, 독일에서 축구경기가 있는 날이면 월드
컵 분위기를 방불케한다. 또한 뛰어난 자연경관과 함
께 많은 세계문화유산을 보유하고 있어서 여행을 하
기에도 안성맞춤이다. 독일에 와서 틀에 박힌 생활을
하고 문화생활을 즐기지 못한다면, 가장 큰 즐거움을
놓치게 될 수 있다. 다양한 문화를 체험하며 독일을
느껴보자.

3장

1. 독일명절

독일과 한국은 전혀 다른 문화적 배경을 가지고 있다. 독일은 철저히 기독교적인 배경이며 이러한 사실은 독일의 명절을 보면 더 명확하게 알 수 있다. 독일에서는 한국의 설날과 추석이 크리스마스와 새해 그리고 부활절이다. 이 기간에는 대학에서도 특별 방학이 시작된다. 크리스마스 방학은 12월 23일부터 1월 초까지 지속되고, 그 기간에는 많은 사람들이 가족과 함께 시간을 보낸다. 직장생활을 하는 사람도 이 기간에 휴가를 사용해서 여행을 가기도 한다. 또한 부활절 기간에도 대학교에서는 다시 1,2주 정도의 방학을 갖는다.

01
독일의 공휴일

 한국에서도 새해가 되면 사람들의 최대 관심사 중 하나가 공휴일이다. 이번 해에는 연휴가 얼마나 있을까? 주말과 겹치지 않을까? 생각하며 달력을 찾아보기도 한다. 독일에서도 공휴일은 사람들에게 큰 의미를 준다.
한국보다 많은 휴가와 워라벨이 보장된 삶을 살고 있음에도 더 쉬고 싶은 마음은 공통적인 바람인 것 같다. 공휴일은 휴일의 의미와 함께 달력에 표시되어있다. 다만, ~날이라고 표시되었어도 그 기독교적 배경지식이 없으면 알기 어렵다. 노동자의 날이나 통일의 날을 제외하고 모두 종교와 관련된 휴일이기 때문이다. 예를 들어 예수공헌일은 아기 예수가 동방박사들을 통하여 자신이 메시아임을 드러낸 사건을 기념하는 날이지만, 교회를 한 번도 가보지 않았거나 크리스마스에 대해 관심이 없다면 당장 동방박사가 누군지도 알기 어렵다. 또한 교회를 오랫동안 다닌 사람도 잘 알지 못하는 카톨릭성인들과 관련된 휴일이 많다.

독일의 공휴일 (바이에른주를 중심으로)

공휴일	의미
Neujahr 신정	새해가 시작되는 날.
Heilige Drei Könige 예수공현일	아기 예수가 동방박사들을 통하여 자신이 메시아 임을 드러낸 사건을 기념하는 날.
Karfreitag 성금요일	그리스도의 십자가 못박힌 날.
Ostermontag 부활절 월요일	예수의 부활을 축하하기 위하여 부활주일 다음날인 월요일을 공휴일로 정한 날.
Tag der Arbeit 노동절	한국으로 치면, 근로자의 날.
Christi Himmelfahrt 예수승천일	예수 그리스도가 부활 후 하늘나라로 올라갔음 (예수의 승천)을 기리는 날.
Pfingstmontag 오순절	원래는 유대인들이 보리농사의 수확을 끝내고, 보리로 만든 두 개의 빵을 바치는 제삿날을 말한 것 인데, 유월절(逾越節)의 이튿날로부터 50일째 되는 날.
Fronleichnam 성체축일	예수의 부활후 60일째 날.
Mariä Himmelfahrt 성모승천대축일	성모 승천은 기독교에서 성모 마리아가 선종한 후, 하느님에 의해 육체와 영혼을 수반하고 하늘나라에 들어올림을 받았다는 믿음을 기념하는 날.
Tag der Deutschen Einheit 통일기념일	독일 통일의 날은 통일 조약 규정에 의하여 1990년 10월 3일에 독일이 다시 통일한 것을 기념하는 날.
Reformationstag 종교개혁 기념일	종교개혁 기념일은 마르틴 루터가 종교 개혁을 시작한 것을 기념하는 날.
Allerheiligen 만성절	모든 성인 대축일은 그리스도교에서 하늘나라에 있는 모든 성인을 기리는 날.
Weihnachtstag 크리스마스	예수가 탄생한 날.

독일은 연방제 국가이다 보니 모든 주에서 공통적으로 적용되는 휴일 이외에 각 주마다 별도의 공휴일이 있다. 예를 들어 바이에른주는 1월 6일은 예수공헌일로 정하여 쉬고 있지만 함부르크나 북부지방의 경우 휴일이 아니다.

02
새해

새해 전날인 12월 31일부터 1월 1일까지 독일에서는 다양한 전통이 있다. 우선 한국에서는 특별한 명칭이 없지만 독일에서는 새해 전날 인 12월 31일을 실베스타(Silvester)라고 부른다. 로마가톨릭교회의 교황이었던 성 질베스터 1세가 죽은 날을 기리며 시작됐다. 이 날에 독일에서는 또 다른 특별한 인사를 하기도 한다. 바로 "Guten Rutsch(ins neue Jahr)"라는 인사이다. "미끄러짐"을 의미하며 새해 아무탈 없이 매끄럽게 가라는 의미이다.

새해에 행운이 있기를 기원하며 다양한 상징물이 담겨있는 선물을 교환하기도 한다. 특히 작은 돼지, 무당벌레, 굴뚝청소부, 독버섯, 클로버 1센트 동전 등이 있는데, 저마다 새해에 건강하고 부자가 되며 행복하라는 의미를 담은 상징물들이다. 이 상징물들이 담긴 선물을 주면서 서로의 행복을 기원한다.

실베스터의 밤부터 폭죽놀이를 시작한다. 독일 전역에서 불꽃놀이 행사를 진행하는데 새해 전야에만 사용되는 불꽃놀이 비용이 약 1200억 원에 달한다고 한다. 폭죽 소리는 12시 즈음에 절정에 이르고, 12시 이후로도 1,2시간 동안은 남은 폭죽을 터뜨리기 때문에 시끄럽고 시내를 중심으로 도시전역이 뿌연 안개로 뒤덮인다.

몇몇 사람들은 블라이기센이라는 점을 보기도 한다. 한해 운세를 보는 전통으로서 숟가락에 납을 녹여서 찬물에 담근 후, 굳어지는 모양을 촛불에 비추어 새해 운세를 예측하는 것이다. 마트에서 간편하게 즐길 수 있도록 질베스터블라이 세트(Silvesterblei Set)를 판매하기도 한다.

03
부활절

한국에서 부활절은 교회행사 중에 하나로 여겨지지만, 독일에서의 부활절은 한국의 설날과 같은 큰 명절이다. 그래서 부활절을 전후로 3-4일을 휴일로 한다. 이 기간에는 학교가 방학을 하고, 교회에 안 가던 사람들도 크리스마스에 교회 가는 것처럼 교회를 방문한다. 마트나 관광지를 가도 모두 부활절에 관련된 다양한 물품들이 진열되어 있다.

부활절 기간에는 닭고기나 양고기를 중심으로 하는 음식을 먹으며, 오스터아이 (Osterei)라고 불리는 부활절달걀로 다양한 장식을 하기도 한다. 또한 마트에서 토끼장식의 초콜릿, 인형 등을 볼 수 있다. 부활절에 토끼장식이 많은 이유가 있다. 토끼가 다산을 상징하기 때문에 부활과 관계있다는 이야기부터 토끼는 잠잘 때도 잠을 자지 않는 것처럼 보여서 죽지 않는 부활을 의미한다는 이야기 등의 유래가 있다.

04
크리스마스

크리스마스는 전 세계가 즐기는 축제이다. 많은 유럽 국가들이 가장 큰 명절로 지내고 있으며, 독일에서도 그렇다.
크리스마스의 한 달 전부터 4개의 초를 준비하여 한주가 지날 때마다 초를 하나씩 밝히며 예수그리스도의 탄생을 기다리는데, 이 4개의 초는 아드벤트화환(Adventkranz)에 장식한다. 또한 아이들을 위해 아드벤트달력(Adventkalender)을 준비하기도 한다. 아이들이 있는 집에서 많이 구입하거나 직접 만드는 크리스마스 전용 달력이다. 12월 1일부터 24일까지만 날짜가 적혀있고, 날짜를 하나씩 제거할 때마다 초콜릿이나 크리스마스 선물, 장난감이 들어있어서 아이들이 좋아한다. 예전에는 날짜를 제거하면 유명한 성인들의 그림이 나왔었다고 한다.

성 니콜라스의 날 Saint Nicholas Day

한국에서는 크리스마스가 되면 산타클로스 할아버지가 선물을 준다고 이야기하지만, 독일에서는 그렇지 않다. 철저히 크리스마스는 예수 탄생을 기념하는 날로 가족과 함께 식사를 하고, 교회를 가서 예배를 드린다. 그리고 아이들에게 선물을 주는 날은 따로 있다. 12월 6일 성니콜라스의 날이다. 한국어로 말하자면 산타클로스데이이다. 산타클로스의 기원으로 알려져 있는 성니콜라스라는 성인을 기리는 날이다.

원래는 단순히 성니콜라스라는 성인을 기리는 날이었다. 하지만 12세기 초부터 프랑스의 수녀들에 의해 성니콜라스의날 하루 전에 생전에 그의 모습을 본받고 기리고자, 가난한 이들에게 선물을 나누어주면서 지금처럼 아이들에게 선물을 주는 풍습이 생기기 시작했다. 성니콜라스의날에는 한국에서 트리에 양말을 걸어놓고 선물을 기다리는 것과 마찬가지로 아이들이 선물을 기다리곤 한다.

05
동방박사의 날 heilige drei könige

동방박의 날은 동방박사들이 예수의 탄생을 축하하기 위해 방문한 날을 기념하는 날이다. 독일에서는 동방박사로 가장한 아이들이 각 가정을 방문하여 노래를 불러주고 대문 위에 암호 같은 글씨를 적어놓곤 한다. 집 대문에 **20 ＊ C+M+B+19** 같은 문구를 볼 수 있는데 아이들이 적어놓는 문구이다. 21은 21세기를 의미하며, C+M+B는 "Christus Mansionem Benedicat"라는 라틴어의 약자로 예수님이 이 집을 지켜준다 혹은 그리스도여, 이 집을 축복하소서라는 의미이다. 그리고 마지막 19의 의미는 2019년을 의미하는 것이다. 이 문구는 일년 동안 계속 유지하고 다음 해가 되면 다시 마지막 연도만 바꾸기 위해서 아이들이 방문한다.

06
어버이의 날이 독일에서는 어머니의 날?

독일에서도 5월은 가정의 달이다. 한국의 어버이날에 해당하는 어머니날 (Muttertag)이 있어서 공식적인 휴일은 아니지만 각 가정에서 함께 식사를 하고, 꽃을 선물하기도 한다. 독일은 어머니의 날과 아버지의 날이 따로 있다. 어머니날 은 5월 두 번째 일요일이며, 한국의 어버이날처럼 카네이션을 달진 않지만, 자녀들 이 부모와 함께 식사를 하고, 꽃다발과 선물을 준다.

독일의 아버지날은 예수 승천일이라고 하는 휴일이다. 아버지날이라기보다 남성의 날(Männertag), 또는 신사의날 (Herrentag)이 더 어울리는데, 그 이유는 아버지 들끼리 모여서 함께 맥주와 지역 음식을 먹으며 즐기는 날이기 때문이다. 작은 마 차(Bollerwagen)를 빌려서 술을 담고, 이동하면서 마시는 전통도 있다.

07
성마르틴의 날 Sankt Martinstag

공휴일에 해당하지는 않지만 독일에서 아이 를 키우다 보면 꼭 챙겨야 되는 날 중에 하 나이다. 독일의 문화에 대해서 배우는 유치 원에서 1년에 한번 중요하게 여기는 행사이 다. 성마르틴이라는 성인을 기리기 위하여 만들어진 날로서 유치원에서는 성마르틴의 날 전에 함께 등불(Laterne)을 만들고, 당일 지역의 모든 유치원생들이 성마틴노 래를 부르며 마을을 돌아다닌다. 핼러윈처럼 집을 방문하며 과자와 사탕을 받기도 하고, 지역 상점을 방문하는 등 각 지역마다 행사를 진행하는 방식은 조금씩 다르 다. 성당에서는 성마틴을 기념하는 연극이나 합창 등의 공연을 하고, 마을 차원에 서 성마틴과 거지로 분장하여 거리에서 그 모습을 재연하기도 한다. 마을을 다 돌 면, 마을의 공터에 모여서 마르틴스프로이어(Martinsfeuer)를 한다. 캠프파이어처 럼 불을 피우는 것인데, 이곳에서 담소를 나누고 음식을 먹는다.

세상에 수도 없이 많은 장르의 음악들이 생겨나고 잊혀 지기를 반복한다. 그런데 이처럼 많은 음악들이 있음에도 꿋꿋이 자신들의 고유영역을 지키는 장르가 있다. 바로 클래식이다. 한국 사람들도 어려서부터 많은 클래식 음악을 듣는다. 하다못해 뱃속아기일 때부터 클래식음악이 좋다고 하여, 모차르트의 태교음악을 듣는 산모들도 있고, 아이가 커가면서도 정서적으로 도움을 주기 위해 권하기도 한다. 이러한 클래식음악이 지금까지도 살아남은 것은 단순히 정서적인 도움 그 이상의 특별함이 있기 때문이다.

01
독일의 음악가

초등학교, 중학교, 고등학교 음악시간에 이미 독일의 음악가에 대해서 들어본 적이 있다. 음악의 아버지 바흐에서 부터 헨델, 베토벤, 바그너, 브람스 등 독일의 음악가는 유럽을 비롯해 전세계적으로 알려져있다. 그래서 독일에서는 그들의 음악을 보존하고 음악가로서의 존경의 의미를 더하기 위해 그들을 위한 축제를 열기도 한다.

02
독일에서 음악공연 관람하기

독일은 주정부에서 지원을 받는 약 80개의 음악극장과 130여 개의 전문오케스트라가 활동을 하고 있고, 이외에도 음악대학 내에서 졸업연주회 혹은 교수들의 자발적인 연주들을 무료로 관람할 수 있다. 또한 성당이나 교회에서는 오르간 음악회나 오라토리오를 공연하는 경우도 많아서 일상 속에서 언제든지 클래식 음악에 접근할 수 있다. 즉 독일에서는 얼마든지 마음먹으면 일상 속에서 클래식을 접할수 있는 환경이다.

TIP 교회에 가면 오르간연주를 들을 수 있다?

교회음악에서 중요한 역할을 하고 있는 악기가 있다면 오르간이다. 유럽의 오르간은 교회건축과 뗄 수 없는 중요한 악기이다. 교회내부의 화려함이 오르간과 적절한 조화를 이루기도 하고, 오르간을 중심으로 교회건축이 이루어지기도 하기 때문이다.

또한 교회에서 오르간 연주자의 역할과 지위가 상당히 높다. 보통은 오르간 연주자가 교회음악감독이다.

그만큼 오르간과 관련된 행사도 많다. 교회에서는 수시로 다양한 오르간 연주회를 개최하여, 일반인에게 무료로 개방하기도 한다.

클래식공연이라고 하면 일반적으로 오케스트라 공연을 생각한다. 오케스트라는 한국어로 "관현악단"이라고 불린다. 70~120명 정도의 인원이 관악기와 현악기를 함께 연주한다. 음악에 대해 잘 모르는 사람도 정명훈이나 금난세라는 이름은 한번쯤 들어봤을 것이다. 이들은 모두 지휘자인데, 이러한 관현악단을 지휘하는 사람이다. 오케스트라의 명성은 그동안의 다양한 연주경력도 중요하지만, 어떤 지휘자가 상주해 있는지도 중요하다.

그런 의미에서 독일의 오케스트라는 세계적인 수준을 자랑한다. 카라얀, 주빈메타, 로린마젤 등 세계적인 지휘자가 머물렀던 오케스트라가 존재하며 베를린, 드레스덴 등에서 활동하는 오케스트라는 전 세계를 돌아다니며 순회공연을 펼치기도 한다. 한국에서도 독일의 몇몇 오케스트라는 1년에 한번씩 초청을 받아 연주하기도 한다.

또한 오페라 공연도 쉽게 관람할 수 있다. 주요 대도시에는 오페라 극장이 있으며, 주립 혹은 시립극장에 전속되어있는 단원의 경우 공무원에 준하는 대우를 받고 있다.

그밖에 창작 오페라도 많아서 대도시의 경우 연중 쉬는 기간을 제외하고는 언제나 공연을 관람할 수 있다. 유명 오페라극장은 일찍 예매하지 않으면 좋은 공연을 놓치기 쉽다. 요즘에 각 도시의 오페라 극장을 가면 한국인 성악가들을 한두 명씩 꼭 볼 수 있을 정도로 많은 한국인들이 극장의 전속단원으로 진출해 있으며, 현재 한국에서 활동하고 있는 성악가나 음악대학교수의 경우에도 독일 오페라극장에서 활동하신 분들이 많다.

3. 독일신문

독일은 약 300여 개의 일간지, 20여 개의 주간지 그리고 1,600여 개의 잡지가 존재한다. 독일의 신문시장은 중국, 인도, 일본, 미국에 이어 세계 5위의 규모이고, 신문 밀도의 경우도 스위스, 영국, 일본 다음으로 4번째이다. 독일에서도 한국처럼 많은 사람들이 정기구독을 통해서 신문을 본다.

01
독일의 일간지

일간지가 신문 전체 시장에서 차지하는 비중은 높다. 특히 한국에서는 몇몇 종합 일간지들의 파워가 상당하다. 독일에서도 전국에 발생하는 대표적인 일간지가 있다. 다만 연방제 국가이다 보니 신문 회사들이 수도인 서울을 중심으로 몰려있는 한국과는 다르게 각 지역에서 독자적으로 발전하여 전국 일간지(Tageszeitungen)가 된 경우가 많다.

베를린은 타게스 자이퉁(Tageszeitung), 프랑크푸르트는 프랑크푸르트 알게 마이너 자이퉁(Frankfurter Allgemeine Zeitung)이 있고, 한국에 많이 알려진 독일 일간지인 주트 도이치 자이퉁(Süddeutsche Zeitung)은 뮌헨에서 시작하였다.

발행부수가 높은 독일의 대표 일간지로는 주트 도이치 자이퉁과 프랑크푸르트 알게마이너자이퉁이다. 프랑크푸르트 알게 마이너 자이퉁의 경우 예전에 비정상회담의 다니엘을 기사로 다룬 적이 있어서 한국 프로그램에서 소개된 신문이기도 하다. 한국으로 치면 조선일보, 중앙일보 정도의 성격을 가지고 있는 신문이다. 예전부터 권위 있는 신문 중의 하나로서 꾸준히 사랑받았고, 정치와 경제면이 신문의 많은 부분을 차지한다. 특히 경제신문이나 경제잡지들 이상으로 좋은 경제 정보들을 많이 수록하고 있어 인기가 있다.

주트 도이치 자이퉁은 프랑크푸르트 알게 마이너 자이퉁에 비하여 진보적인 성향을 띠고 있다. 한 부에 48면 정도로 구성되기 때문에 상당히 양이 많은 편이며, 그렇기 때문에 신문값이 비싸다. 그러나 정치적인 부분에 치중하는 것이 아니라 문화, 경제 등 다양한 분야의 정보들을 중도적이며, 때론 정부 비판적인 입장에서 다루기 때문에 독일 내에서 가장 많은 구독자를 가지고 있는 신문으로 인지가 높다.

그밖에 베를린의 타게스 자이퉁(Tageszeitung)이라는 신문이 있는데, 주트 도이치 자이퉁보다 훨씬 진보적이다. 한국의 한겨레신문 정도로 볼 수 있다. 신문사로서는 특이하게 협동조합 형태라는 독특한 구조를 가지고 있다.

독일일간지의 정치성향

Frankfurter Rundschau Tageszeitung	Süddeutsche Zeitung	Frankfurter Allgemeine Zeitung	Die Welt

좌 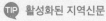 우

TIP 활성화된 지역신문

독일의 경우 한국과 달리, 연방제 국가이기 때문에 구독자들은 지역적인 이슈에 많은 관심을 가지고 있다. 그래서 독일 지역신문들은 독일 이외에서는 잘 알려져있지 않지만 독일 내에서는 활성화되어있다. 주요 지역신문들 중에는 전국적으로 판매되는 일간지보다 높은 발행부수를 보이는 것도 있다. 대표적인 지역신문으로는 Sächsische Zeitung, Rheinische Post, Augsburger Allgemeine, Südwestpresse, Westdeutsche Allgemeine 등이 있다.

02
독일의 주간지

독일에서는 주간지 Wochenzeitungen에 대한 이용도 높은 편이다. 한 주간의 주요 이슈를 간추려서 발행하는 잡지 혹은 신문이라고 볼 수 있다. 포쿠스(Focus), 슈피겔(Der Spiegel), 디 차이트(Die Zeit) 등이 유명하다.

슈피겔의 경우 독일 이외의 유럽 내에서도 인기를 끌고 있는 주간지이다. 독일의 타임즈라고 불린다. 매주 월요일에 발간되며 논리적이며 비판적인 기사를 통해 많은 구독자를 유지하고 있다. 1962년에 있었던 슈피겔 필화사건만 보더라도 이 잡지가 얼마나 영향력 있는지 알 수 있다. 포쿠스도 슈피겔과 경쟁지로서 잘 알려져 있으며 유력주간지중에 하나이다. 이 밖에도 디자이트가 진보적 성격을 가진 정치주간지로 유명하며, 시사오락주간지로서는 슈테른 (Der Stern), 경제전문지는 비센샤프트보케(Wirtschaftswoche) 등이 있다.

03
타블로이드지

타블로이드지인 빌트(Bild)는 한국의 스포츠신문과 비슷하면서도 약간 다르다. 한국의 스포츠신문과는 다르게 정치, 경제, 사회면을 다루며, 보수적인 성향의 신문이다. 다만 스포츠신문처럼 기사 내용이 자극적이고 선정적이며 사실을 왜곡하기도 하여 많은 논란이 불러일으킨다. 그럼에도 발행부수는 높은 편이고, 많은 사람들에게 재미를 주기도 하지만 악명 높은 신문이다.

한국에서 방송을 통해 노출된 음식, 제품 등은 불과 몇 시간 만에 매진되기도 하고 음식점도 한번 방영되면 다음날 많은 사람들이 줄을 서서 한참을 기다리고도 못 먹기 십상이다. 블로그, 유튜브 등 방송 이외에 다양한 미디어들이 많이 생겨났지만, 역시 TV프로그램의 파급력은 아직까지 대단하다. 독일에서도 TV프로그램은 많은 사람들의 입에 오르내린다. SNS에 TV프로그램에 대한 다양한 견해를 나누는 것도 어렵지 않게 볼 수 있다.

01
독일의 방송사

독일은 초기에 ARD와 ZDF라는 공영방송사가 있었고, 1984년 민영방송이 허가되면서 RTL, SAT1 등이 생기기 시작했다. 독일 제1공영 방송 ARD는 Das Erste라는 전국채널과 지역 방송사(BR, HR, MDR, NDR, RRB, SR, SWR, WDR)를 거느리고 있다. 한국과 비교해보면 KBS와 비슷하다. 그리고 독일 제2공영방송은 ZDF는 ARD에서 별개의 채널로 개국한 것으로 한국의 MBC 정도로 생각할 수 있다.

ARD에서는 Das Erste는 방송채널을 통해 다양한 프로그램을 전국적으로 제공하고, ZDF와 함께 채널 1,2를 맡는다. 그밖에 파트너십으로 운영하는 채널이 있는데, 문화와 과학 관련 채널 3SAT, ARD, ZDF와 프랑스 텔레비지옹과 합작한 문화채널인 Arte, 시사 및 교양 채널 Phoenix, 어린이 채널 KiKA가 있다. 특히 Arte의 경우 독일, 프랑스 공동채널로서 Arte에 나오는 뉴스는 독일과 프랑스 앵커가 번갈아가며 진행하기도 한다. 한국에서는 접할 수 없는 독특한 채널이다. 독일에서 필수적으로 내야 하는 방송 수신료를 지불하면, ZDF와 ARD와 관련되거나 합작한 채널들을 모두 볼 수 있다.

민영방송채널로는 ProSieben, Sat1, RTL 등이 있는데, 다양한 예능과 오락프로그램을 통해서 시청자들을 사로잡는다. 오디션프로그램, 리얼리티예능, 해외의 인기 있는 드라마 등은 민영방송에서 주로 방영한다.

02
독일뉴스

뉴스는 여러 채널에 기본적으로 있는 프로그램이다. 특히 독일공영방송의 뉴스는 독일인들에게 신뢰도가 높으며, 많은 사람들이 시청한다. 독일뉴스의 특이한 점은 뉴스시간과 뉴스양에 있다. 한국의 경우 밤 8시
나 9시에 1시간에서 많게는 2시간 정도 방영한다. 그러나 독일은 하루에 총 4~5번 정도를 15분 정도씩 짧게 방송한다. 한국과는 많이 다른 형태이다. 각 방송사의 뉴스 프로그램 명칭으로는 ARD의 타게스샤우(Tagesschau), ZDF의 호이테(Heute) 등이 있다.

03
독일드라마

독일에서는 장수드라마가 많다. 짧게는 몇 년에서 길게는 몇 십 년 동안 방영되기도 한다. 가장 대표적인 독일드라마로는 범죄수사 드라마인 "TATORT"이다. 엄청난 역사를 자랑하는 TATORT는 한국의 전원일기 못지않게 전통 있는 드라마이다. 또 하나의 대중
적인 드라마인 "Um Himmels Willen"도 있다. 이 드라마도 10년 이상 방영된 것으로 수녀들을 중심으로 지역사회에서 벌어지는 다양한 에피소드들을 다룬다. 그 밖에 의사가족의 이야기를 다룬 Familie Dr. Kleist라고 하는 드라마도 오랫동안 상영되어왔다.

04
독일예능

독일의 예능은 한국처럼 다양하지는 않다. 그러나 꾸준히 방영되는 프로그램들이 있다. 독일예능에서 가장 오랫동안 1위를 놓치지 않았던 프로그램은 "내기할까요?(Wetten dass...?)"이다. 무한도전의 전신이였던 무모한도전 컨셉의 예능프로그램이다. 다만 차이점은 연예인들이 도전을 하는 것이 아니라, 일반인이 직접 자신이 할 수 있는 미션을 사람들에게 보여주는 것이다. 그런데 이 미션이 무모한도전급으로 상당히 흥미롭다. 눈가리고 색연필 맛을 보고 색깔을 맞추는 등의 아주 사소한 것부터, 200개 이상의 훌라후프를 돌리는 등 기상천외한 미션을 수행한다. 프로그램에 초대된 유명인들은 도전자가 성공하는지, 실패하는지를 놓고 내기를 한다. 이 프로그램은 2014년에 폐지되었지만, 독일내에서 가장 큰 인기를 끈 예능으로 전세계적인 유명인들이 출연하기도 했고, 다른나라에 프로그램을 수출하기도 했다.

또한 "농부가 아내를 찾는다(Bauer sucht Frau)"라는 프로그램도 상당히 인상적이다. 농촌청년의 집에 아내가 되고 싶은 사람을 모집하여, 리얼리티로 살아보는 과정을 보여주는 프로그램이다. 일명 공개구혼 프로젝트이다. 한국에서도 하트시그널등의 일반인들의 짝짓기프로그램이 있지만, 농부라는 직업을 주제로 다루지는 않는다. 이 프로그램은 영국에서 2001년 시작하여, 유럽전역의 다양한 나라로 수출된 프로그램으로 독일에서는 2005년부터 현재까지 방영되고 있다.

그밖에 호기심천국 혹은 생생정보통 같은 느낌의 Galileo, 퀴즈쇼인 Wer wird Millionär, 의식주와 관련된 다양한 프로그램이 있다. 특히 독일에서도 다양한 쿡방이 있다. 한식대첩처럼 대결하는 프로그램도 있고, 올리브 채널처럼 요리를 가르쳐주기도 한다. 뿐만 아니라 오디션프로그램의 비중도 높다. 글로벌 프로그램인 보이스오브절먼부터 Das Supertalent, Let's Dance, Deutschland sucht den Superstar 등등 노래, 춤과 관련된 프로그램들이 많다.

05
기타

미국은 농구, 미식축구 등이 유명하다면 유럽은 단연 축구가 최고의 스포츠 중 하나이다. 그 중심에는 독일도 포함되어 있다. 분데스리가가 스페인이나 이탈리아, 영국의 리그보다 인기가 많은 것은 아니지만, 독일인들의 자국리그에 대한 사랑은 전세계 어떤 리그보다 뜨겁다. 그래서 자국리그의 축구 경기임에도 불구하고 공영방송에서 골든타임에 그대로 생방송 하는 경우가 많다.

이 밖에도 철학이 발전한 나라답게 토론 문화가 상당히 활발하여 시사, 정치, 문화, 스포츠 등 다양한 분야에 대한 토론 프로그램이 존재한다. 특히 밤 시간대에 토론프로그램이 많은데, 가만히 보고 있으면 싸우는 건가 싶을 정도로 언성이 높아지고, 중간중간 말을 끊고 진행되기도 해서 남들에게 피해를 주기 싫어하는 독일인들의 모습과는 사뭇 다른 면모를 볼 수 있다.

5. 독일영화

독일영화는 대부분 딱딱하고, 재미없는 예술영화일 것 같다는 편견이 있다. 그러나 꼭 그런 예술영화만 있는 것은 아니다. 독일에서도 코미디, 드라마, 멜로 등 다양한 장르의 대중영화들이 있다.

> **TIP** 독일에서 영화관람하기
>
> 가장 대중적인 문화생활은 영화관람이 아닐까 싶다. 그러나 독일은 한국만큼 많은 영화관이 존재하지는 않는다. 물론 대도시나 쇼핑센터를 중심으로 IMAX 영화관이 있지만, 한국처럼 많은 지역에 분포되어있지는 않다. 그리고 아직도 엔틱한 느낌의 동네영화관들이 종종 있다.

한국에서 영화관람이라고 하면, 일반적인 데이트코스라고 생각될 정도로 보편화되어있다. 그러나 독일에서는 영화관람이 그렇게 대중적인 느낌은 아니다. 오히려 기념일에나 할법한 일인 느낌이다. 이런 독일영화관은 몇가지 특징이 있다. 우선, 헐리우드영화를 비롯하여 다른나라의 영화는 독일어자막이 되는 것이 아니라, 모두 독일어 더빙 doubeln, synchronisierten Fassung을 한다. 다시 말해서 한국영화를 보더라도 한국말이 독일어더빙에 묻혀서 안 들린다. 그래서 독일 사람들이 외국유명배우의 목소리를 알지 못한다는 말이 그냥 나온 말이 아니다. 또한 영화관 광고가 상당히 길다. 한국에서도 영화시작 전 10분 정도지만, 독일에서는 그보다 훨씬 오랫동안 광고를 한다. 독일에서 영화 관람을 하려면 이런 점들은 숙지할 필요가 있다. 독일에서도 통신사할인과 관련된 혜택들이 있다. 각 통신사에서 프로모션을 진행하는 날에 영화를 보게되면 50%까지도 할인이 가능하고, 한명 값만 지불하면 나머지 한명이 공짜로 영화를 볼 수 있기도 하다.

글루미선데이, 사랑 후에 남겨진 것들, 타인의 삶, 그랜드 부다페스트 호텔과 같은 영화를 비롯하여 독일교육을 다룬 괴테스쿨의 사고뭉치들, 이민자의 삶을 다룬 나의가족 나의도시, 코코베, 릴라릴라 등의 가족영화도 볼만하다. 또한 최근에 24주, 토니에드만은 작품성을 인정받은 독일영화이기도 하다.

 베를린국제영화제 Berlinale

독일영화에 대해서는 몰라도 베를린국제영화제(Berlinale)에서는 한번 쯤 들어봤을 것이다. 칸영화제, 베니스영화제와 함께 세계 3대 영화제로 뽑힌다. 다른 영화제들이 5월이나 8월 등 비교적 따뜻한 날씨에 개최되지만, 베를린 영화제는 한겨울인 2월에 개최된다. 영화제가 시작하면 약 50만명의 관객들을 대상으로 전세계 약 400여편의 상영작들이 포츠담 광장 일대의 10여개의 영화관에서 상영된다. 그동안 한국의 감독이나 배우들은 이 영화제에서 다양한 상을 수상했다. 역대 수상작들로는 1961년 강대진 감독의 마부 , 1994년 장선우 감독의 화엄경, 2004년 김기덕 감독의 사마리아, 2007년 박찬욱 감독의 사이보그지만 괜찮아, 2011년 박찬욱, 박찬경 감독의 파란만장, 양효주 감독의 부서진 밤, 2017년에 홍상수 감독의 해변의여인 등이 있다.

2014년 브라질 월드컵에서 홈팀 브라질을 7:1로 대파하면서 독일축구가 다시 한번 위상을 드러내기도 했다. 물론 2018년 러시아 월드컵에서는 한국한테 패하면서 16강 진출을 못하기도 했다. 그러나 독일 사람들은 독일이 월드컵에서의 성적과 관계없이 축구를 좋아한다. 간단히 말하면 독일에서 축구는 문화 그 자체이다.

01
독일축구리그

분데스리가는 독일어로 연방(Bundes)과 리그(Liga)가 합쳐진 말이다. 그래서 정확히 말하자면 독일연방리그를 뜻한다. 따라서 분데스리가라고 하면 축구 이외에 다양한 리그들이 포함되지만 일반적으로는 프로축구리그를 뜻한다. 8월에 시즌을 시작하며, 12월 초까지 열리는 전기리그와 2월 중순부터 5월까지 열리는 후기리그로 나누어진다. 분데스리가의 경기는 주말인 토요일, 일요일에 열린다.

2019 시즌 분데스리가 1부리그

구단	위치	홈구장	주
아우크스부르크	아우크스부르크	WWK 아레나	바이에른주
헤르타 BSC	베를린	베를린 올림픽 스타디움	베를린
베르더 브레멘	브레멘	베저슈타디온	브레멘
도르트문트	도르트문트	지그날 이두나 파크	노르트라인베스트팔렌주
포르투나 뒤셀도르프	뒤셀도르프	에스프리 아레나	노르트라인-베스트팔렌 주
프랑크푸르트	프랑크푸르트	코메르츠방크 아레나	헤센주
SC 프라이부르크	프라이부르크	드라이잠슈타디온	바덴뷔르템베르크주
하노버	하노버	HDI아레나	니더작센주

호펜하임	진스하임	라인 네카어 아레나	바덴뷔르템베르크주
RB 라이프치히	라이프치히	레드불 아레나	작센주
레버쿠젠	레버쿠젠	바이아레나	노르트라인베스트팔렌주
마인츠 05	마인츠	코파스 아레나	라인란트팔츠주
뮌헨글라트바흐	뮌헨글라트바흐	보루시아 파크	노르트라인베스트팔렌주
바이에른 뮌헨	뮌헨	알리안츠 아레나	바이에른주
뉘른베르크	뉘른베르크	막스-모를록-슈타디온	바이에른주
샬케 04	겔젠키르헨	벨틴스 아레나	노르트라인베스트팔렌주
VfB 슈투트가르트	슈투트가르트	메르세데스-벤츠 아레나	바덴뷔르템베르크주
볼프스부르크	볼프스부르크	폴크스바겐 아레나	니더작센주

02
축구경기 관람방법

독일을 비롯한 스페인, 영국, 이탈리아 등의 빅 리그에서 인기 있는 팀의 경기를 관람하는 것은 쉽지 않다. 일반적으로 온라인티켓을 구매하기 어렵고, 독일에 거주하는 사람들도 연간회원권을 받기 위해 추첨을 한다.

티켓 구하기

티켓을 구하는 방법은 세 가지가 있다. 첫 번째로 각팀의 공식홈페이지를 통해서 티켓을 구입할 수 있다. 그러나 티켓의 구입이 몇 달 전에 마감되는 경우가 많고, 각 팀마다 티켓구매방식이 다르기 때문에 공식홈페이지에서 티켓을 구입할 수 있을지는 미지수이다. 유명한 팀의 경우 홈구장

의 티켓 구하기가 어렵지만, 유명하지 않은 팀의 경우 공식홈페이지에서도 티켓을 구입할 수 있다.

두 번째로 티켓전문사이트를 통해 구입하는 방법이다. 한국 인터파크처럼 각종 티켓 전문 사이트들에서 구입할 수 있다. 다만 가격이 공식홈페이지보다 많이 비싸다.

티켓전문사이트

이름	홈페이지주소
티켓비스	www.ticketbis.com
FC풋볼티켓	www.fcfootballtickets.de
사파리티켓	www.safetickets.net
비아고고	www.viagogo.de

마지막으로 암표를 사거나 이베이에서 구입할 수 있다. 암표나 이베에서 구입하는 것은 말하자면 복불복이다. 암표는 경기장 근처에서 피켓을 들고 암표를 파는 경우도 있고, 은밀하게 티켓을 팔 것 같은 사람에게 가서 티켓을 사는 경우 등 안면몰수하고 적극성을 띠어야 구입할 수 있다. 이베이의 경우는 직접거래를 하지 않는 이상, 영어나 독일어가 잘 구사되지 않으면 구입하기 쉽지 않고, 사기의 가능성이 있기에 추천하지 않는다.

축구경기 즐기기

축구경기를 관람하기 전에 꼭 해야 할 일이 있다. 맥주와 감자튀김, 소시지 등 먹을 것을 구입하는 일이다. 독일 경기장에서는 충전식 카드를 통해서 간식을 구매할 수 있다. 일정금액의 보증금과 함께 충전하고 싶은 금액을 넣어서 충전한다. 그리고 맥주와 감자튀김, 소시지 등 음식을 구매한다. 구매한 음식과 함께 축구를 보면 더 재밌는 관람이 가능하다.

축구열기를 제대로 느끼고 싶다면 스탠드 응원석을 추천한다. 스탠드응원석과 일반응원석이 나눠져 있는데, 티켓을 구입할 때 스탠딩좌석을 지정하면 응원분위기를 생생하게 느낄 수 있다. 다만 과열된 분위기의 열성팬들도 많고, 담배나 음주가 가능하다 보니 원치 않게 불쾌해질 가능성도 있다.

마지막으로 경기하는 팀의 응원가를 알고 가면 더 즐겁게 관람할 수 있다. 축구를 잘 모르더라도, 축구경기장에서 응원가를 부르고 함께 즐기는 것도 축구문화의 한 부분이다. 따라서 유튜브를 통해 각 팀의 응원가를 검색해보고, 경기장에서 함께 응원해보면 훨씬 재미있을 것이다.

TIP 경기를 관람할 수 없다면,,
경기장의 투어프로그램을 이용하자

축구경기를 관람할 수 없다면 경기장 투어프로그램을 신청할 수 있다. 일반적인 투어프로그램에서는 경기장에 대한 설명, 선수들의 라커룸 구경, 기자회견장을 볼 수 있고 경기장을 직접 밟아볼 수도 있다. 투어는 1시간 정도 소요되며 영어 투어, 독일어 투어 2가지 언어를 선택할 수 있다.

독일음식은 한국에서 많이 알려져 있지 않다. 파스타, 피자, 달팽이 요리, 빠에야, 감바스 등 유럽의 다른 나라의 음식은 들어봤지만, 독일음식이라고 하면 갸우뚱하게 된다. 그러나 알고 보면 독일도 수많은 음식들이 있다.

01
독일 전통음식

뮌헨, 슈바인학세 Schweinshaxe, 베를린, 아이스바인 Eisbein

슈바인학세(Schweinshaxe)는 돼지고기 다리 부위를 껍질이 붙은 상태로 그대로 구워낸 것이다. 겉은 단단하고 바삭하며 속은 부드러워서 한국의 족발과 비슷해 보이지만 맛은 다르다. 슈바인학세와 함께 돼지고기 다리를 이용한 음식이 하나 더 있다. 바로 아이스바인이다. 아이스바인은 베를린 전통음식으로 돼지고기 다리를 푹 삶은 한국의 족발 같은 느낌이다.

부어스트 Wurst

독일에서 가장 많이 먹는 음식은 부어스트, 우리말로는 소시지이다. 부어스트의 종류는 1,500가지가 넘고, 각 도시마다 특색 있는 부어스트가 있다. 뮌헨의 삶아 먹는 소시지인 "바이스부어스트 Weisswurst", 크기는 작지만 그릴에 구운 맛이 일품인 뉘른베르크의 "뉘른베르거부어스트 Nürnbergerwurst" 등이 유명하다. 소시지만 먹는 경우도 있지만, 빵에 끼워서 겨자소스, 케첩, 마요네즈 등을 발라먹는다. 이 밖에도 베를린에서 시작된 카레 가루를 뿌린 "커리부어스트 Currywurst"가 있다. 카레 가루와 감자 케첩을 곁들여서 먹는 별미이다.

자우어브라텐 Sauerbraten

소고기나 돼지고기를 와인과 식초, 향신료 등에 재우고, 그것을 구운 다음 소스에 끓인 요리로 삶은 감자나 국수, 야채 등과 함께 먹는다.

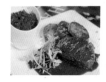

케제슈페츨러 Käsespätzle

독일의 맥앤치즈라고 불리며, 한국의 일반적인 국수처럼 얇지 않고, 올챙이국수와 흡사하다.

마울타쉔 Maultaschen

마울타셴은 독일식 만두이다.

리프헨 Rippchen

리프헨은 돼지고기 갈비를 삶거나 구워서 자우어크라프트 등과 곁들여 먹는 음식이다. 특히 프랑크푸르트 지역의 리프헨이 유명하다.

카토펠푸퍼 kartoffelpuffer

독일식 부침개인 카토펠푸퍼이다(지역에 따라 카토펠푸퍼를 라이베쿠헨 Reibekuchen 이라고 말하기도 한다). 정확히 말하자면 부침개 중에 감자전에 가깝다. 실제 맛도 감자전과 흡사하다.

플람쿠헨 Flammkuchen

알자스지방의 전통음식으로, 독일식 피자이다.

햄버그스테이크 hamburger

함부르거와 햄버거는 똑같은 단어이다. 그 이유는 햄버거의 유래가 함부르크에서 나왔기 때문이다. 독일인들이 신대륙인 미국으로 배를 타고 이민을 갈 때 식당에서 밥 먹으려면 비용이 많이 들어서 함부르크에서 간을 한 고기를

빵 사이에 끼워먹던 햄버거가 독일 이민자들에 의해 미국으로 전해졌다. 그래서 이름이 햄버거가 되었다. (물론, 햄버거의 유래에 대해서는 다양한 설이 존재한다.)

아인토프 Eintopf

아인토프는 뚝배기에 다양한 육류와 채소를 섞어서 끓이는 수프이다.

굴라쉬 gulasch

굴라쉬는 독일을 포함한 동유럽 지역에서 모두 통용되는 음식이다. 돼지고기와 각종 야채를 썰어 넣고 매콤하고 새콤한 소스를 곁들인 요리이다. 한국으로 말하자면 찌개라고 볼 수 있다.

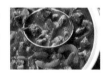

슈니첼 schnitzel

한국에서는 슈니첼을 오스트리아의 돈가스 정도로 알고
있다. 정확히 말하면 슈니첼은 오스트리아 전통음식이다.
그러나 독일의 전통음식이라고 말해도 이상하지 않다. 그
만큼 슈니첼은 독일 음식점에서도 빼놓을 수 없는 단골

메뉴이다. 슈니첼에 이용하는 고기는 전통적으로는 송아지 고기를 사용하지만 돼
지고기나 닭고기 등을 사용하기도 한다.

TIP 전통요리와 함께 먹는 음식

독일은 학센, 부어스트등의 전통요리가 있다. 그리고 꼭 이것과 함께 사이드
메뉴형식으로 나오는 자우어크라우트(Sauerkraut)와 카토펠크뇌델(Kartoffel
Knoedel), 로트콜 (Rotkoh)이 있다. 주로 학센이나 부어스트등 고기요리와
함께 먹는다.

TIP 독일에서는 여름과 겨울에 이것을 먹는다?

여름, 겨울할 것 없이 독일인들은 그릴을 참 좋아한다. 여름이면 호수나 공
원에 그릴을 하는 사람들로 가득하다. 만약 정원이 있는 집이라면 집에 그
릴기를 가지고 있는 경우도 많다.
그래서 여름시즌에는 마트에서 다양한 그릴용 소시지와 고기 등 다양한
그릴 관련 재료들을 볼 수 있다. 또한 겨울에는 또 다른 그릴을 한다.
바로 라끌렛이다. 라끌렛그릴에 라끌렛용

치즈를 녹여서 각종 재료와 함께 먹는 요
리이다. 크리스마스부터 새해에 이르기까
지 연말에 먹는 음식들로서 원래는 스위스
요리라고 알려져 있지만 독일인들도 많이
먹는다.

02
독일의 디저트

바움쿠헨 Baumkuchen

바움쿠헨은 얇은 시트가 겹겹이 쌓여있는 케이크이다. 독일어로 바움이라는 단어는 나무를 뜻하는데, 이 케이크는 나무의 나이테 모습을 닮아서 이 이름이 붙여졌다.

토르테 Torte

유럽여행을 해본 사람들은 토르테라는 음식을 독일보다는 오스트리아에서 더 많이 들어봤을 것이다. 아마도 비엔나의 명물 자허토르테 때문이다. 그러나 토르테는 오스트리아에만 있는 케이크는 아니다. 독일에서도 토르테가 있다. 토르테는 폭신폭신한 쉬폰 시트 같은 것에 잼이

나 크림을 바른 케이크를 의미한다. 각 대도시의 유명한 빵집이나 커피숍을 가면 HerrenTorte, PrinzregentenTorte 등 다양한 종류의 토르테를 맛볼 수 있다. 한국의 일반 케이크와 상당히 비슷하다.

비넨슈티히 Bienenstich

일명 "벌침케이크"라고 불린다. 케이크 위에 캐러멜, 아몬드 등의 토핑이 가득 올려져 있으며 케이크시트 사이에 바닐라 커스터드 또는 아이스크림으로 채워져 있다. 빵집이나 마트에서 쉽게 볼 수 있다.

렙쿠헨 Lebkuchen

렙쿠헨은 중세 시대에 크리스마스를 축하하는 의미로 만들어졌다. 생강, 계피 등을 통해 단맛을 어느 정도 낼 수 있는 렙쿠헨은 부담 없이 즐길 수 있는 빵이다. 10월 중순이면 마트의 일부 코너에서 다양한 크기 및 종류로 판매를 시작한다.

크라펜 Krapfen

크라펜이라는 이름보다는 베를리너(Berliner), 판쿠헨(Pfannkuchen)이라는 이름으로 더 많이 알려져 있다. 일종의 독일식 도넛이다. 크리스피 도넛처럼 달지는 않고, 던킨도너츠와는 또 다른 느낌이다. 일반적으로 크라펜이라고 하면 도넛 속에 라즈베리 잼을 집어넣은 것이다. 그런데 겨울철이 되면 종류가 던킨도너츠처럼 다양해진다. 빵집에서는 초콜릿이 들어가 있거나, 바닐라가 들어가 있는 크라펜 등 다양한 종류를 볼 수 있다.

 TIP 렙쿠헨헤르쯔 Lebkuchenherz

독일의 축제에서 빠질 수 없는 하트 모양의 빵 혹은 쿠키 형태의 렙쿠헨헤르쯔가 있다. 옥토버페스트를 비롯해서 독일 축제에 가면 항상 볼 수 있다.

하트 모양에 독일어로 사랑한다는 뜻의 Ich liebe dich 이히리베 디히라는 말이 쓰여 있고, 목에 걸고 다닐 수도 있다. 맛은 모르겠지만, 목에 걸고 사진 찍기에는 아주 좋은 아이템이다.

03
독일의 맥주

독일에서는 현재는 1300개 이상의 양조장이 있고, 레스토
랑에 가면 물값이나 맥주값이나 큰 차이가 없어서 많은
사람들이 물 대신 맥주를 마시기도 할 정도로 맥주 없이
는 못 사는 나라이다. 특히 어떤 명사에 항상 성을 붙이게
되는데, 주류가 남성적인 강한 이미지 때문에 남성을 붙
이는 반면(잘 알려진 독일 위스키 중 하나인 예거 마이스
터는 남성성을 사용한다.), 맥주는 남녀노소 모두 즐길 수 있는 음료로서의 성격이
더 강하여 중성을 사용하고 있다.

독일 맥주의 역사 : 수도원맥주와 맥주 순수령 Reinheitsgebot

국내에서 목사님이나 신부님이 맥주를 만들어서 판매했다는 이야기를 듣는다면
상당히 놀랄만한 일이다. 그러나 중세 시대에 맥주는 수도원의 주요한 재원 중 하
나였다. 이러한 재원을 포기하기 어려운 수도원에서는 경제력 확보를 위해 맥주
를 생산하고 판매하였다. 근세로 넘어오면서 도시가 발전하고 길드 제도가 정착

함과 동시에 맥주 양조는 점차 수도원에서 시민의 손으로 이동되었다. 그리고 이 무렵에는 맥주의 품질을 향상시키려는 움직임도 일어났다. 1516년 독일에서는 보리, 물, 호프 이외에는 원료로 사용해서는 안 된다고 하는 맥주 순수령이 빌헬름 4세에 의해 제정 공포되었다. 현재까지도 독일 맥주의 기본이 되는 원칙이다. 독일에서는 한동안 이 원칙을 지키며 맥주를 만들었다. 그리고 1856년 전까지는 효모의 역할을 몰랐기 때문에 효모가 언급되지 않았지만, 1903년부터는 효모까지 포함하여 맥주의 4가지 원료를 이용하여 맥주를 만들게 된다. 4월 24일이 맥주의 날로 기념하는데, 이날은 맥주 순수령이 발표된 날이다.

독일맥주문화

★ 독일에서는 미성년자도 맥주를 마실 수 있다.

독일의 경우 만 16세 이상이 되면 맥주, 와인 등 가벼운 음주와 흡연이 법적으로 가능하다. 따라서 한국처럼 미성년자 18세 기준보다 훨씬 적은 나이에 주류를 접한다. 독일에서는 맥주는 술이라기보다는 음료의 개념이 강하다. 재밌는 점은 맥주 이외의 일명 독주라고 할 수 있는 위스키 종류는 만 18세부터 구입 및 음주가 가능하다.

★ 독일의 건배문화 : 독일맥주, 어떻게 마셔야 할까?

한국에서는 건배 문화가 있는 것처럼 서양에서도 건배 문화가 있다. 독일에서는 한국과는 다르게 건배를 한다. 우선 건배할 때는 항상 눈을 보고, 잔은 항상 아랫부분으로 부딪혀서 건배를 한다. 그 이유는 한국처럼 잔의 윗부분이나 중간 부분을 건배할 경우 깨질 위험도 있고, 서로 마셨던 부분에 입이 닿을 수 있기 때문에 잔의 아랫부분으로 건배를 한다. 참고로 독일 사람들은 한국처럼 원샷 문화가 없다. 옥토버페스트 같은 축제 때에도 일어나서 원샷 할 것 같이 잔뜩 분위기만 올려놓고, 조금 마시고 만다. 건배를 할때는 "프로스트"라고 말한다.

독일 맥주의 종류

1300개 이상의 양조장에서 만들어지는 독일 맥주 얼마나 다양할까? 그런데 생각보다 맥주 맛이 크게 다르지는 않다. 다름 아닌 맥주 순수령 때문이다. 옆 나라인 벨기에 맥주가 다양한 재료를 활용하여 독일보 다 훨씬 많은 종류가 있는 것에 비하면 독일은 다양한 맛이 존재하지는 않는다. 그래서 독일보다는 벨기에가 맥주의 종류는 훨씬 많다고 느낄 수 있다. 그러나 독일맥주들을 깊이 있는 맛으로 현재까지도 많은 이들의 사랑을 받는다.

독일의 맥주도 라거 계열의 맥주가 많다. 맥주는 라거 계열과 에일 계열의 맥주가 있는데, 간단하게 라거 계열은 카스, 오비, 하이트 맥주 등 한국에서도 쉽게 접할 수 있는 맥주로 전 세계 맥주시장에 80%를 차지하는 계열이다. 독특한 맛이라기보다는 원료의 순수한 맛이 난다. 에일 계열은 영국이나 벨기에에서 주로 만들어지는 것으로 과일향이 나고 진한 느낌이 든다. 라거는 저온과 하면 발효를, 에일은 고온과 상면 발효를 한다.

요즘은 한국에서도 많은 수입맥주들이 들어와서 다양한 맥주를 즐길 수 있다. 그렇다 보니 독일 맥주에 대한 평가가 상당히 엇갈린다. "독일맥주는 다 거기서 거기인 것 같다. 강하고 묵직한 맛은 좋지만 벨기에 맥주들처럼 다양한 맛이 없으며, 계속 개발되는 크래프트 맥주들을 따라가기는 어려운 것 같다." 등등 예전보다는 호의적이지 않다.

아마도 그렇게 된 이유는 한국에 이미 소개된 독일의 맥주들인 브레멘의 벡스(Becks), 함부르크의 홀스텐(Holsten), 크롬바허(Krombacher), 괴테와 비스마르크가 즐긴 쾨스트리처(Kstritzer), 반슈타이너(Warnsteiner) 등이 독일 대표 맥주로서 독특한 맛이라기보다는 라거나 필스 계열의 맥주이기 때문에 특별함을 못 느낄 수 있다. 그러나 독일에서도 독특한 맛을 내는 지역 맥주들이 있다.

독일 맥주종류

형태	이름	지역명	내용
하면 발효맥주	둥켈 Dunkles bier		헬레스와 함께 독일 남부지방에서 만들어진 맥주로 헬레스의 검은색 버전이라고 볼 수 있다. 만약 더 검은색 맥주를 찾는다면 슈바르츠비어가 있다. 헬레스 보다는 조금 더 진하고 구수한 맛을 느낄 수 있다.
	엑스포트 Export	도르트문트	필스너계열의 맥주이다.
	헬레스 Hellesbier	뮌헨	뮌헨에서 최초로 만들어진 맥주이다. 필스너와 함께 한국스타일의 라거맥주로서 목넘김은 가볍지만 맛은 진한 독일식 라거를 느낄 수 있다.
	필스너 Pilsener		독일에서 볼 수 있는 가장 보편적인 맥주이다. 부산물이 적어 깔끔 하고 시원한 청량감이 있다. 한국의 라거와 맛이 비슷하다. 체코의 버드와이저와 네덜란드의 하이네켄도 필스너의 한 종류이다.
상면 발효맥주	알트비어 Altbier	뒤셀도르프	알트비어는 보리차를 먹는 듯한 고소한 맛이 특징인 흑맥주이다. 뒤셀도르프 지역과 근교에서 만들어진다. 뒤셀도르프는 지리적으로 쾰른과 많이 떨어지지 않은 곳이다. 그래서인지 쾰쉬비어와는 맛을 구별하기가 쉽지 않다. 알트 비어를 만드는 유명한 양조장으로는 춤 유리게(Zum Uerige)라는 곳이 있고, 병맥주로는 한국에도 이미 소개된 디벨트(Diebels)가 유명하다.

상면 발효맥주	베를리너바이세 Berliner Weisse	베를린	바이스비어에 과일 시럽이 더해진 느낌이다. 병마다 색깔이 다른데, 빨간색 병은 라즈베리 맛이 나고, 녹색병은 레몬맛이 난다. 와인잔 비슷한 잔에 빨대로 마시며 베를리너 바이세의 경우 보통의 맥주보다 알코올 도수가 낮다. 베를리너 바이세 중에는 베를리너 킨들 바이세(Berliner Kindl Weisse)가 가장 많이 알려져 있다.
	쾰쉬 Koelsch	쾰른	쾰른의 명물 중 하나는 쾰쉬비어이다. 라거와 비슷한 맛이 나고, 맥주가 투명하고 밝은 황금색이어서 필스너와도 비슷하다. 만약 독일 맥주의 독특한 맛을 기대하는 사람이 있다면 실망할 수도 있다. 쾰쉬맥주 중 유명한 브랜드는 가펠쾰쉬(Gaffel Kölsch)와 돔쾰쉬(Dom Kölsch)이다.
	바이젠/ 바이스비어 Weissbier/ Weizenbier	뮌헨	바이첸비어 혹은 바이스비어라고 부른다. 필스너보다 조금 색깔이 연하고 맥아대신 밀로 만든 맥주이다. 헬레스나 다른 필스, 라거 계열의 맥주는 굳이 전용잔에 따라 마시지 않아도 되지만, 바이스비어의 경우 꼭 전용잔에 따라 마시길 권한다. 바이스비어의 경우 거품과 효모가 병 밑쪽에 있기 때문에 2/3가량 먼저 따르고, 병을 좌우로 흔들어서 거품을 만든 후 나머지를 따르면 바이스 비어 특유의 맛을 더 잘 느낄 수 있기 때문이다. 프란체스카나, 파울라너, 슈나이더 등의 브랜드가 유명하다. 참고로 바이첸비어와 콜라를 섞어 마시는 콜라바이첸, 바나나음료와 섞어 마시는 바나나바이첸도 있으며, 효모를 걸러내지 않고 만든 바이첸비어인 헤페바이첸(Hefe-Weizen)도 존재한다. 뿌연 색깔을 하고 있으며 맛도 조금 진한 느낌이어서 독일식 막걸리라고 부르기도 한다.

변형맥주	고제 Gose	라이프치히, 고슬라르	고제비어는 원래 라이프치히의 지역 맥주가 아니다. 고슬라(Goslar)라는 라이프치히 근처의 작은 도시에서 만들어졌다. 그래서 이름이 고제이다. 고제비어는 맛의 호불호가 확실히 갈린다. 독특한 맥주를 마셔보고 싶은 사람들에게는 이런 맥주도 있나? 싶다가도 또 다른 사람에게는 애매모호한 맛 때문에 싫어하기도 한다. 아마도 소금과 코리안더를 가미한 맥주이기 때문에 그런듯하다.
	라우흐비어 Rauchbier	밤베르크	라우흐비어는 흑맥주를 만들려다가 타버린 맥아를 이용하여 만들어진 맥주이다. 밤베르크에 있는 슐렌케를라(Schlenkerla)라는 양조장에서 만들어진 라우흐비어가 유명하다.

그밖에 독일에서는 알콜프라이비어(Alkohol-Frei) 알코올이 없는 맥주도 맛있다. 한국에서는 무알콜맥주를 많이 마시지는 않지만, 독일에서는 많이 마신다. 알콜프라이비어는 알코올만 없을 뿐이지 필스너, 바이첸 등을 만드는 방법을 그대로 사용하기 때문에 다양한 맛을 즐길 수 있다. 라들러(Radler), 알슈터(Alster)라고 불리는 맥주와 레몬사이다를 1:1로 혼합한 맥주를 마시기도 한다.

04
독일 음식점

레스토랑

독일의 음식점들은 다양한 형태가 존재한다. 기본적으로 일식, 독일식, 이탈리아식 등 한국의 레스토랑과 유사하다. 가스트슈테테(Gaststaette)는 주로 가정식 요리, 지방의 향토요리를 맛볼 수 있다. "맥주이름 + 켈러"(예를들어 Augustiner keller

아우구스티너 켈러), 혹은 와인 이름 맥주전문점 혹은 와인 전문점이라고 볼 수 있다. 라츠 켈러는 시청사 지하에 위치하는 음식점으로 지역 요리나 기본적인 요리를 먹을 수 있다. 크나이페(Kneipe)는 한국선술집과 비슷하다.

위의 음식점들은 항상 일정한 팁을 주어야 하는 곳이다. 음식값도 개인 당 15~30유로 정도하고, 팁은 음식값이 10% 정도를 주거나, 1유로 단위를 반올림하여 주기도 한다. 예를들어 58유로가 나왔다면 60유로를 주는 등 계산하기 쉬운 금액으로 반올림해서 팁을 지불한다. 팁에 강요는 없고, 매너의 일종이라고 보면 된다. 따라서 웨이터의 서빙이 불친절하다거나 마음에 안들 경우에는 주지 않아도 된다. 팁을 줄 때 따로 주는 것이 아니라 계산서를 받고, 계산서 위에 금액을 올려놓거나 즉시 계산해야 할 때는 음식값과 자신이 주고 싶은 팁 금액을 합산하여 말해 준다. 아무런 말을 하지 않는다면 웨이터들은 당연히 음식가격만 받고 거스름돈은 돌려준다.

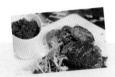

TIP 레스토랑에서 음식 주문하기

레스토랑에서 음식을 주문하기 위해서는 먼저 기다리는 시간이 필요하다. 독일에서는 자리에 앉아서 일단 웨이터가 올 때까지 기다린다.

□ **Kann ich die Speise Karte haben, bitte?**
  내가 메뉴판을 볼 수 있을까?

□ **Möchten Sie jetzt bestellen?**
  당신은 지금 주문하기 원하냐?

□ **Können Sie mir ein Menü empfehlen?**
  당신은 나에게 메뉴를 추천해줄 수 있나?

□ **Ich möchte bestellen**
  나는 주문할 것이다.

- Ich hätte gern, ein Schnizel
  슈니첼,,,, 주세요,

- Was möchten Sie trinken/Was für Getränke gibt es?
  무엇을 마시길 원하나?

- Ich möchte ein Bier, bitte
  나는 맥주를 원한다.

- Sonst noch etwas?
  그밖에 다른 주문할 게 있나?

- Das ist alles
  좋다 괜찮다.

- Ich möchte zahlen, bitte,
  나는 지불하기 원한다.

- Alles zusammen oder getrennt
  함께 지불하는가? 각자 지불하나?

- Kann ich mit Kreditkarte zahlen
  내가 신용카드로 지불할 수 있나?

- Können Sie mir die Rechnung geben?
  계산서를 줄 수 있어?

- Können Sie mir die Pommes Frites einpacken?
  당신은 감자튀김을 포장해줄 수 있어?

- Wo sind die Strohhalme?
  빨대는 어디에 있어?

- Können Sie mir viel Servietten bringen?
  냅킨을 줄 수 있을까?

비어가르텐 Biergarten

한국식의 야외레스토랑이다. 공원이나 호수에 비어가르텐
이라는 넓은 장소에 의자를 놓고 생맥주와 독일의 요리를
팔기도 하고, 일반레스토랑의 야외시설을 비어가르텐이라
고 부르기도 한다. 다시 말해서 야외에서 앉아서 맥주를
마실 수 있는 대형 야외레스토랑은 모두 비어가르텐이라
고 부른다. 야외시설이기 때문에 4월부터 10월까지 개장을 한다. 맥주나 음식을 판
매하는데, 패스트푸드처럼 직접 음식을 가져와야 하는 곳도 있고, 그렇지 않은 곳
도 있다.

임비스 Imbiss

임비스는 독일식 패스트푸드 전문점이라고 할 수 있다. 가벼운 식사를 할 수 있는
간이식당으로서 독일 사람들 혼자 간단하게 점심을 해결하는 경우가 많기 때문에
가장 자주 찾는 곳이기도 하다. 직접 주문하고 셀프로 가져와서 먹는 시스템이기
때문에 웨이터가 없고 당연히 팁을 줄 필요도 없다. 임비스의 종류는 어떤 음식을
파느냐에 따라 다양하다. 감자튀김전문점, 케밥전문점, 브랏부어스트와 커리부어스
트 전문점, 아시아푸드전문점 등 여러 종류가 있으며, 미국식 패스트푸드점도 임
비스에 해당한다.

독일에서 조금 독특한 음식을 경험하고 싶다면 방문할 수 있는 곳이 있다. 바로
정육점과 노드제라는 패스트푸드점이다. 정육점에서는 레버케제라고 하는 돼지간
을 판매하는데, 케밥처럼 빵 사이에 고기를 넣고 소스를 뿌려서 판매한다. 보기에
는 빵에 고깃덩어리가 들어가서 별 맛이 없어 보이지만, 꽤나 중독성이 있다. 또한
노드제라고 하는 패스트푸드점에서는 청어절임을 넣은 빵을 경험할 수 있다. 생선
이 빵 사이에 있는 모습이 다소 충격적일 수 있지만, 맛있다는 사람도 있고, 독일
사람들이 많이 애용하기도 한다.

베커라이 Bäckerei

독일에는 3000여 종의 다양한 종류의 빵이 있다. 맥주의 종류가 어마어마한 것처럼 빵의 경우도 바이첸 Weizen(밀), 로겐 Roggen(호밀), 하퍼  Hafer(오트), 게르스테 Gerste(보리), 마이스 Mais(옥수수), 라이스 Reis(쌀), 히르제 Hirse(기장) 등 100가지가 넘는 다양한 곡물을 통해서 발효와 굽는 방식 등에 따라 색깔과 맛이 다양하다. 특히 빵집이나 슈퍼마켓에서 독일빵에 햄, 치즈, 야채 등을 넣어서 파는 샌드위치들이 많다.

 브레첼

독일 남부지방에서 먹을 수 있는 길거리 음식이다. 독특한 모양으로 된 빵으로서 한국에서도 많이 알려져 있다. 독일의 브레첼에는 굵은소금이 많이 붙어있어서 떼어내지 않고 먹으면 무척 짜다. 기본적인 브레첼 이외에도 크림치즈를 바른 브레첼, 버터 브레첼 등 다양하게 즐길 수 있다. 브레첼은 독특한 유래를 가지고 있다. 빵을 만드는 사람이 죄를 저질러 사형 판결을 받게 되었는데, 사형 판결을 내린 백작이 3일 안에 한 번에 해를 3번 볼수 있는 빵을 만들면 살려주겠다고 하여 만들어진 빵이라고 전해진다.

음식 배달해 먹기

독일에서 음식배달 애플리케이션이라는 독특한 애플리케이션이 있다. 한국은 음식점들이 배달을 해주는 경우가 많지만, 독일은 그렇지 않다. 그래서 음식점의 음식들을 집에서 먹을 수 있게 중간에서 배달을 해주는 일만 하는 애플리케이션이 있다. 이를 통해 주문하면 자전거로 음식배달을 해준다. 예전에는 배달비용을 추가로 받았지만, 요즘은 음식점 측에서 이 요금을 대신 지불해주고, 소비자들은 그냥 음식값만 지불하면 되는 경우가 많아서 이용자가 더 늘어나고 있다. 다만 아직까지 대도시 중심으로 운영되고 있으며, 도시중심부에서 많이 떨어져 있는 곳은 서비스가 되지 않는 경우가 많다.

* 음식배달 전문 애플리케이션

www.Liferando.de   www.foodora.de
www.deliveroo.de   www.liferheld.de

독일은 축제와 거리가 멀 것 같지만, 의외로 1년 내내 무척이나 많은 축제가 도시 곳곳에서 펼쳐진다. 음악축제, 맥주축제, 와인축제, 크리스마스축제 등의 테마축제를 비롯해서 각 지역 고유의 축제들까지 일 년 내내 축제를 즐길 수 있다.

01
카니발 Karneval

카니발축제는 종교적인 전통과 관련이 깊다. 기독교에서 사순절이라는 기간이 있는데, 예수가 광야에서 40일간 금식한 것을 기리는 기간이다. 독일에서는 사순절 기간에 고기를 끊는 풍습이 있기 때문에 그전에 즐겁게 먹고 노는 축제인 카니발이 만들

어졌다. 카니발기간에는 다양한 먹거리와 놀거리가 있으며, 특히 퍼레이드를 하는 로제몬탁(Rosenmontag)이라는 날에는 화려한 의상을 입고 퍼레이드를 하는 것을 볼 수 있다. 로젠몬탁은 매년 바뀌지만 보통 2월 중순에서 3월 초가 된다.

카니발은 독일뿐만 아니라 전 세계적인 기독교문화 중심의 국가들에서 볼 수 있는 축제이기 때문에 일반적으로 카니발이라고 부른다. 그러나 독일 내에서는 각 지역마다 카니발을 부르는 방법이 다르다. 바이에른에서는 파싱(Fasching)이라고 부르며, 마인츠에서는 파스트나흐트(Fastnacht)라고 부르기도 한다.

가장 유명한 카니발행사는 쾰른, 뒤셀도르프를 중심으로 하는 라인강지역이다. 이를 통틀어 라인 카니발이라고 부른다.

02
민속축제 volksfest

각 지역마다 6-9월까지 민속축제가 펼쳐진다. 로텐부르크와 같은 중세도시의 경우 전통축제를 하기도 하고, 그 지방에서 생산하는 와인이나 맥주와 관련된 축제들도 많다. 대표적으로 알려진 민속축제 중에 하나가 옥토버페스트이다. 지역 특색에 따른 다양한 축제들이지만 놀이기구, 먹거리가 주를 이루는 일반적인 축제이다.

주요 민속축제

축제명	지역	일시
Oktoberfest München	뮌헨	9월말-10월초
Düsseldorfer Rheinkirmes	뒤셀도르프	7월중순
Cranger Kirmes	도르트문트 (Rhein-Herne-Kanal)	8월초
Cannstatter Wasen	슈투트가르트	9월말-10월초
Hamburger DOM	함부르크	3-4월, 7-8월, 11-12월
Bremer Freimarkt	브레멘	10월중순-11월초
Kieler Woche	킬	6월중순
Nürnberger Volksfest	뉘른베르크	4월중순-5월초
Schützenfest Hannover	하노버	6월말-7월초

03
박물관의 밤 Lange Nacht der Museen

박물관의 밤 행사는 베를린에서 1997년 처음 개최되었다. 독일의 대도시를 중심으로 새벽 시간까지 박물관을 개방하고, 저렴한 입장료로 도시전체의 박물관을 구경할 수 있는 프로그램이다. 각 도시마다 개최일이 모두 달라서 잘 확인하고 참여해야 한다. 지역마다 다르지만 10~20유로의 금액으로 도시에 있는 대부분의 박물관에 입장할 수 있으며, 시내에서의 교통수단까지 포함된 금액이기 때문에 현지에 거주하는 사람들도 많이 이용한다. 박물관의 밤 행사에는 브레멘, 캠니츠, 다름슈타트, 도르트문트, 드레스덴, 뒤셀도르프, 하노버, 예나, 카셀, 코블렌츠, 쾰른, 뮌헨 등의 도시에서 참여하고 있다.

04
크리스마스마켓 Weihnachtsmarkt

11월 말이 되면 거의 모든 지역에서 크리스마스마켓이 열린다. 독일의 겨울은 낮이 매우 짧아서 아쉽지만, 11월 말부터 12월 24일까지하는 크리스마스마켓이 있기에 아쉬움을 덜어 준다. 마켓에서 다양한 독일의 겨울음식을 맛볼 수 있고, 프랑스의 뱅쇼와 비슷한 글뤼바인을 한 잔 마시면서 도란도란 담소를 나누기에도 좋다. 세계적으로 많이 알려진 크리스마스마켓으로는 "베를린(젠다르멘광장)마켓, 쾰른마켓, 뉘른베르크마켓"이 있다.

05
맥주축제 Bierfest

가장 유명한 독일의 맥주축제는 옥토버페스트이다. 그러나 독일에는 옥토
버페스트 이외에도 각 지역마다 열리는 다양한 맥주축제가 있다. 특히 슈투
트가르트의 맥주축제는 옥토버페스트 보다 다양한 맥주들을 경험할 수 있
다. 다만 독일의 맥주축제들은 각 지역의 특산맥주를 중심으로 축제가 진행된
다. 참고로 옥토버페스트의 경우 뮌헨에서 제조한 딱 6종류의 맥주만 마실 수 있다.

주요 맥주축제

맥주축제	장소	일시
Starkbierfset	Munchen	3월
Munich Fruehllingsfest	Munchen	4월말 5월초
Augsburger Plaerrer	Augsburg	4월초, 8월말
Bierboerse	다양한도시	다양한 시기
Erlangen Bergkirchwein	Erlangen	5월 중순
Hannover Shuezenfest	Hannover	6월말 7월초
Annafset Forchheim	Forchheim	7월말
Kulmbacher Bierwoche	Kulmbach	7월말 8월초
International Berlin Beer Festival	Berlin	8월초
Gaeubordenvollksfest	Straubing	8월중순
Barthelmarkt	Manching	8월말
Limmersdorfer Lindenkirchweih	Limmersdorf	8월말
Baiersdorf Krenmarkt	Baiersdorf	9월중순
Oktoberfest	Munchen	9월중순 10월초
Cannstatter Volksfest	Stuttgart	9월말 10월 중순
Bremen Freimarkt	Bremen	10월 중순 11월 초
Hamburger Dom	Hamburg	3월, 6월 ,9월

06
박람회

박람회는 다양한 기업이 최신 정보를 교류하며 신제품이나 신기술의 홍보를 하는 곳이다. 때문에 자신이 관심 있는 박람회를 가는 것은 축제를 가는 것만큼이나 새롭고 흥미롭다. 독일에서는 이런 박람회가 무척 발달하였다. 각 지역마다 연간 160여 회의 국제박람회가 개최되며, 세계 30대 박람회장 중 8개가 독일에 있을 정도이다. 매해 많은 사람들이 박람회에 참석하기 위해 박람회가 개최되는 도시를 방문한다.

특히 하노버의 경우 독일에서 가장 큰 박람회장을 가지고 있어서 박람회의 도시라고 불릴 정도이다. 박람회장의 크기가 50만㎡로 서울 코엑스의 14배 정도라고 하니, 얼마나 큰 규모인지 알 수 있다. 박람회가 진행되는 기간 동안에는 많은 사람들이 도시에 방문하기 때문에 여행 성수기보다 호텔이나, 민박을 구하기 더 어렵다.

물론 박람회가 각 전문분야와 관련되어 있다 보니, 관심이 없는 사람에게는 박람회 방문이 지루할 수 있다. 그래서 자신이 관심을 가질만한 박람회를 가는 것이 중요하다. 대중적이고 유명한 박람회로는 베를린 국제소비자가전제품박람회, 그리고 프랑크푸르트모터쇼, 프랑크푸르트국제도서전 등이 있다.

독일주요박람회

박람회명	내용	일시
베를린 국제가전박람회 (IFA)	유럽에서 열리는 세계 최대의 가전 및 멀티미디어 박람회로서 앞으로 출시될 가전 및 전자제품을 미리 만나볼 수 있다.	매년9월
하노버 산업박람회	제조업과 관련된 세계최대의 박람회이다.	매년4월
쾰른아트페어	세계에서 가장 오래된 미술 박람회로 세계 5대 아트 페어 중 하나이다.	매년4월
프랑크푸르트 모터쇼 (IAA)	세계최초의 모터쇼로 자동차업체의 신기술과 디자인을 선보이며 격년으로 운영된다.	격년9월
프랑크푸르트국제도서전	세계에서 가장 큰 도서전 중에 하나이다.	매년10월

9. 독일여행

독일생활을 하다 보면 일이 순리대로 풀리지 않을 때가 많다. 스트레스가 크다면 가끔은 훌쩍 떠나서 그 감정들을 모두 날려버릴 수 있는 시간이 필요하다. 이럴 때 여행만큼 좋은 해결책이 없다. 독일여행을 통해 새로운 사람을 만나고, 새로운 장소를 발견하고, 나만의 추억을 만드는 특별한 경험을 하게 될 것이다.

> **TIP 독일인들은 여행을 좋아할까?**
>
> 독일인들은 여행을 중요하게 생각한다. 특히 휴가를 여행으로 사용하는 경우가 많은데, 일 년 전부터 휴가 계획을 세우고, 일 년 동안 저축한 돈을 몽땅 휴가비로 써버리기도 한다. 독일인들은 독일 남부지방이나 오스트리아, 이탈리아에 있는 웰리스 호텔 등을 이용하여 휴양을 즐기기도 하고, 비행기로 유럽의 다른 나라로 이동하기도 한다. 특히 독일인들에게 사랑받는 휴양지는 스페인의 섬들이다. 이비자섬(Ibiza), 란자로테섬(lanzarote), 테네리페섬(Teneriffa), 그란카나리아섬(Grand Canaria), 푸에르테벤투라섬(Furteventura), 마요르카(Mallorca) 등 스페인의 많은 섬들로 여행한다. 그래서 독일의 휴가 관련 애플리케이션(대표적으로 lastminuten이라고 하는 업체가 있으며 다양한 여행상품을 제공하는 Urlaubspiraten와 Urlaubsguru이라는 애플리케이션도 있다. 비행기, 호텔 등을 묶어서 판매하는 여행상품전문 애플리케이션으로서 한국의 하나투어나 모두투어 같은 관광 상품을 판매하는 것과 비슷하다)에도 스페인 휴양지가 월등히 많다. 특히 마요르카의 경우 독일인이 이 섬에 많이 방문하기 때문에 이 섬이 독일의 섬인지, 스페인의 섬인지 모를 정도로 독일 말을 많이 들을 수 있다. 역시나 좋은 날씨와 적당한 물가, 맛있는 스페인 음식이 즐비하고, 많은 리조트들이 있어서 편안한 휴식에는 최적의 공간이다. 한국에서 동남아 여행상품이 많은 것처럼 독일 여행사들의 마요르카 여행상품이 많기 때문에 잘 이용하게 되면 저렴한 가격에 관광할 수 있다. 그밖에 터키와 그리스처럼 전통적인 휴양지와 유럽과 가까운 지중해 연안의 아프리카로 여행을 가기도 하는데, 튀니지나 이집트도 각광받는 여행지 중 하나이다.

01
추천 관광지

여행지를 정하는 문제는 지극히 개인적인 취향이 좌우한다. 누군가는 특정한 관광 명소를 보고 싶을 수도 있고, 누군가는 도시전체의 분위기를 느끼고 싶을지도 모른다. 또는 그 지역의 특별한 먹거리를 찾아 떠나는 사람도 있다. 따라서 각자 자신의 성향에 맞게 가고 싶은 곳을 우선 결정해야 한다. 예를 들어 독일의 역사에 대해서 알고 싶다면 베를린은 근현대사에서 빼놓을 수 없는 장소이다. 분단의 상처와 통일의 기쁨이 도시 곳곳에 아직도 남아있다. 또한 중세시대에 대해서 알고 싶다면 로텐부르크와 같이 잘 보존된 아름다운 중세마을도 있다. 휴양을 위해서는 콘스탄츠부근의 호수에 가거나, 북독일의 휴양지를 방문하는 것도 좋은 선택이다. 한국예능프로그램에 나왔던 장소들을 보러 갈 수 도 있다. 프랑크푸르트 중심의 다양한 독일 전통음식이 소개되었던 원나잇푸드트립이나 독일의 다양한 도시들을 다룬 "내 친구의 집은 어디인가" 등에서 소개된 관광명소들을 방문하는 것도 재밌을 것이다. 만약 관광지를 선정하는 것이 어렵다면 독일 관광청에서 제공하고 있는 인기있는 독일관광지를 보면서 가고 싶은 곳을 정해보자.

독일관광청 추천 관광지

TOP 50, 2018년 독일관광청홈페이지에서 발췌

순위	관광명소	지역
1	미니어처원더랜드 Miniatur Wunderland Hamburg	함부르크
2	오이로파파크 Europa-Park	루스트 (프라이부르크근교)
3	노인슈바인슈타인성 Schloss Neuschwanstein	퓌센(뮌헨근교)
4	보덴호수와 마이나우섬 Bodensee mit Insel Mainau	콘스탄츠
5	로텐부르크 구시가지 Altstadt Rothenburg	로텐부르크
6	드레스덴 구시가지(쯔빙거궁전, 오페라하우스 등) Altstadt Dresden	드레스덴

7	하이델베르크 성 Altstadt und Schloss Heidelberg	하이델베르크
8	판타지아일랜드 Phantasialand	브륄(쾰른근교)
9	하일브론 동물원 Tierpark Hellabrunn	뮌헨
10	모젤강계곡 Das Moseltal	
11	쾰른대성당 Kölner Dom	쾰른
12	에르푸르트대성당 Erfurter Alttadt mit Dom	에르푸르트
13	검은숲 Schwarzwald	프라이부르크근교
14	라벤스부르거 테마파크 Freizeitpark Ravensburger Spieleland	라벤스부르크
15	로마유적지 Römische Baudenkmäler	트리어
16	슈파이어대성당 Kaiserdom in Speyer	슈파이어
17	베르히테스가르덴과 쾨닉호수 Berchtesgaden mit Königssee	베르히테스가덴
18	카를의 마을 Karls Erlebnisdorf	로스토크
19	바트메르겐트하임 야생공원 Wildpark Bad Mergentheim	바트메르겐트하임
20	도이체스 에크 Deutsches Eck	코블렌츠
21	마리엔광장 Marienplatz	뮌헨
22	뤼겐섬과 백악절벽 Insel Rügen mit Kreidefelsen und Prora	뤼겐
23	브로켄산과 하르츠 국립공원 Nationalpark Harz mit Brocken	
24	레겐스부르크 구시가지 Altstadt Regensburg	레겐스부르크
25	엘츠성 Burg Eltz	뮌스터마이펠트
26	작센스위스국립공원(바스타이) Natinoalpark Sächsische Schweiz mit Bastei	드레스덴근교
27	아이제나흐 바르트성 Wartburg in Eisenach	아이제나흐

28	로만틱가도 Romantische Straße	
29	마을브론 수도원 Kloster Maulbronn	마울브론
30	당케른궁전 리조트 Ferienyentrum Schloss Dankern	하렌
31	아이펠 국립공원 Nationalpark Eifel	몬샤우근교
32	밤베르크 구시가지 Altstadt von Bamberg und Dom	밤베르크
33	홀슈타인문과 뤼벡구시가지 Hansestadt Lübeck und Holstentor	뤼벡
34	로렐라이언덕 Loreley	
35	코헴성 Reichsburg Cochem	코헴
36	자우어란트 Das Sauerland	
37	브란덴부르크문 Brandenburger Tor	베를린
38	추크슈피체 Zugspitze	가르미슈파르텐 키르헨 (뮌헨근교)
39	상수시궁전 Schloss Sanssouci	포츠담
40	울름대성당 Ulmer Münster	울름
41	영국정원 Englischer Garten	뮌헨
42	롤란트동상과 시청사 Rathaus und Roland in Bremen	브레멘
43	프라이부르크구시가지 Altstadt und Münster Freiburg	프라이부르크
44	빌헬름회헤 산상공원 Bergpark Wilhelmshöhe	카셀
45	초콜릿시장 Schokoladenmarkt	튀빙겐
46	시청사 Histroisches Rathaus	미헬슈타트
47	슈파이셔슈타트 Speicherstadt	함부르크
48	베를린박물관섬 Museumsinsel Berlin	베를린
49	뒤셀도르프구시가지 Altstadt von Düsseldorf	뒤셀도르프
50	카이저성 Kaiserburg Nürnberg	뉘른베르크

02
독일을 관광하는 방법 : 독일도시의 특징

어느 도시를 가던지 가장 먼저 해야 할 일은
관광안내소에 방문하는 일이다. 독일은 각
도시마다 관광안내소가 있으며 관광지도나
관광정보들을 쉽게 이용할 수 있다. 따라서
아무 준비 없이 관광을 시작한다고 해도
관광안내소에 직원에게 문의를 한다면 친
절하게 안내받을 수 있다.

독일의 도시들을 관광하다 보면 일정한 패턴을 찾을 수 있다. 우선 모든 도시의
관광명소는 시청사, 시청앞 광장, 교회에서 시작한다. 이 3개의 관광명소는 도시의 중
심에 위치하고 있으며, 그 도시의 역사와 문화를 알려주는 중요한 역할을 한다. 그래
서 대부분의 관광가이드북에도 이 3개의 관광명소는 모든 도시마다 표기되어있다.

독일은 기독교 문화가 지배하였던 국가이다. 그래서 도시의 건축물들이나 중요한
시설들은 종교적인 색채가 짙고 독일의 도시 곳곳에서는 수많은 교회들이 있다.

> ### 💬 TIP 비슷한 교회이름이 왜 많을까?
>
> 독일여행을 하면서 각 도시들의 교회이름이 비슷한 경우가 많다. 성모
> 교회,대성당,니콜라이교회, 마르크트교회 등등 같은 이름의 많은 교회
> 들이 있는데, 이 교회이름은 2가지 정도로 나눌 수 있다. 한가지는 지
> 역명칭이나 고유명사이다. 특히 대성당은 돔이라고 부르기도 하는 교
> 회 중에 하나로 카톨릭 성당이다. 과거부터 현재까지 대도시를 중심으
> 로 도심에 있는 카톨릭성당이다. 그리고 마르크트교회는 마르크트광장
> 이라고 하는 중앙광장에 있는 교회로 각 도시마다 광장 주변에 있는
> 경우 마르크트교회라는 명칭을 사용하기도 한다.
>
> 그러나, 이밖에 다른 교회이름들은 주로 카톨릭에서 말하는 성인의 이
> 름을 딴 교회들이 많다. 니콜라이, 로렌츠, 제발트 등등 카톨릭의 성인

의 이름들이다. 성인의 이름과 관련있는 교회들은 그 성인이 실제로 교회와 연관있는 경우가 대부분이다. 카톨릭성인의 이름의 교회이지만 모두 카톨릭성당은 아니다. 이런 교회들중에 개신교인 경우도 많다. 개신교와 성당을 직관적으로 구분하는 좋은 방법이 하나 있다. 개신교회들은 교회내부의 장식이 화려하지 않고, 굉장히 소박한경우가 많다. 카톨릭은 반대이다.

독일이라는 나라는 하나의 국가로 형성된 것이 오래되지 않았다. 로마시대 이후, 그리고 독일제국으로 통일되기 전까지 몇 개의 왕국으로 분리되어 지속적으로 각 지역의 영주들의 막강한 영향력을 행사하였다. 그렇다 보니 독일 도시에는 도시 안에 궁전이나 도시 주변에 왕이 살던 성들을 쉽게 볼 수 있다.

03
투어프로그램 이용하기

지금은 자신이 직접 숙소, 비행기, 교통에 대해서 예약하고 관광을 직접 계획할 수 있는 충분한 정보들이 다양한 곳에 제공되기 때문에 마음만 먹으면 여행상품에 구애받지 않고 언제든지 떠날 수 있다. 여행지에 대한 정보 또한 인터넷과 여행책자들의 방대한  자료들을 잘 취합하여 정리하고 여행지에 출발한다면 기존의 가이드가 안내하는 여행상품보다 훨씬 알차고 여유로운 여행이 될 수도 있다. 다만 여행 루트를 정하고 숙소, 비행기, 교통편 티켓을 구입하는 것부터 상당한 시간이 소요되는 문제가 있다. 그래서 요즘은 새로운 가이드의 형태들이 생겨났다.

프리투어, 팁투어

팁투어 혹은 프리 투어는 미국에서 시작한 문화이다. 일정한 시간에 정해진 여행
장소에 모여서 함께 관광을 하는데 관광명소에 대한 역사, 배경 등의 설명을 해주
고, 모두 마친 후에 일정한 팁을 제공하는 것을 말한다. 한국 사람들에게는 팁이
라는 것이 아직 생소한 문화이다. 그래서 어쩌면 이런 팁투어는 한국의 정서와는
잘 맞지 않는 투어의 형태였을지도 모른다. 그러나 팁투어는 나름 성공적인 투어
형태가 되어서 현재 많은 나라에서 진행되고 있다. 아쉽게도 독일에서는 한국어로
하는 팁투어는 진행하지 않는다. 그러나 영어로 된 팁투어, 프리투어는 독일 대도
시마다 준비되어 있기 때문에 영어가 가능하다면 이용해 볼만하다.

* 구글에서 freetour + 도시명을 검색하면 다양한 회사를 찾을 수 있으며, 특별
히 예약하지 않고 여행안내소에서 물어보면 당일 날의 프리투어업체를 확인하고
참가하는 방법도 있다.

유로자전거나라

국내 여행자에게 아직 팁의 의미, 용도에 대해서 생소하기에 등장한 새로운 가이
드 형태는 지식 가이딩이다. 일정한 금액을 지불하면, 팁투어처럼 관광지에 대해
서 자세하게 하루 혹은 반나절 동안 설명해주는 것이다. 아무래도 돈을 지불하고
듣다 보니 집중도가 높고, 조금 더 양질의 내용을 들을 수 있다. 독일에서는
유로자전거나라 라는 곳에서 투어프로그램을 진행한다.

마이리얼트립

현재 관광지에 오랫동안 거주하고 있는 사람이 직접 가
이드가 되어서 소수의 인원과 함께 여행지를 탐방하는
프로그램이다. 팁투어나 유로자전거나라처럼 여행지 관
련된 내용을 설명을 해준다. 그러나 어느 회사에 소속되
어있는 가이드가 아니라 개인의 프로필을 보고 여행객이 직접 가이드를 선택하는
것이어서 좋은 가이드와 함께라면 만족스러운 관광이 되겠지만 그렇지 않다면 불
안할 수 있다. 독일의 경우 각 지역마다 몇 명씩 등록된 가이드들이 있다.

04
음식점을 선택할 때 고려해야 하는 요소 : 맛집 선택하는 방법

한국에서는 블로그에 후기도 많고, 맛집 관련 애플리케이션이나 페이스북, 인스타
그램에서 맛집 찾기를 조금만 하면 동네의 유명한 맛집 몇 곳은 손쉽게 찾을 수
있다. 그러나 독일에서는 맛집이라고 해도 도대체 무슨 요리가 맛있는지 몰라서
매번 식사 때마다 고민을 거듭하게 된다. 행여나 경비가 빠듯한 상황에서 어렵게
찾은 음식점이 맛이 없을 때는 무척 당황스럽다. 그래서 음식점을 선정하는데 있
어서 몇 가지 요소를 고려하면 좀 더 쉽게 맛집을 결정할 수 있다.

현지인에게 꼭 물어봐라

게스트하우스나, 호텔이나 어느 숙박업소든지 안내데스크에서 근처에 맛집을
물어보거나 시내 중심가나 중앙역 부근에 있는 여행안내소에서 맛집을 물어
보는 방법이다. 아무래도 여행책자나 애플리케이션 보다는 현지에서 추천해
주는 음식점이 가장 베스트인 경우가 많다. 먹고 싶은 전통음식을 사진으로 보
여주거나 설명을 하고, 이런 음식을 제공하는 음식점을 추천해줄 것을 부탁하
는데, 알아보는데 많은 시간이 소요되지 않고, 실패할 확률도 적다. 그들은 이
미 이런 질문을 수도 없이 받은 사람들이고, 현지에서 여행객들보다 훨씬 많은
음식점에서 음식을 먹어본 사람이기 때문이다.

세계적인 여행 애플리케이션을 활용하라

가장 간편한 방법은 역시 애플리케이션을 활용하는
것이다. 독일 여행에서 여행자들이 가장 많이 사용
하는 애플리케이션은 트립어드바이저(Tripadvisor)이

다. 각 지역별로 맛집 순위가 있어서 쉽게 찾을 수 있다. 순위에 연연하기보
다는 먹으려고 했던 음식을 중심으로 검색하는 것이 좋다. 또한 옐프(yelp)라
는 애플리케이션도 있는데, 트립어드바이저와 비슷하지만 랭킹이 존재하지 않
고 예약이나 좌석, 그리고 테이크아웃 여부, 아이들과 함께 식사하기 편한지
등 다양한 옵션이 있어서 사용하기 편리하다.

베를린

○ 중앙역 → ○ 국회의사당 ○ 브란덴부르크문
(전승기념탑,
티어가르텐벼룩시장)

○ 홀로코스트메모리얼

○ 소니타워
(베를린문화포럼)

○ 도이처돔 ○ 운터덴린덴거리 ○ 체크포인트찰리

○ 훔볼트대학교

○ 박물관섬(루스트정원, 베를린돔, 구박물관,
신박물관, 구국립미술관, 페르가몬박물관, 보데박물관)

○ 하케쉐마르크트

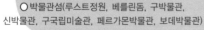

○ 이스트사이드갤러리

○ 알렉산더광장
(TV타워,티비타워)

드레스덴

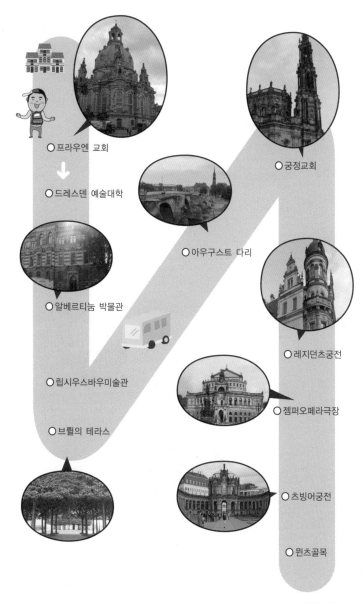

○ 프라우엔 교회

↓

○ 드레스덴 예술대학

○ 궁정교회

○ 알베르티눔 박물관

○ 아우구스트 다리

○ 레지던츠궁전

○ 립시우스바우미술관

○ 젬퍼오페라극장

○ 브륄의 테라스

○ 츠빙어궁전

○ 뮌츠골목

함부르크

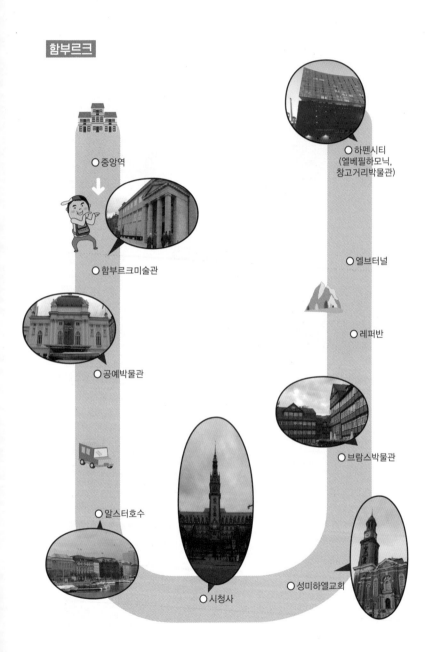

- 중앙역
- 함부르크미술관
- 공예박물관
- 알스터호수
- 시청사
- 성미하엘교회
- 브람스박물관
- 레퍼반
- 엘브터널
- 하펜시티 (엘베필하모닉, 창고거리박물관)

브레멘

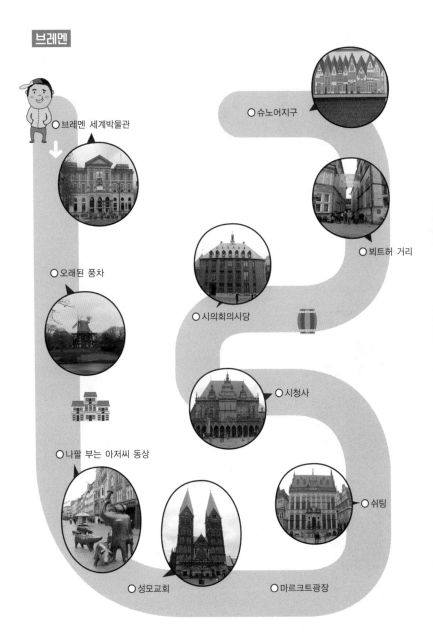

○ 브레멘 세계박물관

○ 슈노어지구

○ 뵈트허 거리

○ 오래된 풍차

○ 시의회의사당

○ 시청사

○ 나팔 부는 아저씨 동상

○ 쉬팅

○ 성모교회

○ 마르크트광장

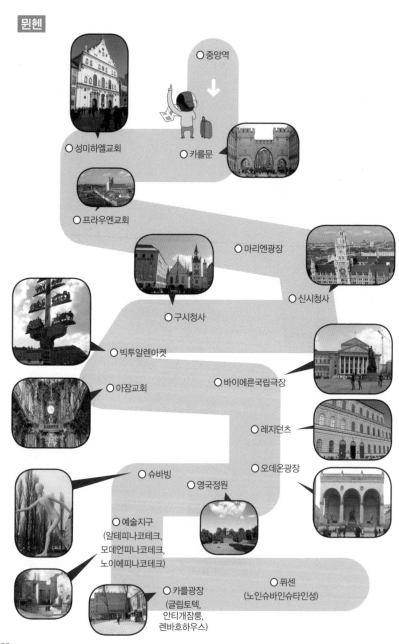

뮌헨

○ 중앙역

○ 성미하엘교회 ○ 카를문

○ 프라우엔교회

○ 마리엔광장

○ 신시청사

○ 구시청사

○ 빅투알렌마켓

○ 아잠교회 ○ 바이에른국립극장

○ 레지던츠

○ 슈바빙 ○ 오데온광장

○ 영국정원

○ 예술지구
(알테피나코테크,
모데언피나코테크,
노이에피나코테크)

○ 카를광장
(글립토텍,
안티개잠룽,
렌바흐하우스)

○ 뮈센
(노인슈바인슈타인성)

로텐부르크

○ 뢰더문

○ 케테볼파르트

○ 제국도시박물관

○ 마르쿠스탑

○ 의회연회당

○ 부르크문

○ 시청사

○ 중세범죄박물관

○ 인형완구박물관

○ 슈니발렌과자점

○ 성야콥교회

○ 플뢴라인

프랑크푸르트

 ○ 카이저거리 → ○ 유로타워/
마인타워

○ 괴테하우스

○ 성카타리넨교회

○ 차일거리

○ 파울교회

○ 박물관지구
(세계문화박물관, 영화박물관,
건축박물관, 통신박물관, 슈테델미술관)

○ 응용미술박물관

○ 뢰머광장
(알테니콜라이교회,
역사박물관, 쉬른미술관,
대성당, 현대미술관)

○ 아이젤너다리
작센하우젠

하이델베르크

○ 코른마르크트광장

○ 마르크트광장
(시청사, 성령교회)

○ 선제후 박물관

○ 기사의 집

○ 하이델베르크성
(엘리자베스문 , 프리드리히관,
그로세 파스, 오토하인리히관,
호르투스 파라티누스)

○ 하우프트거리

○ 하이델베르크대학
(도서관, 페터교회, 학생감옥)

○ 철학자의길

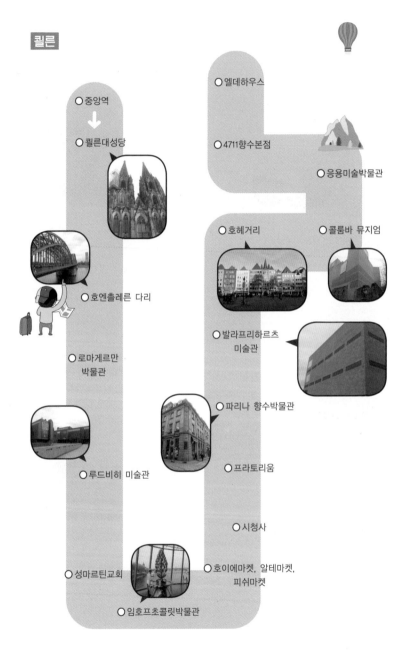

쾰른

○ 중앙역
↓
○ 쾰른대성당

○ 호엔촐레른 다리

○ 로마게르만
박물관

○ 루드비히 미술관

○ 성마르틴교회

○ 임호프초콜릿박물관

○ 엘데하우스

○ 4711향수본점

○ 응용미술박물관

○ 호헤거리

○ 콜룸바 뮤지엄

○ 발라프리하르츠
미술관

○ 파리나 향수박물관

○ 프라토리움

○ 시청사

○ 호이에마켓, 알테마켓,
피쉬마켓

본

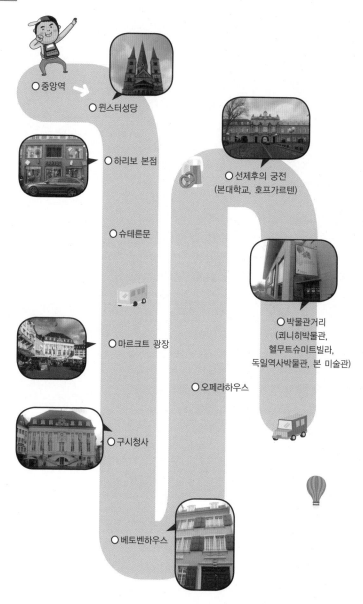

○ 중앙역

○ 뮌스터성당

○ 하리보 본점

○ 슈테른문

○ 마르크트 광장

○ 구시청사

○ 베토벤하우스

○ 선제후의 궁전
(본대학교, 호프가르텐)

○ 박물관거리
(쾨니히박물관,
헬무트슈미트빌라,
독일역사박물관, 본 미술관)

○ 오페라하우스

독일사회

독일생활을 하면서 가장 많이 본 한국프로그램이 있다면 단연 비정상회담이다. 출연하는 외국인들이 각국의 문화를 비교하거나, 한국에 대해서 이야기하는 것을 보면 신기하다 못해 대단하다. 한국인보다 한국 역사나 경제에 대해서 잘 알기도 한다. 아마도 그들은 단순한 여행객으로서 한국에서 생활을 이어가진 않았을 것이다.

타지에서 아무 연고도 없이 사는 사람을 이방인이라고 한다. 우리가 독일 사람들에게 이방인으로 느껴지지 않기 위해서는 열심히 독일에 대해서 알아가는 방법밖에는 없다. 그래야 좀처럼 벗어나기 힘든 외국인 꼬리표를 뗄 수 있다. 또한 우리가 비정상회담에 나온 외국인들을 바라보는 시선처럼, 독일인들이 우리를 바라볼 가능성이 있다.

독일에 오랫동안 거주하고 시간이 흐르면 자연스럽게 쌓여가는 행동양식이 있다. 자신도 모르는 사이에 사고방식마저 독일사람처럼 되어갈지도 모른다. 그러나 단순히 그들의 습관이나 행동만 따라간다면 늦게 걸음마를 시작하는 아이에 불과하다. 우리가 독일인인 것처럼 대우를 받기 위해서는 독일사회에 대한 지식이 필요하다. 직접 경험으로 습득할 수 있는 부분들은 많지 않다. 특히 정치, 경제, 역사는 독일사회에서 살아가면서도 직접적으로 경험할 수 없는 것들이기도 하다. 하지만 이런 정보들은 독일사회에서 한 구성원으로 인정받기 위해서 기본적으로 알아야 하는 상식이다.

4장

1. 독일 역사

독일의 역사는 파란만장하다. 국가다운 틀을 갖춘 것도 유럽에서 가장 늦은 편이었고, 2차례의 세계적인 전쟁에서도 모두 패배하였다. 또한 통일된 국가로서 현재의 독일이 된 것은 불과 30년이 안된다. 그럼에도 독일은 현재 세계경제를 이끄는 나라 중에 하나이고, 많은 사람들이 살고 싶어 하는 곳이다. 어떻게 독일이 이렇게 빠르게 다시 세계의 중심으로 자리 잡을 수 있었는지, 다양한 논의가 있었다. 혹자는 제조업을 바탕으로 한 경제성장을 이야기하기도 하고, 또 다른 사람들은 근검절약이나 질서를 잘 지키는 국민성을 말하기도 한다. 그리고 꼭 한가지 더 독일의 성공신화에 대해서 이야기할 때 빼놓지 않는 점이 바로 역사교육이다. 그들은 과거를 인정하고, 끊임없이 그들의 잘못을 교육한다. 드라마, 영화 등을 통해서도 독일의 부끄러운 역사를 소재로 다루는 것을 어려워하지 않는다. 그리고 현재까지도 히틀러나 그와 관련된 이야기를 하는 것을 상당히 조심스러워한다. "역사를 잊은 민족에게 미래는 없다."라는 말이 있다. 영국의 수상이었던 처칠이 한 말이다. 그만큼 역사는 중요하다. 과거에서 현재를 보고 미래를 준비한다는 측면에서 독일인들은 역사의 중요성을 잘 알고 있다.

독일을 알기 위해서는 독일역사를 꼭 알아야만 한다. 하다못해 자신이 살게 될 도시에 특별한 명소들도 역사와 관련 있는 것이 무척이나 많다. 초등학교, 중학교, 고등학교 때 배운 세계사를 독일의 상황에 맞춰서 본다면 훨씬 빠르게 습득할 수 있을 것이다.

독일 역사연표

고대		중세-근세					근대							현대	
게르마니아	게르만족	프랑크왕국	동프랑크	독일왕국	독일기사단국	프로이센공국	프로이센왕국	독일연방	북독일연방	독일제국	바이마르공화국	나치독일	연합군군정기	동독	독일
로마제국	서로마				신성로마제국			라인동맹	바이에른/바덴/뷔르템부르크					서독	

게르만족의 대이동(375) → 로마제국의 멸망(467) → 프랑크왕국의 형성(481–) →
동프랑크왕국의 시작 (870~)→ 신성 로마제국(962~1806) → 한자동맹과
금인칙서(1356) → 프로이센의 등장과 독일제국의 성립(1871) → 제1차
세계대전과 바이마르 공화국(1919~1932) → 나치즘의 등장과 제2차
세계대전(1932~1945) → 동·서독 분단의 시대(1945~1990)와 통일 독일

TIP **한자동맹 Hansa**

한자동맹은 13세기부터 17세기까지 독일 북부지역에 있었던 동맹체제를 말한다. 12,13세기경에는 독일 북부지역에 있던 이곳저곳 돌아다니는 경험 많은 상인들이 단체를 이루어 동맹을 이룬 것으로, 상인들이 서로가 위급한 경우, 사망한 경우, 상품 구입을 할 경우 등 생활의 전반적인 부분에 걸쳐서 상호 간에 도울 것을 목적으로 하는 조직체였다. 그러나 추후에는 동맹의 구성원 이외에는 거래를 할 수가 없는 "상업의 독점"이 주요목적이 되어 구성원만 상업을 해야 하고, 외부 사람은 상업 환경에 들어오지 못하게 하거나 방해함으로써 경제적인 독점권을 가진 거대한 경제동맹체제가 되었다. 그뿐만아니라 14세기 중엽에는 한자동맹체제가 커지면서 도시와 도시의 동맹체제로 발전되고, 주로 해상 교통의 안전을 보장하고, 공동 방호와 상권 확장 등의 목적으로 연합하게 된다. 이 당시 한자동맹에 가입한 도시의 수는 70~80여 개였고, 16세기 초까지 북방무역을 독점하였다. 도시동맹체제가 되면서 자체방어를 위해 해군을 소유하고, 자체의 법과 법정을 가졌다. 한자동맹 최초의 가입도시였던 뤼베크, 함부르크, 브레멘 등이

있는데, 현재까지도 함부르크와 브레멘이 독일 내에서 독자적인 주로 인정 받는 이유가 중세시대에 이미 도시국가의 시스템을 갖추고 있었기 때문이다.

 금인칙서(Goldene Bulle)

1300년대 당시 신성로마제국은 혼란스러운 상황에서도 꾸준히 황제가 존 재했다. 이름뿐인 황제이지만, 몇몇 호족들과 대주교들의 선거를 통해서 황제가 탄생했다. 황제를 뽑는 권한을 가지고 있는 몇몇 호족들과 대주교 들은 선제후라고 불렸으며, 선제후가 관할하고 있는 영토는 분할할 수 없 고, 반드시 그들의 영토는 장남에게 상속되었으며, 그들을 공격하는 것은 대역죄로 취급되었다. 사실상 황제가 선출된다고 해도 선제후의 권력에 영 향을 줄 수는 없었다. 금인칙서는 "황제를 임명하는데 있어서 교황의 간섭 을 배제하고 선제후가 황제를 선출한다."라는 내용을 성문화 한 것이다. 이 금인칙서가 반포되면서, 더욱 그들의 지위가 단단해졌다. 당시 선제후에 속하는 호족들로는 마인츠, 트리어 쾰른 대주교와 바이에른공국, 작센공국, 하노버공국, 브란덴부르크공국(훗날, 프로이센지역) 등이었다.

 말실수를 통해 통일된 독일

1989년 11월 9일 당시 동독의 사회 주의 통일당 선전담당비서였던 귄터샤 보브스키는 기자회견을 통해 외국여행 규제완화정책을 발표하려했다.

그러나 그는 정책심의에 참여하지 않아 실상을 모른 채 회견도중 "앞으로 서독을 비롯한 외국여행을 자유화한다."고 말하게 된다. 그리고 언제부터인 지에 대해 이탈리아 기자가 질의했을 때, "내가 알기로는 지금부터입니다." 라고 말했다. 그 방송으로 인해 수많은 동독주민들이 베를린장벽으로 몰려 들었고, 수십만 명의 시민들이 망치와 곡괭이를 들고 담을 부쉈으며 하룻 밤 만에 동독주민과 서독주민들이 섞이게 되었다. 그 뒤로 동독정부가 마 비되고 통일과정을 거치게 된다.

한국사회와 독일사회의 차이점을 명확하게 구분할 수 있는 분야는 정치이다. 독일은 연방주의를 중심으로 의원내각제를 채택하고 있어서 단일국가와 대통령제의 한국과는 큰 차이점이 있다. 대표적으로 한국에서는 대통령이 모든 분야의 대표이지만, 독일은 총리가 많은 부분 한국 대통령의 역할을 한다. 이외에도 수많은 차이점이 존재한다. 그래서 독일에 정치학을 공부하기 위해서 유학을 오거나 독일정치에 관심이 많은 경우가 아니라면 확연히 다른 독일정치시스템을 자연스럽게 이해하기란 무척 어렵다. 따라서 이번 챕터에서는 한국과 독일의 차이점들을 바탕으로 기본적인 독일정치체계를 알아보도록 한다.

독일 연정의 역사

총리	콘라트 아데나워	루트비히 에르하르트	쿠르트 게오르크 키징거	빌리 브란트	발터셸 (총리대행)	헬무트 슈미트	헬무트 콜	게르하르트 슈뢰더	앙겔라 메르켈
재임기간	1949.9.15. ~ 1963.10.16	1963.10.16. ~ 1966.12.1	1966.12.1. ~ 1969.10.21	1969.10.21. ~ 1974.5.7	1974.5.7. ~ 5.16	1974.5.16. ~ 1982.10.1	1982.10.1. ~ 1998.10.27	1998.10.27. ~ 2005.11.22	2005.11.22. ~ 현재
집권당	기독민주당 (CDU)	기독민주당 (CDU)	기독민주당 (CDU)	사회민주당 (SPD)	자유민주당 (FDP)	사회민주당 (SPD)	기독민주당 (CDU)	사회민주당 (SPD)	기독민주당 (CDU)
내각 구성기간 및 연정	기독사회당, 독일당/자유민주당, 독일당/기독사회당, 자유민주당, 독일당	기독사회당, 자유민주당	기독사회당(대연정)	사회민주당, 자유민주당	사회민주당	사회민주당, 자유민주당	기독사회당, 자유민주당	녹색당	기독사회당, 사회민주당(대연정)/ 자유민주당

01
독일의 연방제

한국과 독일은 모두 공화국이다. 독일의 정식 명칭은 독일연방공화국이며, 공화국은 주권이 국민에게 있는 나라를 의미한다. 요즘 시대에 공화국이 아닌 국가도 있나?라고 생각할 수 있지만, 현재까지도 상징적으로나마 국왕이나 황제 등이 있는 영국, 일본 등의 나라는 공화국이라는 명칭을 사용하지 않는다.

독일과 한국은 국왕이나 황제가 없는 주권이 국민에게 있는 나라로서는 동일하다. 단지 차이가 있다면 연방이라는 의미이다. 연방제는 국가의 권력이 중앙정부와 주정부들에게 동등하게 분배되는 체제를 말한다. 때문에 각 주마다 범죄에 대한 처벌규정, 교육형태, 경찰제도 등도 다르며, 독립된 헌법이 존재하고 군사와 의회 사법 기능도 완벽하게 자체적으로 시행한다. 따라서 각각의 주정부가 스스로 할 수 있는 자치권이 크기 때문에 중앙정부와 대등한 권력을 갖는다.

독일의 경우 주정부가 교육, 치안, 문화 등 민생현안에 대해 독자적인 권한을 갖는다. 예를 들어 각 지방마다 자치단체장을 뽑는 기준이 다르다. 또한 교육 분야에 대해서도 권한을 주정부에 두고 있기 때문에 대학입학과 관련된 시험의 과목과 내용, 학교의 교과내용, 상점 영업시간이 주마다 다른 이유도 이 때문이다.

> **TIP 미국의 연방제, 영국의 연방제?**
>
> 각 나라의 연방제에서 지방정부의 자치권의 정도는 모두 다르다. 미국이나 영국의 경우 각 주가 단일국가수준의 자치권을 행사하고 있다. 특히 영국은 연방제 국가라기보다는 국가연합이라는 표현이 더 정확하다. 스코틀랜드, 웨일스, 잉글랜드, 북아일랜드로 구성된 그레이트브리튼 북아일랜드 연합왕국(United Kingdom of Great Britain and Northern Ireland)이라는 이름이 정식 명칭이기도 하다. 축구 경기에서도 다른 팀으로 출전하고, 심지어 국기도 모두 다르다. 또한 오래 전 영국의 지배하에 있었던 캐나다, 호주 등의 국가는 아직도 영연방이라고 불리기도 하고, 현재까지도 영국의 국왕을 상징적으로 인정하기도 한다. 미국은 각주가 단일국가만큼의 지위를 갖지는 않지만, 독자성이 강해서 헌법, 의회, 사법기관, 군대까지 있다. 그래서 미국의 경우 미국 변호사라는 표현보다는 미국 어느 주의 변호사라고 말하는 것이 이런 이유 때문이다.

그렇다면 과연 연방제 국가의 지방정부와 단방제국가의 지방정부와는 무슨 차이가 있을까? 한마디로 정의하거나 비교하기 어렵지만 훨씬 더 적은 자치권을 가진다는 차이점이 있다. 예를 들어 한국의 경우 중앙정부에서 인구 비율에 따라 몇몇 지방정부를 통합하거나 분리하는 역할을 하기도 한다. 그러나 연방제에서는 각각의 주가 역사적으로 고유의 영토와 인구를 바탕으로 성립된 것이기 때문에 통합이나 분리를 중앙정부에서 이행한다는 것은 상당히 어렵다.

미국이나 영국에 비해 독일은 중앙정부의 역할이 훨씬 크다. 대외정책, 유럽 정책, 국방, 사법, 노동, 사회, 조세 및 보건은 중앙정부인 연방에서 권한을 갖고, 치안, 교육 대학 행정 및 기초 자체단체에 대한 관할은 각 주에서 권한을 행사한다. 그래서 미국이나 영국과는 다르게 독일의연방제는 연방제와 단방제의 중간수준의 위치에 있다.

물론 한국처럼 국가의 권력이 완벽하게 중앙정부 중심으로 돌아가는 것은 아니며, 중앙정부와 지방정부가 수평적으로 연결되어있고, 평등한 협상이 가능한 형태를 유지한다. 예를 들면 상원 하원으로 나누어지는 의회 구조 속에서 상원 의원은 주정부의 대표(주정부의 각료나 공무원)들로 구성하여, 연방과 각주의 행정적인 부분을 충분히 공유할 수 있다. 미국의 경우 각 주의 대표인 상원 의원들은 주를 대표하는 역할보다는 연방 차원의 대표 중 하나로 활동하고 실질적인 행정은 주지사가 하기 때문에 행정공유를 할 수 없는 것과 상반되는 점이다.

TIP 일과 사생활은 별개

게르하르트 슈뢰더 전 독일 총리가 한국인 김소연 씨와 결혼을 했다. 칠순을 훌쩍 넘은 독일전총리와 한국인과의 결혼은 새간의 주목을 한몸에 받았다. 결혼자체도 신기하지만, 더욱 대단한 점은 슈뢰더 전 총리가 다섯 번째 결혼이라는 점이다. 한국이었다면 네 번이나 결혼한 사람이 총리가 된다는 것은 굉장히 어려울 것이다. 이처럼 독일에서는 일과 개인사는 명확하게 분리되어있다고 해도 과언이 아니다.

02
독일국회

독일은 연방상원과 연방하원을 구성하는 양원제를 채택하고 있다. 한국의 국회의원들이 맡고 있는 법을 제정하거나 개정하는 일은 대부분 연방하원의 의원들이 하게 되며, 연방상원은 각 주정부의 주지사, 주장관, 시장 등이 재정 및 행정 분야의 입법 등 각 주의 이익에 직접적으로 관계되거나 기본법에 영향을 미치는 법안을 한번 더 검토하고 통과시키는 역할을 한다. 따라서 각 주의 이익에 관계되는 복합적인 법안의 경우 하원, 상원 총 2번의 절차를 거쳐서 제정하거나 개정하게 되는 것이다.

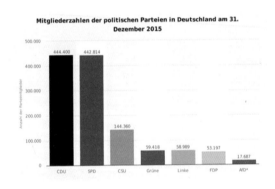

Mitgliederzahlen der politischen Parteien in Deutschland am 31. Dezember 2015

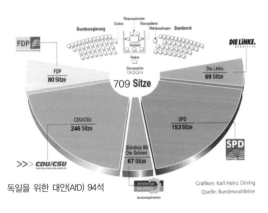

독일을 위한 대안(AfD) 94석

Grafiken: Karl-Heinz Döring
Quelle: Bundeswahlleiter

독일의 정당

독일에는 다양한 정당이 존재한다. 보수정당인 독일 기독교 민주연합(CDU), 바이에른 기독교 사회연합(CSU) 진보정당이면서 독일에서 가장 오래된 정당인 사회민주당(SPD), 자유주의정당인 자유민주당(FDP), 극우정당의 성향을 보이는 독일을위한대안(AfD) 등 원내정당이 있고, 그 밖에도 약 25개의 군소 정당들이 있다. 기존에는 기독교민주연합(바이에른기독교사회연합)과 사회민주당을 중심으로 하는 양당 경쟁체제였지만, 현재는 우파와 좌파의 정치적 스펙트럼이 확대되었다. 특히 독일을위한대안이라는 정당은 생긴지 5년만에 제3정당을 달성하면서 상당히 선전하고 있다.

독일정당 정책성향

2018년기준

좌파당 (DIE LINKE)	녹색당 (GRÜNE)	독일 사회민주당 (SPD)	자유민주당 (FDP)	독일 기독교 민주연합 (CDU) 바이에른 기독교 사회연합(CSU)	독일을 위한 대안 (AfD)

진보 ⟸⟹ 보수

현재 독일의 제1당인 기독교민주연합은 1945년 독일이 제2차 세계대전에서 패망하자, 새로운 정치질서 확립을 위해 탄생한 정당이다. 서독의 초대 총리였던 콘라트 아데나워가 기독민주연합 소속이였다. 아데나워 총리 집권 이후 20년 동안 기독민주연합은 독일에서 가장 지배적인 정당으로 자리매김한다. 그러나 동서 냉전이 심화하던 시절, 동독보다 우위에 서서 소련을 상대하여 통일을 이루려 했던 아데나워 총리의 정책이 실패로 돌아가면서 야당이었던 사회민주당에게 정권을 넘겨주었고, 현재까지 엎치락뒤치락하며 사회민주당과 기독민주연합이 독일정치를 이끌고 있다.

기독교 민주연합과 기독교 사회연합의 경우 자매정당이라고 한다. 그래서 바이에른지역은 기독교민주연합이 존재하지 않고, 기독교사회연합만이 있다. 이 두개의 정당은 연방의회에서 단일한 교섭단체로 활동하며 두 정당을 합쳐서 연합당(Union)이라고 부른다.

03
선거제도

한국에서 국민이 직접 투표를 하는 선거는 대통령을 직접 뽑는 대선, 국회의원을 뽑는 총선, 그리고 지역 의장과 지역구 의원, 도지사 구청장 등 을 뽑는 지방선거로 총 3번의 선거가 있다. 그러나 독일에서는 연방하원 선거와 지방선거 단 2번의 선거만을 직접선거로 치른다. 따라서 연방 상원 의원은 직접 투표를 통해 뽑히는 의원이 아니다. 또한 독일에서는 대통령과 총리도 직접 선거로 뽑지 않는다. 따라서 한국의 대선이라고 불리는 대통령선거가 독일에는 없다.

그렇다면 독일에서는 누가 선거권을 가지고 있을까? 독일에서는 만 18세 이상 독일 국민으로서 독일연방공화국에서 3개월 이상 주소를 가지거나 기타 통상적으로 거주한 경우 선거권을 부여하고 있다. 외국인의 경우 당연히 선거에 참여할 수 없다. 나중에 시민권을 갖게 되면 그때는 선거에 참여할 수 있다.

 영주권과 시민권의 차이

영주권은 장기 거주 허가증 정도로 생각할 수 있다. 영주권을 받으면 원하는 만큼 독일에서 거주할 수 있게 된다. 단순히 거주 허가증이기 때문에 국적에는 아무런 영향이 없다. 한국 국적을 가지면서 독일에서 거주하고 있는 한국 국민이다.

그러나 시민권은 완전히 독일 국민으로서 국적을 바꾸게 되거나 이중국적을 가지게 된다. 또한 영주권과 달리 독일 시민으로서 권리를 갖는다. 가장 표면적인 차이로는 선거권이다. 시민권을 가지게 되면 독일 선거에 참여할 수 있다.

독일은 세계적인 경제대국으로 유럽연합을 이끄는 경제수장이기도 하다. 2차 세계대전 이후 몇 차례의 고비가 있었지만, 그때마다 잘 극복하여 현재는 미국·중국·일본에 이어 세계 4위 경제 규모를 자랑한다. 특히 최근에 있었던 금융위기에서 독일경제는 신속하게 회복하고, 지속적인 성장세를 보여서 많은 나라들이 독일경제의 성장에 대해 주목하기 시작하였다.

01
독일산업구조와 독일기업

독일은 탁월한 기술력을 바탕으로 제조업분야에서 높은 경쟁력을 가지고 있다. 자동차, 전기전자, 기계 화학산업에서 두각을 보이며, 세계적인 고부가가치 상품을 생산하고 있으며, 특히 구 서독지역을 중심으로 다양한 산업이 발전하여 독일의 경제를 책임지고 있다. 예를 들어 독일남부지역에는 Bosch와 Benz, BMW와 Audi, 항공기, 전자 등 미래지향적인 산업이 발전하였으며, 라인강의 기적의 시작이었던 노스트베스
트팔렌주의 루르공업지대는 최근에는 전자, 화학, 정유, 기계, 시멘트업 등을 토대로 독일의 경제의 큰축을 담당하고 있다.

또한 독일은 특정 부문에 특화한 중소기업이 세계시장에서 높은 점유율을 기록하고 있다. 특히 의료기술, 레이저 기술, 소프트웨어, 기계 제작 등 하이테크 기술 분야에서 세계시장을 선도하는 기업 중에 독일 중소기업이 다수 존재한다. 이러한 독일의 제조업은 탄탄한 기술력으로 중국, 미국에 이어 3번째 수출대국의 지위를 유지하고 있다.

한국사람이 알만한 독일기업으로는 Daimler-Benz, BMW, VW, Audi 등 자동차 기업과 miele, Siemens, braun 등의 가전제품기업 등이 있다. 그 이외에도 세계 최대의 화학기업인 BASF, 아스피린을 만든 제약기업인 Bayer, 전구회사인 오스람 Osram도 잘 알려져 있다. 이러한 기업들은 전세계적인 기업으로 입지가 탄탄하다.

또한 이름은 익숙하지 않지만 세계시장에서 두각을 나타내는 대기업들도 있다. 세계적인 기업형 소프트웨어를 만드는 업체인 SAP부터 Kuehne& Nagel라는 물류회사가 있으며, 자동차 부품 공급업체인 셰플러(Schaeffler), 철도 브레이크 시스템 회사인 크노르 브렘즈(Knorr Bremse), 아마존 다음으로 큰 인터넷유통사업자 오토그룹(Otto)가 독일의 기업이다.

02
독일생활물가

독일생활에서 가장 현실적으로 부딪히는 것이 생활물가이다. 독일의 경제력이 좋고, 중소기업이 튼튼하며 GDP가 높은 것은 실질적으로 피부에 와닿는 이야기는 아니다. 결국 생활물가는 어느 정도인지가 우리에게 가장 중요하다.

〈독일지역별 되너가격〉
출처 : http://blog.sonnenklar.tv/doener-index/

이는 한국과 독일을 1:1로 비교하기는 어렵다. 그러나 독일생활을 하다 보면 한국보다 생활물가가 저렴하다는 생각을 하게 된다. 한국에서는 마트에서 장을 보려면 몇 개 구입하지 않아도 10만 원을 훌쩍 넘는다. 오히려 그럴 바에는 음식점에서 사먹는게 더 저렴하다는 이야기까지 나올 정도이다.

그러나 독일에서는 마트에서 장을 봐서 직접 해먹는 것과 레스토랑에서 음식을 시켜먹는 것을 단적으로 비교했을 때 직접 해먹는게 훨씬 저렴하다. 레스토랑에서 한끼 식사를 하려면 한명당 15-20유로의 금액 그리고 팁까지 고려하면 2인 기준 50유로 정도 지출된다. 그러나 일반 마트에서 그 정도의 금액이면 한끼 식사 이상의 먹거리를 구입할 수 있다.

물론 이러한 기준이 객관적이라고 하기는 어렵다. 제품의 종류, 제품의 질, 그리고 인건비, 세금 등 따져봐야 할 요소들이 굉장히 많고 이러한 요소들을 한국과 독일에 동일한 절대수치를 적용할 수도 없기 때문이다. 다만 실제 독일의 마트들이 판매수익이 다른 나라의 마트들에 비해서 상대적으로 낮고, 가격경쟁이 치열하다 보니, 식료품의 가격이 낮게 유지되는 것은 사실이다.

영국의 경제 주간지 〈이코노미스트〉는 빅맥지수라는 것을 개발하였다. 각 나라의 구매력 평가를 비교하는 경제지표로서 세계의 구매력을 쉽게 확인할 수 있다. 독일에서는 전지역이 빅맥가격이 같지만, 독일사람들이 가장 쉽게 구입하여 먹을 수 있는 길거리 음식인 되너의 가격이 지역별로 다르다. 빅맥지수처럼 경제지표는 아니지만, 되너가격을 통해 각지역별 물가를 어느 정도는 가늠해볼 수 있다. 2017년 조사에 의하면 수도인 베를린의 되너 가격이 가장 저렴하고, 프랑크푸르트 함부르크, 뮌헨 등 나머지 대도시의 가격이 상대적으로 높다.

03
독일 부동산시장

독일은 자가보유율이 유럽국가 중에서도 상당히 낮은 나라이다. 그동안 독일의 임대세입자 정책이 좋기 때문에 집을 직접 구입하고자 하는 사람들이 많지 않았다. 그러나 금융위기 이후 독일경제가 호황을 누리고, 이자율 낮아지면서 대출에 용이한 여건이 조성되었다. 이로 인해 투자목적의 주택수요가 증가하였다. 또한 독일 주택시장이 주변국보다 상대적으로 저렴하다는 장점으로 인해 독일 부동산시장에 많은 사람들이 관심을 보이기 시작했다.

실제로 프라이스워터하우스쿠퍼스(PwC)가 조사한 2018년 유럽 도시 부동산 투자 전망에서 독일의 대도시들이 높은 순위에 올랐으며, 독일 전체 부동산가격도 계속 상승하고 있다. 물론 서울에 비하면 평당 가격이 높은 편은 아니며, 베를린의 중심에 있는 아파트의 가격을 런던 집값과 비교해도 3분의 1수준에 불과하다. 다만, 기존에 독일에서 자가를 보유하고 있던 사람들은 큰 수익을 본 것이 사실이다.

또한 향후 독일 대도시에 지속적으로 일자리가 창출될 전망이어서 부동산수요는 높아질 것이라는 전망이 많다. 문제는 부동산가격의 상승으로 인해서 임대료가 지속적으로 오르고 있다는 점이다. 독일에서 부동산가격이 가장 높은 지역인 뮌헨에서는 2016년 한 해 동안 월세가 평균 6.4% 오르기도 했다.

위의 그림을 보면 독일의 부동산 가격이 높은 지역과 낮은 지역을 알 수 있다. 뮌헨과 그 주변지역, 프랑크푸르트, 함부르크는 2017년 평당 4000~6800유로를 지불해야 할 정도로 가격이 높아졌으며, 슈투트가르트 베를린, 뒤셀도르프 쾰른도 굉장히 높은 가격이 형성되어있다.

https://www.focus.de/immobilien/kaufen/neuer-postbank-wohnatlas-so-viel-kosten-immobilien-in-ihrer-stadt_id_8609964.html(Mittwoch, 14.03.2018, 14:39)

한국에서 독일에 대하여 가장 많은 관심을 갖는 분야 중에 하나는 교육분야이다. 세계에서 교육열이라면 빠지지 않는 나라가 한국이다. 그래서인지 몰라도 치열하고 과도한 경쟁을 통해 초등학교, 중학교, 고등학교 과정 내내 입시전쟁을 치러야 한다. 1등만이 살아남는 사회는 아주 어렸을 때부터 시작한다. 이에 반하여 독일의 교육은 한국에서는 신선한 충격이다.

매스컴에서 독일교육에 대해 언급할 때면 주입식 교육보다는 토론을 중심으로 하는 수업, 객관식 정답보다는 논술형 시험을 지향하고, 일정점수만 통과하면 평준화된 대학에 진학할 수 있는 꿈의 사회나 다름없다. 그래서 독일교육을 접하고 아이교육을 위해서 이민을 결심하거나 스스로 독일유학을 결정하는 사람들이 있을 정도이다.

그러나 독일교육이 마냥 이상적이라고 볼 수는 없다. 보이지 않는 입시전쟁도 있으며, 너무 일찍 결정되는 아이의 미래에 대해 부정적인 견해도 있다. 따라서 유아교육부터 대학까지 독일교육을 살펴보면서 스스로 객관적인 판단을 할 필요가 있다.

01
유아교육

독일에서 가장 처음 교육이 시작되는 곳은 킨더 크리페(Kinderkrippe) 혹은 키타(kita Kindertageseinrichtungen) 그리고 타게스무터(Tagesmutter)이다. 지역마다 킨더크리페 혹은 키타라고 부르는 곳은 한국의 어린이집에 해당한다. 0세부터 3세까지 영유아 아동을 돌보는 곳으로 킨더가르텐(Kindergarten)이라는 한국식 유치원과 함께 운영되기도 하고, 어린이집만 별개로 운영되기도 한다. 그리고 타게스무터라고 불리는 제도가 있다. 3세 미만의 아이들을 타게스무터라는 위탁모가 시간제 또는 전일제로 돌보는 것이다. 한명의 타게스무터는 약 3-4명의 아이들을 돌본다.

킨더크리페는 한국처럼 국공립과 사립으로 나뉘어 있다. 물론 사립보다는 국공립의 비율이 훨씬 많고, 실제 비용에도 큰 차이가 있다. 국공립의 경우 국가에서 직접 관리한다 기보다는 재정적인 지원을 해주는 것으로 가톨릭이나 개신교, 단체 등에 귀속되어있다.

킨더크리페마다 운영방식이 모두 다르기 때문에 일괄적으로 말할 수는 없다. 다만 아이들의 식사나 산책 그리고 내부 놀이시설을 안전하게 이용할 수 있도록 보호하 는 정도의 역할을 하고, 한국처럼 다양한 프로그램이 운영되지는 않는다. 독일도 대도시의 킨더크리페의 자리를 구하는 것이 상당히 어렵다. 그래서 우선순위가 존 재한다. 일단 부모 2명이 모두 학업이든 일이든 무언가를 해야 먼저 아이를 맡길 수 있는 우선순위가 주어지며, 만약 집에서 책임질 양육자가 있다고 판단하면 킨 더크리페에 입학하기가 쉽지 않다.

만3세 이상이 되면 킨더가르텐, 즉 한국식 유치원을 갈 수 있다. 유치원 교육은 의 무교육이 아니지만, 모든 어린이가 킨더가르텐에 자리 확보를 요구할 권리가 있기 때문에 킨더크리페보다는 비교적 쉽게 입학할 수 있다. 킨더가르텐에서의 교육은 기초 사회생활훈련이다. 글이나 문자를 가르친다기보다 그림 그리기, 율동, 이야기 듣기 등을 통해 다른 어린이들과 공동으로 생활하는 방법을 배운다. 특히 사회에 서 요구하는 규칙에 대해서 가장 처음 배우게 되는 곳으로 이해하면 좋다.

 아이가 태어나면 받을 수 있다? 킨더겔트(Kindergeld)

킨더겔트는 자녀를 둔 가정의 생계와 양육비의 부담을 경감시키기 위하여 부모에게 지급되는 지원금이다. 독일 연방 아동수당법 제1조에 의하여 자 녀를 돌보고 양육하는 납세의무가 있는 모든 부모에게 소득과 무관하게 지급한다. 외국인의 경우에도 독일 영주권을 소지했거나 체류허가를 받은 자에 한하여 아동수당을 받을 수 있다. 이러한 아동수당은 만 18세까지 대 략 월 200유로 가까이 지급된다.

02
의무교육

만 6세가 되면 독일식 초등학교에 입학할 수 있으며, 만 18세까지 교육을 받는다. 독일식 초등학교인 그룬트슐레까지는 모두가 동일한 과정을 거치게 되지만, 그룬트슐레를 졸업하면서부터 다양한 종류의 학교에 진학한다. 일반적으로 한국보다는 빠르게 학업과 진로에 대해 선택하여야 한다.

독일과 한국의 교육과정 비교

초등교육	중등교육 I Sekundarbereich I		중등교육 II Sekundarbereich II	고등교육
Grundschule (1~4학년)	Hauptschule (5~9학년)		Berufsschule Berufsfachschule Gymnasium Oberstufe (10~12학년)	Universität hochschule Fachhochschule
	Realschule (5~10학년)			
	Gymnasium (5~10학년)			
	Gesamtschule (5~9/10학년)			
	진로탐색 (Orientie rungsstufe)	Hauptschule		
		Realschule		
		Gymnasium		
초등학교	중학교		고등학교	대학교
7 8 9 10	11 12 13 14 15 16		17 18 19	20

* 일부학교에서는 통합 운영하며 그 결과에 따라 진로 및 진학 학교 결정

그룬트슐레 Grundschule

독일의 초등학교는 그룬트슐레(Grundschule)라고 한다. 만 6세에 아동들이 의무적으로 입학하고 이후 4년 동안의 교육과정을 거친다(베를린시와 브란덴부르크주의 경우는 6년의 교육과정). 이 과정에서는 주로 아동의 인성을 개발하고 상상력, 자립성, 협동정신 등을 배양하며 기본적인 지식과 능력을 배운다.

한국과 다르게 9월에 초등학교를 입학하게 된다. 1학년에 반이 편성되고 담임선생님이 배정되면 4년 동안 바뀌지 않고 계속 함께 공부한다(학교마다 차이는 있다). 주로 담임선생님이 전체의 과목을 가르치지만, 3,4학년이 되면 각 과목별 선생님이 배정된다. 보통 아침 7시 30분에서 8시에 등교해서 12시 정도가 되면 하교를 하는데, 물론 방과 후에 있는 다양한 활동들에 참여할 수도 있다. 체육활동이나 음악활동 등을 중심으로 하는 프로그램이있다(최근에는 종일제학교들이 존재하여 어린이가 더 오랜 시간 머물 수도 있다).

그룬트슐레에서는 적어도 2학년까지는 성적이 없다. 그러나 3학년부터 교과과정의 평가를 거쳐서 담임교사와 부모의 상의하에 중등교과과정인 Gymnasium, Realschule, Hauptschule 및 Gesamtschule에 진학여부를 결정한다. 물론 상급학교로의 진학에는 성적이 중요한 기준이 된다. 지역별로 차이가 있지만 성적순으로 김나지움, 레알슐레, 하우프트슐레로 진학을 권고 받는다. 한국에서는 고등학교 때부터 나눠지는데 비하여 독일에서는 한국보다 훨씬 이른 시기에 학교가 나눠지게 되는 것이다.

> **TIP 독일의 초등학교 입학선물(Schultüte)**
>
> 슐튜테란 독일의 초등학교인 그룬트 슐레에 입학할 때 아이들에게(ABC – Schützen이라고 하여 ABC만 배운 학생이라고 부르기도 한다.) 가족이나 친척이 주는 선물이다. 약 80센티미터 높이의 아이들이 좋아하는 그림들로 구성된 단단한 종이로 만들어진 봉투이다. 몇몇 유치원에서 이런 고깔 모양의 봉투를 아이들이 직접 그리고 오려서 만들고, 부모님이나 친척들이 과자, 사탕, 초콜릿, 장난감, 학용품을 그 봉투에 담아서 선물한다. 이 선물은 아이들이 처음으로 등교하기 전에 받아서 학교에서 계속 들고 다니다가, 배정받은 반에서 풀어보거나 하교한 후에 개봉한다.
>
> 입학선물과 연관된 전통은 19세부터 시작되었다. 예전에는 입학하는 아이들이 처음 자신들이 수업을 받는 곳에 갔을 때 그들의 자리에서 이 봉투를 발견했다. 그리고 그들은 학교에 있는 슐튜테를 거는 나무에 걸어놓고 수업 후에 자신의 선물을 땄다. 대부분 부모님과 가까운 친척들은 수업이 끝나길 기다리고 있다가 나중에 첫 사진을 찍고 그날을 기억하기 위해 많은 가족이 가족 파티도 했다고 한다.

김나지움 Gymnasium

한국은 대학입시를 위해 엄청난 경쟁을 하지만, 독일에서는 대학 진학도 쉽고 경쟁도 심하지 않을 것이라고 생각한다. 그러나 실상은 그렇지 않다. 독일의 경우 중, 고등학교 과정인 김나지움의 진학부터가 입시전쟁이 시작한다. 아이들은 초등학교 3,4학년부터 김나지움에 들어가기 위해 성적관리를 해야 한다. 물론 그룬트슐레에서 60% 이상이 김나지움에 진학하기 때문에 입학이 어려운 것은 아니다. 다만 전통 있고 평판이 좋은 김나지움에 지원자가 몰리기 때문에 원하는 김나지움에 입학하기 위해서는 좋은 성적을 받아야 한다. 참고로 독일에서도 많은 학부모들은 자녀들을 김나지움에 보내기를 원하며 사립김나지움, 국공립김나지움의 지원시기도 다르기 때문에 나름 입시를 위한 고민을 한다.

김나지움은 대학에서의 학문 활동을 준비하는 과정으로서 한국의 일반계 중고등학교에 해당한다. 중등 1단계(10학년까지)와 중등 2단계(11-12학년, 경우에 따라 13학년까지)로 구성되어 있는데, 2개의 단계가 한 학교에서 함께 운영되기도 하고, 별개의 독립학교로 운영되기도 한다.

김나지움의 종류

김나지움종류	내용
Humanistisches	라틴어와 고대 그리스어를 비롯해 영어, 불어 등을 중점적으로 가르친다.
Neusprachliches	적어도 2개 이상의 현대언어를 가르친다.
Mathematisch-Naturwissenschaftliches	수학과 과학에 중점을 둔다.
Sportgymnasium	스포츠 중심학교로 체육관형, 기숙학교형이 있다.
Musikgymnasium	음악을 중심으로 한다. 전공과목의 하나로서 악기 연주하는 법을 배운다.
Europäisches	바이에른과 바덴뷔르템베르크에 있는데, 주로 학생들에게 3가지 언어를 요구한다.

각 김나지움은 학교에 따라 언어-문학-미술, 사회과학, 수학-자연과학-기술 등의 계열로 교과를 나누고 특성화하여 가르친다. 김나지움에서는 일정한 성적을 받지 못하면 유급이 가능하다. 따라서 중등 1단계를 마치고 중등 2단계로 가기 전에 직업교육으로 선회할 수도 있으며, 유급횟수가 많은 경우에는 레알슐레나 하우프트슐레로 전학을 가야 한다. 김나지움의 전과정을 이수하고 한국의 수학능력시험에 해당하는 아비투어 시험을 치르게 된다.

아비투어는 김나지움 학생만 볼 수 있고, 총 4~5과목으로 논술과 구술형식으로 치러진다. 성적은 총 1부터 5등급 까지 있는데, 1등급이 가장 높고 4등급 까지가 합격이며, 그 이하는 불합격이다. 한국에서는 수능이 전국적으로 통일된 시험이지만 아비투어는 각주마다 시험이 다르다. 그래서 일부 주의 아비투어가 다른 주보다 어렵거나 쉽다는 평가가 매년 있었다. 이것은 곧바로 대학입시와도 연결되는데, 1점 차이로 대학이 달라지는 것은 아니지만 난이도 차이로 인해 등급이 달라지는 문제 때문에 많은 사람들이 아비투어에 대해 지적하기도 한다.

 자발적 사회봉사의해 (Freiwilliges Soziales Jahr) 제도

한국에서는 대부분 수능성적에 맞춰 대학에 진학한다. 독일도 아비투어 이후엔 대학진학 비율이 높은 편이다. 그러나 이제 막 성인이 된 학생들에게 자신의 장래 삶을 좌우할 진로결정은 어려운 문제가 아닐 수 없다. 때문에 잘못된 선택으로 대학에 진학한 많은 독일학생들이 자신의 적성과 맞지 않는 전공, 기대에 못 미치는 대학생활에 흥미를 잃고 학업을 중단한다. 독일은 이를 일종의 사회문제로 보고, 학생들이 젊음을 허비하지 않도록 애쓰고 있다. 특히 학생들에게 곧장 대학에 진학하는 것보다 해외경험이나 자원봉사활동 등으로 사회를 보는 눈을 넓히고 다양한 경험을 통해 자신의 적성을 찾은 후 대학진학여부와 학과를 결정하도록 권장하기도 한다.
또한 학생들이 사회경험을 할 수 있는 프로그램 마련에도 애쓰고 있는데, 그중에 가장 눈에 띄는 제도는 자발적사회봉사의해(Freiwilliges soziales Jahr bzw. okologisches Jahr)이다. 자발적 사회봉사의해제도는 독일과 오스트리아에서 고등교육을 마친 만 16세 이상 26세 이하의 학생들이 6~18개월간 국내외 여러 시설에서 자원봉사를 하는 프로그램이다. 사회단체로는 양로원-고아원-장애인 시설 등이 있고, 자연-생태분야는 국립공원 등, 문화적으로는 예술 학교-청소년극장-스포츠 단체에서 일할 기회를 제공한다. 어떤 나라에서 활동하느냐에 따라 다르지만 약간의 용돈을 벌 수 있고, 어떤 기관들은 여행-체류비용을 지원하기도 한다. 이런 과정을 통해 학생들은 자신의 적성을 알아보는 등 직업 예비교육의 기회로 삼거나, 외국의 새로운 문화를 접한다.

레알슐레 Realschule

레알슐레는 한국의 실업계 고등학교에 가깝다. 하우프트슐레와 김나지움 사이에 위치하는 학교 형태로서 중간학교 (Mittelschule)라고 불리기도 한다. 초등학교 졸업 이후 김나지움에 갈 성적이 안 되는 친구들이 가는 학교로서 중간수준의 직업인을 양성하는 것을 목표로 한다. 레알슐레에서는 5,6학년때는 공통과목을 공부하고, 7,8학년부터 의무적인 공통과목과 더불어 직업과 관련된 교육과정을 선택할 수 있다. 레알슐레를 졸업하면 물론 Berufsschule, Berufsfachschule로 진학을 하여 전문적인 직업교육을 받고, 기업에 취직을 한다. 만약 공부를 하고 싶다면 김나지움 상급과정 Gymnasium Oberstufe (10–12학년)에 진학할 수도 있으나 무척 어렵다.

하우프트슐레 Hauptschule

그룬트슐레 졸업생의 약 1/5이 하우프트슐레로 진학한다. 그룬트슐레에서 성적이 가장 안 좋은 경우에 진학하게 되는 학교로 단순작업 노무직에 종사할 학생을 양성한다. 하우프트슐레도 물론 기초적인 과목을 습득과 함께 실무중심의 수업이 진행된다. 하우프트슐레에서 8,9학년이 되면 의무적으로 정해진 기간 동안 기업에서 실무교육을 받는다. 하지만 즉시 취업을 할 수 있는 것은 아니고 레알슐레처럼 Berufsschule, Berufsfachschule로 진학을 하여 전문적인 직업교육을 받고, 기업에 취직을 한다. 그래서 사실상 레알슐레와 큰 차이점이 없으며, 일부 주에서는 하우프트슐레 폐지 또는 레알슐레와의 통합을 추진하기도 한다.

종합학교 Gesamtschule

독일에서는 그룬트슐레 졸업 후에 김나지움이나 레알슐레, 하우프트슐레로 가는 것이 너무 이른 시기에 학생들의 미래를 결정한다는 문제제기가 많았다. 그래서 그 대안으로 나온 학교가 게잠트슐레라고 불리는 종합학교이다.

종합학교는 '협력형'과 '통합형'으로 나뉘어진다. '통합형'은 하우프트슐레, 레알슐레, 김나지움이 융합하여 등장한 학교형태이다. 통합형 종합학교 학생들은 학년별로 모두 동일한 필수과목을 이수하는 대신 선택과목과 수준별 수업을 통해 개별 학생들의 능력과 적성에 맞는 교육을 한다. 이에 반해 협력형은 기존의 하우프트슐레, 레알슐레, 김나지움을 독립된 단위로 두면서 행정적으로는 한 학교로 운영하는 형태이다. 따라서 협력형 종합학교는 5-10학년으로 구성하고, 2년간(5~6학년 과정)의 오리엔테이션 과정(Orientierungsstufe)을 운영하여, 더욱 많은 진로결정의 시간이 주어지는 것을 제외하고는 하우프트슐레, 레알슐레, 김나지움에 진학하는 것과 큰 차이가 없다.

독일 내에서 종합학교는 많은 비율을 차지하고 있지 않으며, 그룬트슐레 졸업후 앞의 3개의 학교로 진학하는 경우가 많다.

03
직업학교

독일에서는 어려서부터 기술에 관심이 있거나, 기술 분야 쪽으로 진로를 생각한다면 좀 더 빨리 자리 잡을 수도 있다. 국내 TV에서도 자주 소개된 독일의 직업교육제도가 그것이다.

아우스빌둥 Ausbildung 이란 직업학교에서의 이론교육과 기업 현장에서의 실습교육을 함께 하는 직업교육제도를 말한다. 그리고 듀알레시스템은 아우스빌둥에서 하고 있는, 이론교육과 실습교육을 병행하는 이원화 시스템이다. 독일에서는 약 350개 직종에서 학교 수업과 기업의 도제식 수업을 병행하는 듀알레 시스템을 통한 아우스빌둥이 직업학교에서 진행된다. 직업학교는 직업기초학교(Berufsgrundschuljahr, BGJ), 직업준비학교(Berufsvorbereitungsjahr, BVJ), 직업상부학교 Berufsaufbauschule, 전문중고등학교(Fachoberschule, FOS), 직업김나지움 등이 있으며, 한국의 중학교 과정에 해당하는 레알슐레나 하우프트슐레 과정을 마친 후에 시작할 수 있다. 따라서 대학교를 다니던 중에도 자신의 전공이 마음에 들지 않고, 배우고 싶은 직무가 있는 경우, 혹은 30~50대의 경우도 다른 직종의 일을 배우고 싶어서 직장을 그만두고 아우스빌둥을 시작할 수도 있다.

직업학교에서는 아쭈비(Auszubildende)나 레러링(Lehrling)으로 불리는 실습생으로 일하면서 일주일에 3~4일 현장에서 일과 직접 연결되는 실무를 배운다. 기업 현장에서는 직업교육 담당자나 마이스터(Meister)가 직업교육생을 가르치는데, 대부분 처음에는 허드렛일부터 시작하며 차츰 전문적인 기술이나 지식을 배워나간다.

직업학교에서는 교양과목과 함께 해당 전문분야의 이론적 지식을 배우고, 현장에서는 마이스터의 지도 하에 현장체험 능력과 기술을 습득한다. 9년 내지 10년간의 정규학교 의무교육을 마친 후 상급학교에 진학하지 않는 모든 젊은이는 최소한 3년간 직업학교에 다녀야 하고, 원칙적으로 직업교육을 받지 않고는 직장생활을 시작할 수 없다. 현재 독일에는 약 400여개 업종이 국가에서 인정하는 직업교육 과정에 포함되어 있다.

직종에 따라 다르지만 2년 내지 3년 반 정도의 기간 동안 직업학교에서의 이론교육과 실습생으로서의 실기교육을 받는다. 이 기간 동안에도 일정액의 훈련수당을 받으며 일정 기간을 마치면 상공회의소, 공업협회 등으로 구성된 시험위원회에서 주관하는 자격시험을 거쳐 정식으로 취업을 할 수 있다. 일반적으로 직장에서 3년 이상 근무 후, 마이스터학교(Meisterschule)에 가서 이론공부를 하고 자격시험을 거치면 마이스터가 된다.

마이스터가 되기 위해서는 특히 현장경력이 중요하기 때문에 각 분야별로 일정기간 이상의 경력이 없으면 마이스터학교를 졸업해도 마이스터 시험에 응시할 수 없다. 독일에서는 마이스터 자격증(Meisterbrief)이 있어야 자가영업을 할 수 있고, 학생을 받아들여 교육할 자격이 생긴다. 마이스터가 되면 경제적인 안정을 누릴 수 있을 뿐만 아니라 후진을 양성하는 교육자가 된다.

아우스빌둥은 기업의 요구와 구직자의 요구를 모두 충족할만한 시스템이다. 기업 입장에서는 전문성 있는 학교에서 교육을 받고, 또한 직접 일하는 것을 보면서 구직자에 대해 파악할 수 있고, 구직자의 경우도 일을 직접 해보면서 자신의 적성에 맞는지 알게 되며, 이론적으로만 알 수 있는 것을 직접 실습해봄으로써 훨씬 효과적으로 배울 수 있다. 또한 직장의 견습생으로 일하게 되면, 정식 직원의 30% 정도를 임금으로 받는다. 구직자 입장에서는 돈도 벌고, 실무 감각도 익힐 수 있으며, 대부분이 정규직으로 채용되기 때문에 더 좋다. 이러한 시스템은 정부 차원에서도 일자리 창출이나 청년실업문제에 대한 성공적인 대안이다. 그러나 독일에서도 예전처럼 직업교육제도가 엄청난 찬사를 받고 있는 것은 아니다. 요즘은 많은 이들이 대학과정에 진학하기를 희망하기도 하고, 실제로도 예전보다 대학 진학률이 많이 높아졌다.

04
독일대학

아비투어라는 시험을 통과하면 원하는 대학교에 진학할 수 있다. 물론 인기가 많은 학과인 경우 성적순으로 입학 순서가 주어지지만, 한국처럼 높은 경쟁률을 보이지는 않는다. 일반적으로는 시험에 통과한 학생은 누구나 입학이 가능하다. 한국의 경우 대학교, 전문대학, 예술대학 등 명칭이 정확하게 나누어져 있고, 대학 종류마다 교과과정이나, 학위가 모두 조금씩 다르다. 특히 대학교와 전문대학의 경우, 대학교는 학사학위가 나오는 반면, 전문대학교는 전문학사학위라는 다른 학위를 취득한다. 독일도 물론 한국처럼 다양한 대학교들이 있다.

국공립대학교와 사립대학교

독일도 한국처럼 국공립대학과 사립대학이 있다. 다만 한국 대학의 경우 국공립대학과 사립대학의 비율이 20:80 정도라면, 독일은 정반대이다. 국공립대학의 비율이 사립대학에 비해 절대적으로 많고, 국립대학교의 국제적인 평가도 상당히 좋아서 특별한 경우가 아니라면 국립대학교에 진학을 목표로 한다. 국립대학교는 주정부에서 전폭적으로 지원을 해주고 있기 때문에 등록금이 거의 없다.

독일은 명문대학교가 존재하지 않는다. 전공별로 유명한 대학교가 있을 뿐이다. 예를 들어 하이델베르크대학교는 전통적으로 의학과 법학이 유명한 대학교, 베를린자유대학교는 철학이 유명한 대학 정도이다. 한국에서 서울대학교가 가장 좋은 것처럼 독일에는 베를린 대학교가 가장 좋다고 보기 어렵다. 실제로 졸업 후에 사회에서도 출신대학은 그리 큰 영향을 끼치지 않는다. 이처럼 독일에 특정한 명문대를 뽑기 어려운 이유는 대다수가 국립대학교이기 때문이다.

대학의 종류

독일대학의 종류

명칭	대학종류
Universitat	종합대학교
Technischenuniversität	공과대학교
Hochschule	전문대학교
Akademi	아카데미

대표적인 독일대학교는 Universität이다. 종합대학으로서 큰도시를 중심으로 1개 혹은 2개의 종합대학이 분포하고 있다. 법, 정치, 경제, 사회 등의 인문계열 뿐만 아니라 공학, 사회계열 등 다양한 영역의 학문을 공부하게 된다. 그리고 공과대학(Technischenuniversität)이 있는데, 종합대학과 똑같지만 공학 분야의 학문을 중점적으로 공부한다. 한국의 카이스트나 포항공과대학과 비교할 수 있다.

Universität와 Technischenuniversität는 학사, 석사, 박사학위까지 공부할 수 있으며 한국의 대학과 가장 비슷한 시스템을 가진다.

 디플롬(Diplm)과 마기스터(Magister)?

독일에서는 대학교 학사과정을 졸업하면 바첼로, Bachelor, 석사과정은 마스터, Master, 박사과정은 독터 Doktor가 주어진다. 그러나 기존에 독일에서 유학하고 한국으로 돌아가신 교수님이나 정치인 등 유명인의 프로필을 보면, 디플롬 Diplm, 마기스터 Magister 그리고 독터 Docktor라고 기재되어 있는 것이 많다. 그 이유는 2010년 볼로냐개혁 이전에는 현재의 학제가 아니라 디플롬이라는 학위가 있었기 때문이다.

볼로냐개혁이란 영국, 프랑스, 독일, 이탈리아 등 유럽연합에 소속된 나라들이 이탈리아 볼로냐에서 모여 공통된 학제를 만들자는 의미에서 시작되었다.

 현재는 유럽연합에 속하지 않는 많은 국가들도 참석하여 어느 정도 학제가 통일되었다. 이로인해 2010년 이후부터 디플롬(Diplom : 사회과학, 자연과학 분야의 학위)이나 마기스터(Magister : 인문학 분야의 학위)가 아니라, 학사(바첼로, Bachelor), 석사(마스터, Master)라고 하는 학제로 개편되었다.

두 번째로 Hochschule이다. 몇 가지 분야에 특성화되어
있는 학교로 응용과학이나 실용학문 산업미술등의 분야이
다. 전문인을 양성하고 졸업 후 안정적 직장을 갖는 것이
주 목적이다. 예를 들어 음악, 미술, 체육 등의 예술계열
이나 경영, 공학 등의 전문분야를 토대로 한다. 따라서 한
국에서 말하는 전문대학교의 의미와 다르게 전문적으로
몇 가지 분야에 특성화된 대학교로 볼 수 있다. 한국의 전
문대학은 졸업을 하면 2년제 학위라고 해서 전문학사학위
를 취득하지만 Hochschule의 경우에도 Universität와 같
이 4년 동안 학사과정을 마치면 똑같은 학사학위를 받을 수 있다. 다만 학사과정
과 석사과정까지는 존재하지만 자체적으로 박사학위과정을 제공하지는 않는다.

대신에 몇몇 예술대학에서는 박사학위에 준하는 학위과정을 제공하기도 한다. 마
이스터클라스(Meisterklasse), 콘체르트 엑자맨(Konzertexamen)이다. 이 학위는
한국의 박사학위에 준하는 학위이다. 독일음악대학의 경우 박사학위를 대체할만한
학위가 존재하지 않고, 마스터 과정이 끝났을 때 더 진행할 수 있는 과정으로 전
문연주자과정으로 일컬어지는 마기스터클라스, 혹은 최고연주자과정으로 일컬어
지는 콘체르트 엑자맨이라는 과정이 있다. 그래서 독일에서 석사를 마치고, 콘체
르트 엑자멘이나 마기스터클라스과정을 이수하면 박사학위에 준하는 학위가 되는
것이다.

마지막으로 Akademie가 있다. 독일의 국립미술대학의 경우 Akademie라는 명칭
을 많이 사용한다. 예전부터 아카데미라는 명칭을 사용했기 때문에 바꾸지 않는
학교들이 대부분이고, 따라서 명칭만 다를뿐 호크슐레와 똑같은 대학이다.

한 지역에도 Universität와 Technischenuniversität, Hochschule, Akademi가 존
재하다 보니 한국에서 부르는 명칭이 다양하다. 특히 한국은 모든 몇몇 예술대
학교나 공학대학교를 제외하고는 모두 종합대학교 Universität이기 때문에 혼란
스럽기도 하다. 예를 들어 뮌헨의 경우 뮌헨국립대학교(Ludwig-Maximilians-
Universität München), 뮌헨 공과대학교(TU München), 뮌헨국립음악대학교
(Hochschule für Musik und Theater München), 뮌헨미술학교(Akademie der

Bildenden Künste München) 등이 있는데, 이 대학들은 한 개의 대학교가 아니라 모두 독립적인 대학교인 것이다. 대학의 명칭만 살펴보면 한국에서 종합대학교안에 있는 단과대학들이 나눠져 있는 것 같은 인상이지만, 그렇게 볼 수 없다. 뮌헨국립대학교와 뮌헨공과대학교의 단과들이 겹치는 경우도 있기 때문이다. 예를 들어 뮌헨국립대학교에 공학관련학과가 있다면, 뮌헨공과대학에도 공학관련학과가 있을 수 있다. 물론 독립된 대학교이지만 주정부의 지원을 받다보니 각 주에 해당되는 국립대학교들은 교통비 지원이나 교내시설이용비 등의 복지혜택이 비슷하다.

주요대학

대학서열이 따로 있지는 않지만 각 분야별로 역사가 오래되거나 세계적으로 유명한 대학이 존재한다. 분야별 주요대학은 아래와 같다.

독일주요대학

독일종합대학	독일공과대학	독일미술대학	독일음악대학
베를린자유대학교 (Freie Universität Berlin)	칼스루에 기술연구소 (Karlsruher Institut für Technologie)	베를린 예술대학교 (Universität der Künste Berlin)	프라이부룩 국립음악대학 (Hochschule für Musik Freiburg)
뮌헨대학교 (Ludwig-Maximilians-Universität München)	뮌헨공과대학교 (TU München)	베를린 바이쎈제 (Weißensee Kunsthochschule Berlin)	슈투트가르트 국립음악대학 (Hochschule für Musik und Darstellende Kunst Stuttgart)
하이델베르크대학교 (Universität Heidelberg)	베를린공과대학교 (TU Berlin)	쾰른 미디어 예술대학교 (Kunsthochschule für Medien Köln)	뮌헨 국립음악대학 (Hochschule für Musik und Theater München)

함부르크대학교 (Universität Hamburg)	브라운슈바이크 공과대학교 (TU Braunschweig)	드레스덴 국립조형 예술대학교 (Hochschule für Bildende Künste Dresden)	베를린 예술대학교 (Universität der Künste Berlin)
베를린훔볼트대학교 (Humboldt-Universität zu Berlin)	드레스덴 공과대학교 (TU Dresden)	뒤셀도르프 쿤스트아카데미 (Kunstakademie Düsseldorf)	한스아이슬러 국립음악대학 (Hochschule für Musik Hanns Eisler Berlin)
뮌스터대학교 (Westfälische Wilhelms-Universitat Münster)	슈투트가르트 대학교 (Universität Stuttgart)	프랑크푸르트 국립예술대학교 (Staatliche Hochschule für Bildende Künste)	함부르크 국립음악대학 (Hochschule für Musik und Theater Hamburg)
본대학교 (Rheinische Friedrich-Wilhelms-Universität Bonn)	담슈타트공대 (TU Darmstadt)	함부르크 미술대학교 (Hochschule für Bildende Künste Hamburg)	하노버 국립음악대학 (Hochschule für Musik, Theater und Medien Hannover)
쾰른대학교 (Universität zu Köln)	하노버 라이브니츠대학 (Leibniz Universität Hannover)	뮌헨 예술대학교 (Akademie der Bildenden Künste München)	데트몰트 국립음악대학 (Hochschule für Musik Detmold)
라이프치히대학교 (Universität Leipzig)	아헨공대 (RWTH Aachen Universität)	뮌스터 쿤스트아카데미 (Kunstakademie Münster)	라이프치히 국립음악대학 (Hochschule für Musik und Theater "Felix Mendelssohn Bartholdy" Leipzig)
프랑크푸르트대학교 (Goethe-Universität Frankfurt am Main)		슈투트가르트 국립조형예술대학교 (Staatliche Akademie der Künste Stuttgart)	쾰른 국립음악대학 (Hochschule für Musik und Tanz Köln)
프라이부르크대학교 (Universität Freiburg)			드레스덴 국립음악대학 (Hochschule für Musik Carl Maria von Weber in Dresden)

독일생활에 필요한 다양한 정보들은 인터넷을 통해 확인할 수 있다. 국가기관의 홈페이지나 독일에 거주하는 한국인들이 만든 커뮤니티들은 실생활에 밀접한 많은 정보들을 제공하고 있다.

01
한국기관정보

영사관과 대사관

독일생활에 대한 기본적이고 객관적인 소식을 가장 빠르게 접할 수 있는 곳은 영사관과 대사관이다. 대사관과 영사관은 별개의 것이 아니다. 대부분의 나라에서는 대사관이 기본적으로 설치되어 있고, 그 하위부서로서 영사과가 있다. 그러나 미국, 독일, 프랑스, 일본, 중국 등 한국과 교류도 활발하고, 비교적 많은 이민자가 있는 나라에서는 대사관의 영사과 이외에 영사관이라는 별도의 기관을 설치하기도 한다. 독일의 경우 그런 의미에서 독일의 수도인 베를린에 대사관을

두고 있고, 교민들이 비교적 많이 거주해있는 프랑크푸르트. 함부르크에 영사관을 설치(본, 분관 포함)해서 독일에 거주하는 우리 국민들이 일처리를 편하게 할 수 있도록 돕고 있다.

대사관의 영사과 그리고 영사관에서는 비자나 거주 관련된 다양한 정보를 알 수 있고, 생활 속에서의 다양한 문제를 처리하는데 도움을 준다. 예를 들어 여행 중에 문제가 생겨서 경찰서로 연행되었다거나, 여권을 잃어버린 경우, 테러 등으로 상해를 입거나 사망을 한 경우, 혼인신고나 출생신고를 해야 하는 경우, 부재자투표

를 해야 하는 경우 등에 대하여 영사과, 영사관에서 처리한다. 그밖에 홈페이지에서는 독일의 사회 전반적인 부분에 대한 다양한 자료들을 이용할 수 있다.

독일대사관과 영사관

이름	홈페이지
주독일 한국대사관	http://deu.mofa.go.kr/korean
주독일 한국대사관 - 본 분관	http://deu-bonn.mofat.go.kr
주 프랑크푸르트 총영사관	http://deu-frankfurt.mofat.go.kr
주 함부르크 총영사관	http://deu-hamburg.mofat.go.kr

독일 한국문화원

독일 베를린에 있는 한국문화원은 한국문화에 관심 있는 사람들을 위한 공간이다. 한국문화를 대표할만한 국악, 공연, 미술전시회 등의 다양한 행사를 개최하며, 한국어 강좌를 포함하여 독일인들이 한국문화를 쉽게 접할 수 있는 강좌들이 개설되어있다. 베를린을 여행하거나 거주하는 사람들에게는 한국영화를 비롯한 한국문학, 한국음악과 관련된 다양한 프로그램에 참여할 수 있는 좋은 기회를 제공해준다.

* 독일한국문화원 홈페이지 : https://kulturkorea.org/

코트라 무역관 : 대한무역투자진흥공사

대한무역투자진흥공사(KOTRA)는 무역진흥과 국내외투자 및 산업기술 협력의 지원 등에 관한 업무를 수행하는 국가 산하 준정부기관이다. 코트라 해외무역관은 전 세계에 지사를 두고 있으며, 해외에 한국 상품의 수출증대 및 기업투자유치 업무를 한다. 세부 활동으로는 시장을 모니터링하는 조사활동, 투자유치 등의 업무를 하고 있으며, 독일에서도 총 3개의 무역관이 마련되어있다. 각 무역관에서는 독일지역경제, 독일생활과 관련된 깊이 있고 다양한 소식들을 제공하고 있어서 참고할만 하다.

독일무역관

이름	홈페이지
프랑크푸르트무역관	http://www.kotra.or.kr/KBC/frankfurt/KTMIUI010M.html
함부르크무역관	http://www.kotra.or.kr/KBC/hamburg/KTMIUI010M.html
뮌헨무역관	http://www.kotra.or.kr/KBC/munich/KTMIUI010M.html

02
독일정보 관련 커뮤니티

베를린 리포트

독일 유학, 이민, 워킹홀리데이 등 독일생활을 고민해 본 사람이라면 누구나 한 번쯤 들어봤을 홈페이지이다. 그만큼 축적된 정보도 방대하고, 잘 찾아보면 고급 정보들이 많다. 특히 독일에서 방을 구하는 일뿐만 아니라. 구인구직 활동, 중고물품 거래 등 생활 속의 다양한 문제들에 대해서 경험들을 공유하고 있어서 큰 도움이 된다.

* 베를린리포트 홈페이지 : http://berlinreport.com

독일 유학생 네트워크, 독일 유학생 벼룩시장

베를린 리포트가 홈페이지를 중심으로 한 독일과 관련된 방대한 정보들을 제공한다면, 독일 유학생 네트워크 그룹은 페이스북을 통해 독일에서 어학공부를 하거나, 교환학생, 워킹홀리데이 등으로 온 비교적 젊은 친구들로 구성된 커뮤니티이다. (줄여서 "독유네"라고 부르기도 한다.) 독일 생활이나 독일 유학과 관련된 질문에 직접 경험을 바탕으로 한 답변들이 많고, 직접 경험해보지 않고서는 알지 못하는 사소한 일들까지 자세히 설명해주기도 한다. 페이스북 페이지로 실시간으로 질문과 답변을 확인할 수 있어서 활용도가 높다.

* 독일유학생네트워크 : https://www.facebook.com/pages/독일유학
생-네트워크/248319642303688

* 페이스북에 독일유학생네트워크를 검색하면 찾을 수 있다.

독일 유학생 벼룩시장은 중고물품을 거래할 수 있는 곳으로서 독일유학생 네트워
크처럼 페이스북을 이용한다. 베를린 리포트보다는 접근성이 좋고, 실시간으로 거
래상황을 파악할 수 있어서 거래가 활발하다.

행복한 독일맘

회원관리가 상당히 철저한 폐쇄성 카페이다. 카페회원은 2000명이 조금 안되지만,
정보의 질도 높고, 회원들 모두가 열심히 카페에서 활동하는 편이다. 카페회원이
되기 위해서는 결혼한 여성이어야 하며, 일반적으로 독일에 거주하는 엄마들이다.
회원활동이 많아야 더 좋은 정보들을 획득할 수 있다.

* 행복한 독일맘 홈페이지 : https://cafe.naver.com/gluecklich

German Insider

네이버에 현재 15000명 정도의 회원을 두고 있는 카페이다. 주로 독일 이주나 이
민에 관련된 정보를 중심으로 다루고 있다.

* German Insider 홈페이지 : https://cafe.naver.com/insidercafe

03
유럽에 있는 한국 언론사이트

독일에 있는 한국 언론 사이트는 유럽 내의 한인사회와 이민이나 유학을 목적으로 오는 분들에 해당될만한 다양한 소식을 기사화하는 신문사들이다. 온라인 매체이다 보니 정확한 정보가 제공되고, 독일을 포함한 유럽에서 일어나는 일들을 한눈에 살펴볼 수 있다. 특히 생활에 영향을 미치는 법률의 개정이나 변경에 대해서 신속하게 기사화되고 있어서 가장 먼저 독일의 변화된 상황을 한국어로 확인할 수 있는 매체이기도 하다.

---

* 유로저널 홈페이지 : http://www.eknews.net
교포신문 홈페이지 : http://kyoposhinmun.com
유럽리포트홈페이지 : http://www.europe-report.de

04
한국 관련 단체

이 밖에도 각 지역에는 한인회, 한국식품점, 한식레스토랑, 한인교회, 한인성당, 한인학생회, 태권도장, 한글학교 등 다양한 한국관련 단체들이 있다. 재독한인총연합회를 통해서 각 지역의 한인회 현황 및 한인관련단체에 대해서 살펴볼 수 있다.

<hr>

* 재독한인총연합회홈페이지 : http://homepy.korean.net/~germany/www

한국문화에 대해서 관심 있는 독일인들이 많아짐에 따라 KPOP을 중심으로한 다양한 사이트들이 만들어지고 있으며, 한국어를 배우고 싶은 독일인과 독일어를 배우고 싶은 한국인이 언어교환을 하는 포럼도 있다.

<hr>

* KPOP 관련 홈페이지 : http://www.kpopmagazin.de
　　　　　　　　　　http://www.kpopmeetingsgermany.com/de
　　　　　　　　　　https://koreawelle.wordpress.com.

<hr>

* Meet-Korea Forum : http://www.meet-korea.de

독일
생활 백서

1판 1쇄 발행 2019년 7월 19일
1판 2쇄 발행 2022년 5월 10일

지은이 우상덕
펴낸이 최성준
펴낸곳 나비소리
주소 경기도 수원시 경수대로302번길22
주문 및 전화 070-4025-8193
팩스 02-6003-0268
이메일 mysetfree@naver.com
블로그 https://blog.naver.com/mysetfree
출판등록 제2021-000063호